DESTINATION SCIENCES PO

LE CORPS – LES SOLIDARITÉS

Concours Commun IEP

Questions contemporaines

Coordonné par G. Bozonnet
A. Dacos
H. Dross
A. Elia
H. Fer
C. Keltz

ARMAND COLIN

Mise en page : Belle Page

NOUS NOUS ENGAGEONS EN FAVEUR DE L'ENVIRONNEMENT :

Nos livres sont imprimés sur des papiers certifiés pour réduire notre impact sur l'environnement.

Le format de nos ouvrages est pensé afin d'optimiser l'utilisation du papier.

Depuis plus de 30 ans, nous imprimons 70 % de nos livres en France et 25 % en Europe et nous mettons tout en œuvre pour augmenter cet engagement auprès des imprimeurs français.

Nous limitons l'utilisation du plastique sur nos ouvrages (film sur les couvertures et les livres).

Armand Colin est une marque de
Dunod Éditeur 11, rue Paul Bert, 92240 Malakoff
www.dunod.com

ISBN : 978-2-200-63877-1

Table des matières

PARTIE 3

LES SOLIDARITÉS

PARTIE 4

POUR ALLER PLUS LOIN

Les auteurs

Grégory Bozonnet (coordination), lauréat du concours commun des IEP en 2003, diplômé de Sciences Po Lyon et de l'ENS, enseignant en instituts d'études politiques et auteur de 15 ouvrages de culture générale.

Antonin Dacos, diplômé du master 2 Sécurité, Défense et Intelligence stratégique, coaccrédité à Sciences Po Rennes et l'École normale supérieure de Rennes, et du master 2 Gestion des crises à la Sorbonne et collaborateur parlementaire.

Héloïse Dross, diplômée de Sciences Po Aix qu'elle a intégré à la suite d'une khâgne (CPGE A/L). Prépare actuellement les concours de la haute fonction publique à Sciences Po Paris.

Apollonia Elia, lauréate du concours commun des IEP en 2023. Actuellement étudiante à Sciences Po Lyon et dans la poursuite d'un diplôme d'établissement en études européennes.

Hugo Fer, étudiant en Prep'INSP et en Master Carrières publiques à Sciences Po Aix, enseignant vacataire pour ACESUP-Ambition Réussite.

Charlotte Keltz, lauréate du concours commun des IEP en 2022, étudiante à Sciences Po Paris.

PARTIE 1
MÉTHODOLOGIE

SOMMAIRE

CHAPITRE 1

10 informations sur l'épreuve de questions contemporaines

SOMMAIRE

1 Une épreuve clé pour la réussite du concours

L'année dernière pour voir figurer son nom sur la liste principale du concours des IEP de régions, il fallait obtenir une moyenne d'au moins 12/20. Cette moyenne est susceptible de changer, tant le concours d'entrée en première année à Sciences Po Aix, Lille, Lyon, Rennes, Saint-Germain-en-Laye, Strasbourg et Toulouse est attractif pour les étudiants.

Avec environ dix mille candidats pour environ mille places, la sélectivité est élevée, seul un candidat sur dix peut entrer dans un IEP.

Dans ce contexte, chaque épreuve compte, naturellement. Toutefois, si l'épreuve de langue vivante est dotée d'un coefficient 2, celles d'histoire et de questions contemporaines comptent un coefficient supplémentaire. Avec un coefficient 3, l'épreuve de questions contemporaines est donc une épreuve clé pour la réussite de ce concours.

En outre, au-delà de cet écart de coefficient, ce qui explique l'importance de cette épreuve, c'est sa nature. Alors qu'il est difficile en une année de pallier un retard en langue, il est possible – même en partant de zéro – d'obtenir une culture très solide en questions contemporaines. De plus, alors qu'il est délicat de totalement verrouiller la réussite à l'épreuve d'histoire – du fait qu'il n'y ait qu'un seul sujet et que le programme soit assez conséquent – il est possible de s'assurer une bonne note en questions contemporaines en anticipant correctement les sujets qui peuvent vous être soumis.

L'un des objets de cet ouvrage est de vous fournir une liste d'une vingtaine de sujets potentiels à réaliser chez vous pour vous entraîner et éviter les surprises le jour du concours. En vous préparant ainsi, vous aurez en main la clé pour réussir l'épreuve de questions contemporaines et obtenir une option sérieuse pour entrer dans l'IEP de votre choix.

2 Une épreuve redoutée par les candidats

L'épreuve de questions contemporaines est l'une des épreuves les plus redoutées par les candidats, notamment lorsqu'ils sont en terminale. En effet, cette épreuve est la seule du concours à ne pas ressembler à une épreuve du baccalauréat quelle que soit la filière du candidat.

Ni une épreuve de philosophie, ni une épreuve de sciences humaines et sociales ou d'histoire, l'épreuve de questions contemporaines inquiète car elle demande une culture à 360 degrés, une culture qui doit puiser dans les connaissances acquises dans toutes les disciplines du lycée, mais aussi au-delà dans l'actualité, la culture générale, la culture personnelle.

Cette épreuve inquiète d'autant plus qu'une fois les thèmes publiés, difficile de savoir par où débuter. Une thématique comme le secret ou le numérique évoque forcément des idées aux candidats, mais que faut-il lire ? Que faut-il savoir pour traiter une telle épreuve ? L'un des objets de ce livre est d'aider le candidat à faire un tri entre ce qui est indispensable à savoir et ce qui est accessoire, entre ce qui peut servir pour une copie de questions contemporaines et ce qui ne peut que difficilement être utilisé. Le plus important est de se rassurer. Contrairement à ce que l'on peut penser, les thèmes ne sont pas si vastes et peuvent être circonscrits autour de quelques auteurs clés, quelques idées essentielles.

3 Une épreuve qui nécessite une solide culture pluridisciplinaire

La particularité de Sciences Po, et c'est aussi ce qui en fait sa richesse, est d'offrir aux étudiants la possibilité de disposer d'une très solide culture générale, de poursuivre des études supérieures sans avoir à se spécialiser tout de suite. Ainsi, quel que soit l'IEP dans lequel vous serez admis(e), vous aurez dans les premières années de votre scolarité des cours d'économie, de droit, de science politique, d'histoire et de langues vivantes…

Si ces deux dernières matières font l'objet d'une épreuve à part dans le concours d'entrée aux IEP, votre culture dans les premières matières ne peut être mesurée que par le biais d'une seule épreuve, celle de questions contemporaines.

Aussi, il est nécessaire que votre copie de questions contemporaines montre que vous avez le profil d'un étudiant de Sciences Po, que vous avec une culture générale solide. Aussi, par essence les thématiques qui sont proposées au concours commun d'entrée dans les IEP doivent être traitées à l'aide de plusieurs disciplines. Le secret et le numérique sont deux notions qui peuvent être traitées en philosophie, mais aussi en histoire ou plus globalement en sciences humaines et sociales voire en sciences dures. L'erreur serait de proposer une copie qui prenne en compte que l'une seule de ces matières, par exemple, de ne traiter le sujet que sous le prisme de la philosophie. Votre devoir, et donc a fortiori votre culture, se doit d'être pluridisciplinaire de mêler histoire, économie, droit, sociologie, philosophie et même si vous le souhaitez mathématiques, biologie…

Ce livre va vous permettre de découvrir des auteurs issus de diverses spécialités, des auteurs qu'il faut comprendre, connaître et maîtriser pour pouvoir les associer à votre devoir en veillant à diversifier vos références et sources.

4 Une épreuve qui comprend 10 critères de notations principaux

Même si chaque correcteur dispose d'une libre appréciation des copies de questions contemporaines, nous pouvons globalement tracer dix principaux critères de notation. Il faut faire en sorte de cocher les dix items suivants pour obtenir une bonne note à l'épreuve de questions contemporaines.

4.1 Terminer sa copie sans la bâcler

Le format d'une épreuve en trois heures peut amener certains candidats à être piégés par le temps. Il est nécessaire de rendre un devoir aux parties équilibrées et à l'écriture lisible dans le temps imparti. Une absence de conclusion pourra être considérée comme une copie non-terminée, au même titre qu'un plan déséquilibré ou qu'une écriture qui devient illisible ou un candidat qui ferait appel à des abréviations.

4.2 Respecter le sujet et ne pas faire de développement hors-sujet

La tentation de nombreux candidats est de réciter le cours qu'ils ont appris sur le thème. Ce serait une erreur. Dans cette épreuve, comme dans toutes les épreuves, il faut traiter le sujet, rien que le sujet, tout le sujet. Il faut donc veiller à ce que vous ne calquiez pas un plan-type appris par cœur, des arguments préconçus et collés dans votre copie, mais que vous traitiez le sujet tel qu'il vous est présenté.

4.3 Respecter la forme attendue

Dans ce devoir, il est attendu une copie structurée et organisée avec une introduction, un plan et une conclusion. Respecter la forme attendue, c'est *a minima* respecter ces trois temps. Il est souvent conseillé de plutôt s'orienter vers un plan en deux parties, deux sous-parties, plus adapté à la culture Sciences Po et à l'épreuve en trois heures. Respecter la forme attendue, c'est présenter sa copie avec un plan clair, que le correcteur pourra déceler très rapidement sans pour autant avoir recours à l'artifice du plan apparent.

4.4 Faire moins de 10 fautes d'orthographe

Dans la multitude de candidats qui affrontent le concours Sciences Po, beaucoup disposent de bons niveaux, mais le jury doit départager les meilleurs parmi ces candidats. Pour cela, il utilise tous les critères présentés ici, mais l'un a le mérite d'être « objectif » : le nombre de fautes d'orthographe. Aussi, le correcteur est amené à naturellement sanctionner les copies qui présentent trop de fautes de manière plus ou moins directe (points retirés de la note, ou simplement note baissée). Les copies les plus valorisées sont les copies dont le candidat semble le plus faire « Sciences Po », un candidat qui fait beaucoup de fautes d'orthographe ne fait pas très « Sciences Po ».

4.5 Respecter un style neutre, « un style Sciences Po »

Quand on évoque « Sciences Po », beaucoup de personnes ont en tête l'idée d'un « moule » dans lequel on fonderait chaque étudiant. Si cette idée est assez loin de correspondre à la réalité de l'école, il est vrai qu'il existe une façon d'écrire propre à Sciences Po. Une écriture neutre, qui n'est pas ampoulée et ne fait que très rarement appel à des superlatifs. Une écriture qui pourrait se résumer par une formule : « Entre deux mots, je choisis toujours le moindre. » Pour vous préparer, vous lirez certainement des ouvrages très engagés, dont l'auteur porte une thèse parfois radicale. Ces ouvrages pourront être utilisés dans vos devoirs, mais vous devrez veiller à laisser la responsabilité des propos aux auteurs qui les ont formulés en utilisant des citations; pour le reste vous reformulerez dans un style neutre qui s'évertue à lisser tout engagement trop marqué : votre copie doit plaire à tout le monde.

4.6 Réaliser une bonne introduction

Premier élément lu dans votre copie. L'introduction est un élément déterminant de la sélection des candidats. Les correcteurs classent souvent les copies en trois piles : les candidats qui n'ont aucune chance d'entrer à Sciences Po (entre 0 et 8), les candidats qui pourraient accéder à Sciences Po (entre 8 et 12), les candidats que l'on veut absolument voir à Sciences Po (entre 12 et 19,5, vous ne rêvez pas des candidats ont déjà eu 19,5). L'introduction donne l'occasion au correcteur de se faire un avis sur la place de votre copie. Autant vous dire que vous préféreriez être d'entrée sur la dernière pile, car il est plus facile de descendre dans l'estime d'un correcteur que de remonter !

4.7 Réussir ses phrases titres, transitions et introductions partielles

Ces différents temps seront détaillés dans le chapitre suivant, mais l'idée est simple, le correcteur ne doit jamais se demander où est-ce qu'il se situe dans votre copie. Avez-vous terminé votre première partie ? Est-ce une sous-partie ou une nouvelle partie ? À chaque fois que le correcteur se pose ce type de questions, votre note descend en flèche. Vous devez donc prendre garde à proposer un plan qui soit clair et lisible, c'est à cela que servent les phrases titres, les transitions et introductions partielles.

4.8 Présenter un écrit avec des références solides et légitimes

Il y a des auteurs « Sciences Po », d'autres moins. Aussi, votre devoir devra présenter au moins une dizaine de références « Sciences Po » pour pouvoir être considéré comme crédible. Rassurez-vous, l'essentiel de ces auteurs sont présentés dans cet ouvrage, il ne vous restera plus qu'à les maîtriser ! Pensez que tout auteur très engagé et surtout célèbre pour ses passages à la télévision est à éviter dans une copie « Sciences Po ». Préférez les auteurs qui ont publié des ouvrages pour le compte de grandes collections et qui sont reconnus pour leur excellence universitaire et la scientificité de leurs propos. Aussi, à titre d'exemple, sur la thématique de la démocratie, l'an dernier, les nombreux candidats qui ont eu pour principale référence Éric Zemmour ont commis une erreur. Évitez aussi les trop nombreuses références aux politiques notamment ceux qui sont particulièrement clivants.

4.9 Proposer des illustrations contemporaines à vos copies

L'erreur de beaucoup de candidats, ceux qui souvent s'inscrivent dans une seule matière pour traiter le devoir, est de traiter la question comme s'il s'agissait d'une question relative au passé. En ne citant que des auteurs du XVIIIe siècle ou en illustrant leurs propos avec des éléments qui n'ont plus cours au XXIe siècle, les candidats oublient que cette épreuve ne s'intitule pas épreuve de culture générale, mais bien de questions contemporaines. Il s'agit donc de traiter le sujet à l'heure actuelle, même si pour cela on peut – et même on doit – avoir recours à l'histoire. Ainsi, le candidat doit proposer des auteurs contemporains mais aussi et surtout appuyer sa démonstration à l'aide d'exemples relatifs à la société française actuelle. Une lecture de l'actualité est donc nécessaire tout au long de l'année pour trouver ces illustrations et donner la dimension pleinement contemporaine à la copie du candidat. Les correcteurs sont sensibles à cette dimension et la prennent en compte dans leur évaluation.

4.10 Maîtriser l'exercice de la conclusion

Tout devoir de questions contemporaines se doit d'être terminé par une conclusion. Cette conclusion permet à la fois de montrer au correcteur que l'on a clairement terminé son devoir et de rappeler que son plan est de qualité et qu'il répond au sujet. Elle permet au candidat de terminer sur un paragraphe qui a préalablement été rédigé au brouillon et donc de finir sur quelques lignes au style maîtrisé et sans faute d'orthographe. Ainsi, le dernier paragraphe lu par le correcteur avant de fixer la note définitive de la copie le laissera sur une bonne impression, et la note n'en sera que meilleure.

5 Une épreuve qui comprend donc à la fois des critères de fond et de forme

En analysant les dix critères de notation, on observe qu'ils s'équilibrent entre la forme et le fond. Ainsi, côté forme les correcteurs analysent à la fois les temps clés comme l'introduction et la conclusion, les phrases de transitions et les phrases titres ou encore le nombre de fautes d'orthographe. Côté fond, ils prennent garde à la qualité des références, à leurs liens avec le sujet et à leur caractère « contemporain », tout en veillant à ce que le plan réponde clairement au sujet. Le candidat doit, dès lors, soigner tant la forme que le fond. Les critères de forme sont plus nombreux, et peut-être à ce titre plus importants, mais ils ne pourront être respectés que si les critères de fond le sont.

Pour se préparer à cette épreuve, il faut donc à la fois passer par une étape d'apprentissage, pour renforcer sa culture, ses connaissances sur les thèmes et par une étape d'entraînement pour convertir cette culture en copies adaptées au concours commun d'entrée en première année. C'est pourquoi cet ouvrage présente plusieurs chapitres de fond avec de nombreuses références, auteurs et citations à connaître, mais aussi un chapitre de méthodologie et deux autres consacrés aux sujets potentiels. Pensez bien à réaliser ces devoirs, à vous entraîner à rédiger pour vous approprier la culture présente dans cet ouvrage et pour ne pas avoir de surprise le jour J.

6 Une épreuve sur laquelle il faut apprendre à se distinguer

Comme nous l'évoquions plus tôt, seul un candidat sur dix aura le privilège de rejoindre un des sept IEP et pour cela il est nécessaire de faire la différence sur cette épreuve de questions contemporaines où l'écart entre les notes est encore plus important qu'en histoire, où il est possible d'avoir une note excellente comme de passer à côté du sujet.

L'enjeu du candidat est donc de réussir à se distinguer des autres, de donner envie aux correcteurs de privilégier votre copie par rapport à une autre. Vous l'aurez compris à la lecture des critères précédents, cela passera par une double maîtrise de la forme et du fond.

Pour se distinguer, le candidat devra donc réussir à présenter un devoir richement référencé où chaque argument est appuyé sur un auteur de référence qui n'est ni un prétexte, ni un faire-valoir mais réellement un appui à votre démonstration. Ces auteurs devront être nombreux (au moins un par argument), mais aussi et surtout diversifiés (historien, philosophe, sociologue…) et adaptés à la démonstration. Ils devront être contemporains et légitimes, adaptés à un débat du niveau Sciences Po.

Ces auteurs légitimes pourront être complétés par d'autres auteurs plus originaux, davantage issus de votre culture personnelle. Ainsi sur la thématique de l'argent, plusieurs candidats ont cité un des albums des Schtroumpfs, des candidats citent parfois des auteurs populaires, des chanteurs, des cinéastes… Ces éléments de culture ne viennent pas remplacer les auteurs « Sciences Po » attendus, mais peuvent ajouter un supplément d'âme à votre copie, il faut donc l'oser une fois que tous les fondamentaux sont maîtrisés et retranscrits dans une copie.

Pour se distinguer, le candidat pourra aussi travailler des plans un peu plus originaux où, à titre d'exemple, la démonstration réussit à combiner dans un plan en deux parties/deux sous-parties : une thèse, une antithèse et des solutions pour améliorer la problématique soulevée.

7 Une épreuve qui se prépare tout au long de l'année

L'épreuve de questions contemporaines doit se préparer en plusieurs phases. Tout d'abord, vous devez mesurer et absorber l'étendue des thématiques. Lire cet ouvrage, le ficher et ne pas hésiter à lire d'autres choses sur chacune des thématiques. Réalisez des fiches par thème : « Développement du numérique », « La vérité en philosophie », « Les bouleversements du numérique », « Le secret à l'ère du numérique »… Sur chacune de ces fiches, notez les idées clés, les auteurs de référence, quelques données (chiffres, citations…) à connaître et commencez à les apprendre le plus tôt possible.

Puis dans un second temps, entraînez-vous à réaliser les vingt sujets que vous trouverez à la fin de cet ouvrage. Réalisez *a minima* des plans détaillés où vous associez à chaque fois vos idées à un auteur et à une illustration mais essayez le plus souvent de réaliser l'intégralité du devoir.

Enfin, tout au long de l'année, ajoutez à vos fiches toutes les références supplémentaires que vous pouvez découvrir lors de vos nouvelles lectures ou de vos cours. Pensez aussi et surtout à faire une veille de l'actualité des deux thèmes et à venir ajouter de nouveaux éléments dans vos fiches en fonction de cette actualité.

8 Une épreuve qui ne vous permet pas de faire l'impasse sur une des thématiques

Même s'il peut être tentant de concentrer ses forces sur une seule des deux thématiques pour pouvoir développer plus facilement un « avantage comparatif », cela ne doit jamais être une option retenue. En effet, si la plupart du temps les sujets proposés correspondent à ce qui pouvait être anticipé deux exceptions existent : le sujet croisé qui nécessite de maîtriser les deux thèmes à la fois, et le sujet compliqué quasiment hors thème qui amène le candidat à regretter amèrement son choix si celui-ci tombe sur le seul thème qu'il a appris. Si l'on regarde, l'historique du concours, ces deux exceptions ont été rencontrées à plusieurs reprises, il n'est donc pas raisonnable de faire l'impasse sur un thème.

Ainsi, la première année a été une année sans exception puisque les thèmes « environnement » et « identités » ont généré deux sujets plutôt prévisibles : « Une politique de l'environnement est-elle possible ? » Et « Affirmer les identités, est-ce nécessairement affirmer les différences ? »

En revanche, la première exception a été rencontrée dès la deuxième année du concours où les thèmes « guerre » et « capitalisme », ont amené deux sujets : « Peut-on « civiliser » les manières de faire la guerre ? » Et « Internationaliser marchés et échanges, est-ce conjurer la guerre ? » On voit ici que les deux sujets portent le mot « guerre » alors qu'aucun n'aborde le terme de « capitalisme ». Le second sujet portait pourtant clairement sur ce thème, mais sur une question qui croisait en fait les deux thématiques de l'année. Les candidats qui n'avaient pas travaillé la thématique de la guerre ont dû fortement le regretter.

L'année 2010 n'a pas vraiment apporté de pièges, chaque thématique a donné lieu à des sujets prévisibles. En effet, alors que les thèmes étaient la « vieillesse » et les « médias », les sujets ont été : « Une société qui vieillit est-elle condamnée au déclin ? » et « Dans quelle mesure les médias sont-ils le reflet de la société ? » En revanche, 2011 a été une année où il était impossible de faire l'impasse sur l'une des deux thématiques. En effet, pour les thèmes « argent » et « frontières », les sujets proposés étaient : « Les pouvoirs ont-ils besoin de frontières ? » Et, « argent et démocratie ». Si le deuxième sujet était prévisible lorsque l'on travaille la thématique de l'argent, le premier étant très loin de la thématique des frontières, il était donc extrêmement dur à traiter sans une très solide culture générale.

Les années suivantes ont moins fait l'objet de pièges, ainsi, en 2012, pour les thématiques « religion » et « sport », les candidats ont dû réfléchir à deux questions relativement complexes mais prévisibles : « La laïcité, garantie des libertés religieuses? » et « Le sport, une affaire d'État(s)? » De la même manière, en 2013, sur les thématiques de « justice » et de « science », les sujets ont été : « Doit-on faire confiance à la justice? » et « La science est-elle l'affaire de tous? » Toutefois, à notre sens, le second sujet est nettement plus prévisible, et donc plus simple, que le premier ainsi les candidats qui ont bien travaillé les deux thèmes seront privilégiés sur ceux qui avaient concentré leurs efforts sur le seul thème de « justice ».

En 2014, les thèmes à travailler étaient « **culture** » et « **travail** », le premier renvoyait à une notion très vaste et s'est traduit par le sujet suivant : « la mondialisation de la culture conduit-elle à son uniformisation? » alors que le second thème était davantage prévisible : « Le travail est-il toujours un facteur d'intégration sociale? »

En 2015, 2016 et 2017, les sujets étaient globalement prévisibles. Pour la thématique de la « **famille** », le sujet proposé était : « La famille a-t-elle un avenir? » alors que pour la « **mondialisation** », le sujet avait été « Mondialisation et contestations ». En 2016, pour les thématiques « **école** » et « **démocratie** », un sujet croisé aurait pu être possible, mais le choix a été porté sur « Le système d'enseignement en France vous paraît-il assurer l'égalité des chances? » et « La démocratie donne-t-elle le pouvoir au peuple? » Pour la thématique de la « **ville** », le sujet était : « les villes sont-elles en crise? » et pour la thématique des « **radicalités** », les candidats ont dû traiter : « Peut-on être à la fois radical et démocrate? »

En résumé, on voit que l'épreuve telle qu'elle se présente offre des sujets en lien direct avec les thèmes à travailler, qui demandent toutefois une solide culture générale. Il est impossible pour le candidat de faire l'impasse sur l'une ou l'autre des thématiques car un sujet « croisé » peut être proposé, mêlant étroitement les deux notions et que chaque année un des deux sujets peut apparaître plus complexe que l'autre.

9 Une épreuve qui peut être appréhendée plus facilement que les autres

Dans le sens de ce qui vient d'être présenté dans le point précédent, il convient de souligner que l'épreuve de questions contemporaines comprend une particularité par rapport aux deux autres épreuves : il est possible de l'anticiper. En effet, s'il y a un programme plus précis et plus clair en histoire ou en langues, il n'est pas évident – voire tout simplement impossible – de prédire quel sujet est le plus probable, quelle partie du programme il vaut mieux réviser. Les candidats devront donc veiller à maîtriser l'ensemble des éléments de ces programmes.

En questions contemporaines, le fonctionnement est très différent. Le programme en lui-même est assez flou puisqu'il ne tient qu'en un mot, il permet néanmoins plus facilement d'être anticipé. Pour cela, il suffit de placer la thématique de l'année en face de l'identité de Sciences Po. Ainsi, on se rend par exemple compte, que la thématique du « numérique » est moins large et complexe qu'elle n'y paraît. Un sujet technique sur l'informatique semble peu probable dans une école qui ne vise pas à former de futurs ingénieurs. Le sujet portera donc plutôt sur la dimension de « la place du numérique dans nos sociétés ».

Quelle que soit la thématique, tous les candidats doivent donc s'évertuer à anticiper les sujets potentiels et s'entraîner à les traiter pour ne pas être surpris par le sujet du jour J. Ainsi de la même manière sur la question du secret, il convient de l'interroger dans le contexte actuel de la société française, celui d'une société post-secret où tout est public. C'est un travail que chaque candidat peut faire afin de limiter le champ des révisions en se concentrant sur les sujets potentiels.

10 Une épreuve qui nécessite de préparer une cinquantaine d'arguments

Dans la continuité de ce qui a été précédemment évoqué, une fois le repérage des sujets potentiels effectué, le candidat doit s'évertuer à essayer de traiter ces sujets dans une forme Sciences Po (deux parties, deux sous-parties, deux arguments par sous-partie). En procédant ainsi, il s'apercevra que dans de nombreux cas, les arguments qu'il utilise sont les mêmes d'une copie à l'autre.

Un même argument peut donc servir à plusieurs copies. À l'aide de cet ouvrage et de votre travail sur les sujets, il est donc conseillé aux candidats de repérer l'ensemble de ces arguments qui peuvent être mobilisés le jour J. Aussi, si le candidat réalise ce travail de manière systématique, il pourra préparer une fiche par argument, fiche qui reprendra l'idée en question, l'auteur qui la porte et une illustration qui appuie cet argument.

La clé de cette épreuve réside dans cette anticipation qui canalise le champ des savoirs et permet aux candidats de proposer une copie sérieuse, référencée et structurée en seulement trois heures le jour du concours.

CHAPITRE 2

10 conseils pour réussir l'épreuve

SOMMAIRE

1 Prévoyez une stratégie pour bien exploiter les 3 heures de l'épreuve

L'épreuve de questions contemporaines est limitée à trois heures. Cette durée peut paraître courte par rapport à celle d'une épreuve du bac et beaucoup de candidats ne parviennent pas à achever leur copie faute d'une bonne gestion du temps. Avant de se présenter à l'épreuve, il convient de mettre en place une stratégie pour exploiter au mieux ces trois heures.

Cette stratégie est nécessairement personnelle, elle dépend de votre degré de préparation, de votre capacité à trouver rapidement un plan et de votre rapidité d'écriture. Pour donner un ordre d'idée, on peut toutefois proposer un découpage-type qu'il conviendra de s'approprier.

	Temps consacré	Temps cumulé	
Brouillon, 85 minutes	5	5	Lecture du sujet - repérage des mots clés
	40	45	Maïeutique
	15	60	Repérage des idées et de leurs illustrations
	10	70	Construction du plan
	15	85	Rédaction de l'introduction et de la conclusion
Copie, 95 minutes	90	175	Rédaction de la copie
	5	180	Relectures

L'un des enjeux de votre préparation est de remplir ce tableau avec le temps qui vous semble adapté à la réalisation d'un devoir de qualité en trois heures. Une fois ce tableau réalisé, vous devez vous y tenir le jour J. Quel que soit le sujet, qu'il soit simple ou complexe, plaisant ou loin de ce que vous aviez imaginé, vous devrez garder ce timing pour ne pas prendre le risque de ne pas terminer votre devoir ou de ne pas le relire ce qui pourrait vous coûter de trop précieux points.

Le jour J, vous contrôlerez régulièrement l'heure pour vérifier que vous n'êtes pas en retard sur votre programme. Par exemple sur le découpage proposé ci-dessus, je dois m'assurer qu'au bout de 45 minutes, je commence à construire mon plan en repérant les idées et leurs illustrations, qu'au bout d'une heure et demi, je suis bien en train de rédiger… Il est souvent nécessaire ensuite de se fixer des temps intermédiaires. Par exemple, si j'ai prévu de consacrer 90 minutes à la rédaction de ma copie, je m'assure qu'à l'issue des cinquante premières minutes, l'introduction et la moitié de la copie sont effectivement rédigées. Si ce n'est pas le cas, j'accélère le rythme et revois mes ambitions à la baisse en rédigeant un peu moins, car l'important c'est de terminer.

2 Ne négligez pas vos brouillons, ils sont la clé du succès

Beaucoup de candidats, soucieux de terminer leur devoir, se lancent trop vite sur leur copie et construisent au fur et à mesure de la rédaction leur réflexion. L'esprit d'une copie « Sciences Po » est de commencer à rédiger une fois que le plan est validé et que vous connaissez exactement le chemin que vous allez emprunter pour votre démonstration.

À ce titre, le temps passé au brouillon est très précieux. Il vous permet de recenser vos arguments, les auteurs que vous allez mobiliser ainsi que les illustrations et de construire une introduction, un plan et une conclusion adaptés.

Sur le modèle de découpage du temps présenté dans le point précédent, il est proposé de passer un peu moins d'une heure et demie sur ce brouillon. Ce temps est découpé autour de deux axes majeurs, la maïeutique et la construction de votre copie.

2.1 La maïeutique

Le temps de maïeutique, littéralement le temps d'« accouchement » des idées, doit occuper un large temps de votre réflexion. À partir du sujet donné, vous allez coucher sur votre brouillon tous les éléments de culture que vous comptez évoquer.

Pour cela, vous commencez par lire attentivement les sujets. Puisque, vous aurez travaillé les deux thèmes, il serait logique que les deux sujets vous inspirent. Vous devez rapidement en choisir un. Prenez celui sur lequel vous êtes le plus à l'aise, si les deux sont à égalité, prenez le thème que vous avez préféré travailler ou le thème que vous pensez plus facile ou moins pris par les autres candidats. Si vous n'arrivez pas à vous décider, tirez au sort, mais ne perdez pas de temps. Vous ne devez réaliser la maïeutique que d'un seul des deux sujets et, surtout, vous ne devez jamais revenir en arrière, il risquerait de vous manquer du temps.

Une fois, le choix effectué, le temps de maïeutique peut débuter. La maïeutique consiste à partir des mots du sujet et à analyser leurs liens, leurs connecteurs logiques pour définir le sens que vous allez donner à votre démonstration. Puis à lister toutes les références connues sur ce sujet : idées, auteurs, citations, exemples, faits d'actualité… Une fois arrivé(e) au bout de toutes vos idées, n'hésitez pas à faire un travail à partir de synonymes des mots du sujet pour voir si d'autres références ne pourraient pas être ajoutées. Pensez que ces éléments de culture peuvent venir de vos cours, de ce livre, d'autres ouvrages consultés, mais aussi de votre lecture de l'actualité ou de votre culture personnelle.

2.2 La construction du plan et de la problématique

Le second temps de votre brouillon, une fois ces pages de réflexion écrites, consiste à travailler le plan détaillé, l'introduction et la conclusion. Comme nous allons le voir dans le point suivant, une copie de questions contemporaines doit s'articuler autour de huit ou neuf grandes idées. Huit idées pour un plan en deux parties et deux sous-parties, neuf idées pour un plan en trois parties, trois sous-parties. Une fois la maïeutique terminée, il faut donc repérer ce qui relève des idées de ce qui relève des exemples. Un plan doit toujours partir des idées, jamais des exemples qui n'ont pour seule fonction que celle d'illustrer les idées.

Selon vos habitudes de travail et de réflexion, la problématique sera le point de départ ou le point d'arrivée de votre structuration de propos. En fait, elle est toujours un peu des deux. Elle est un point de départ, car il est impossible de structurer son propos sans savoir ce que l'on va démontrer et le point d'arrivée car une fois le plan abouti, la problématique est toujours reformulée. L'important est donc de construire à partir des huit ou neuf idées repérées un plan clair, progressif et qui réponde à votre problématique, ou du moins, à votre souhait de démonstration.

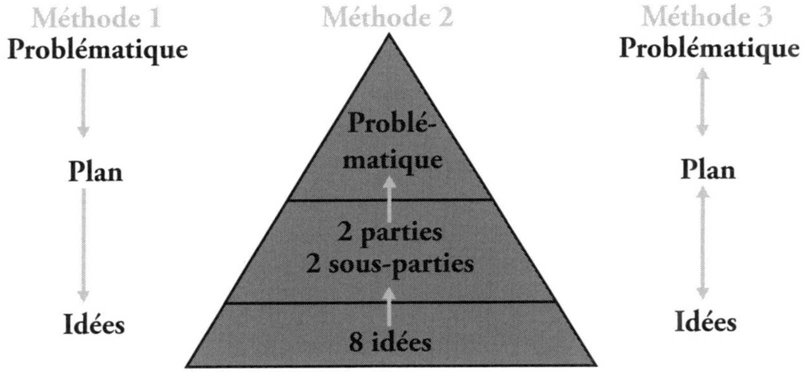

Regroupez les idées deux par deux (ou trois par trois dans un plan en trois parties, trois sous-parties) pour réussir à trouver les sous-parties de votre devoir. Réalisez un plan avec six titres clairs, deux titres de parties et quatre de sous-parties. Ces titres ne seront pas visibles dans votre copie finale mais vous permettront de tenir des propos structurés et d'éviter le risque d'un plan indécelable par le correcteur.

Enfin, rédigez l'introduction et la conclusion, l'une à la suite de l'autre. Beaucoup de candidats ne jugent pas utile d'écrire la conclusion au brouillon et trouvent plus simple de la rédiger à la fin du devoir. C'est bien souvent une grosse erreur car, pris par le temps, le candidat réalise une conclusion en tout hâte, ne trouvant plus de référence adaptée et plaçant parfois quelques grosses fautes d'orthographe lues juste avant que le correcteur n'inscrive sur la copie la note finale… La conclusion étant pourtant en continuité de l'exercice de l'introduction, elle est plus simple à rédiger dans la foulée. Cela permet en outre au candidat d'avoir un élément à recopier en cas de manque de temps et de connaître au moment où il débute la rédaction ce qu'il va écrire à la fin, évitant ainsi bien des hors-sujets.

3 Présentez votre copie de manière structurée, claire et lisible

Dans ce concours, les correcteurs doivent corriger un grand nombre de copies en un temps réduit, impossible pour eux de passer des heures à déchiffrer une écriture ou un plan.

En ce qui concerne l'écriture, faites un effort pour proposer une copie lisible et aérée. Si vous avez conscience que votre écriture peut être parfois un peu dure à déchiffrer, gardez-vous plus de temps pour la rédaction afin de pouvoir offrir une écriture la plus soignée possible à votre correcteur.

Pour la forme, adoptez une alternance claire de phrases titres, de développements et de transitions. À titre d'exemple, le schéma ci-dessous reprend une présentation adaptée à un plan en deux parties, deux sous-parties. Chaque numéro correspond à un alinéa. Chaque croix à un saut de ligne.

	§	Temps	Sauts de ligne
Introduction	1	Accroche	
	2	Définition/Délimitation	
	3	Problématique	
	4	Annonce du plan	XX
Première Partie	5	Phrase titre I (annonce IA et IB)	X
	6	Phrase titre A (annonce idée 1 et 2)	X
	7	Idée 1	
	8	Idée 2	X
	9	Transition IA ª IB	X
	10	Phrase titre B (annonce idée 3 et 4)	
	11	Idée 3	
	12	Idée 4	XX
	13	Transition I → II	XX
Seconde partie	14	Phrase de titre II (annonce IIA et IIB)	X
	15	Phrase titre A (annonce idée 5 et 6)	X
	16	Idée 5	
	17	Idée 6	X
	18	Transition IIA → IIB	X
	19	Phrase titre B (annonce idée 7 et 8)	X
	20	Idée 7	
	21	Idée 8	XX
Conclusion	22	Bilan	
	23	Ouverture	

Chacun des temps ici est nécessaire, il va permettre à votre correcteur de se repérer clairement dans votre copie.

Les phrases titres doivent résumer en quelques mots (entre 20 et 30 mots) les idées qui vont venir par la suite. Ainsi la phrase titre I doit résumer les idées de la première partie, et la phrase titre A, celles de la première sous-partie.

Les transitions sont nécessaires pour créer du lien entre vos idées, chaque transition doit être pensée de la même manière : une conclusion du point précédent et une amorce du point suivant. L'enjeu est de montrer l'enchevêtrement de vos idées, l'enchaînement logique des différents points.

4 Misez beaucoup sur l'introduction

Comme on peut le voir au point précédent, sur les vingt-trois alinéas de votre copie, quatre sont consacrés à l'introduction. Ainsi, votre introduction doit comprendre quatre temps indispensables, quatre temps très importants pour votre note finale. En effet, l'introduction est le premier temps lu par le correcteur, celui qui sert souvent à décider si le candidat a des chances d'être parmi les meilleures copies.

4.1 L'accroche

Le premier temps est une accroche. Son rôle est d'amener le sujet, de lancer la démonstration. Pour ce faire, les candidats peuvent utiliser trois outils : une citation, un chiffre ou un événement. La citation est souvent la meilleure forme possible d'accroche. Attention toutefois à ne pas placer une citation sans lien avec le sujet ou une citation trop connue. Le candidat qui veut trouver une bonne accroche doit donc s'efforcer de connaître un nombre suffisant de citations pour pouvoir trouver la plus adaptée au sujet. C'est pourquoi ce livre propose de nombreuses citations dont une vingtaine spécifiquement pensées pour vos accroches à la fin de l'ouvrage. Il en va de même pour les chiffres. En revanche, les accroches sur les événements sont souvent un peu moins prisées, elles sont généralement utilisées faute de mieux. Votre temps d'accroche doit être composé de plusieurs phases. La première est celle d'une citation, d'un chiffre ou d'un événement, la seconde doit amener le mot-clé. Il est nécessaire que le lien entre ces deux soit le plus fluide possible. Vous devez impérativement éviter les accroches trop floues, indéfinies comme les formulations de type : « de tout temps ».

4.2 La délimitation et la définition du sujet

Le second temps de l'introduction est un temps de délimitation du sujet et de définition des termes principaux. Il est fréquent que les étudiants ne trouvent pas les mots qui doivent être définis et décident donc de définir soit l'ensemble des mots – ce qui est fastidieux à lire – soit un seul terme, voire aucun. En fait, les mots qui doivent être définis sont les mots-clés que vous allez utiliser dans votre problématique, c'est d'ailleurs pour cela que le temps précédent – l'accroche – doit amener un mot-clé. Souvent, dans les sujets de ce concours, ils sont au nombre de un ou deux. Pour amener vos définitions, évitez d'avoir recours à des formulations trop scolaires comme « pour définir » et préférez des formules comme « La ville, entendue comme… » qui sont plus légères. Vous pouvez éventuellement donner une définition via une citation si elle est pleinement adaptée au sujet.

4.3 La problématique

Le troisième temps de votre introduction est une problématique. Ce temps est un élément majeur de votre démonstration, il ne doit pas être un simple copier-coller du sujet donné mais un élément structurant. En effet, en une phrase, qui peut être au choix interrogative ou affirmative, le candidat doit montrer l'enjeu du sujet et affirmer la thèse qu'il va défendre. Les formulations comme « en quoi » ou « dans quelle mesure », bien que très scolaires, peuvent être adaptées si la suite ne consiste pas simplement à réécrire le sujet. Ainsi pour le sujet « les pouvoirs ont-ils besoin de frontières ? », « dans quelle mesure les pouvoirs ont-ils besoin de frontières ? » n'est pas une problématique, alors que « dans quelle mesure, pour garantir son bon fonctionnement, la démocratie doit-elle poser un contre-pouvoir à tout pouvoir ? » en est une. Trop souvent les candidats n'accordent pas assez d'importance au caractère « structurant » de cette problématique et perdent de précieux points, au risque même de ne pas pouvoir obtenir la moyenne. La problématique doit révéler la thèse du candidat, ce qui va être démontré dans la copie, elle doit *a minima* proposer les éléments du débat et peut aller jusqu'à montrer précisément la direction que va prendre votre devoir. Les candidats doivent toutefois prendre garde à ne pas confondre problématique et annonce de plan, surtout s'ils font le choix d'une problématique sous la forme affirmative.

4.4 L'annonce du plan

Enfin, le dernier temps est une annonce de plan. Dans l'introduction, il faut se limiter à l'annonce des deux grandes parties pour montrer globalement le cheminement intellectuel que vous avez retenu. Pour vous distinguer, évitez de faire une annonce de plan trop lourde en essayant de ne pas avoir recours, ni au mot « nous », ni « on » (ni naturellement « je » qui est à proscrire dans toute la copie) ni « premier » ni « deuxième ». Ces quatre mots sont à éviter. Vous pouvez donc transformer une annonce de plan classique : « Dans une première partie, nous verrons que la ville a été pendant longtemps un lieu d'utopies et de modernité avant de voir dans une seconde partie que face à la montée des problèmes, une politique de la ville a dû être adoptée. » par une phrase du type « Si la ville a longtemps état un lieu d'utopies et de modernités, la montée des problèmes a consacré la nécessité de mettre en œuvre une politique de la ville ». Ce qui permet de comprendre aisément ce qui relève de votre première partie et de votre seconde partie, sans pour autant avoir recours aux artifices habituels. Pour accroître le lien avec votre problématique, vous pouvez en outre commencer par « en effet ».

5 Privilégiez un plan en deux parties, deux sous-parties

En questions contemporaines, deux types de plans peuvent être mobilisés, les plans en deux parties et deux sous-parties ou les plans en trois parties et trois sous-parties avec une variante possible pour des plans en trois parties et deux sous-parties.

Le plan en deux parties est davantage conseillé pour deux raisons clés : il correspond davantage à l'esprit « Sciences Po », et à ce titre est le réflexe naturel de la plupart des correcteurs, en outre il est plus adapté à un devoir en trois heures.

Les plans en deux parties, deux sous-parties ne doivent pas pour autant réduire la portée de votre plan, il doit vous permettre de faire passer autant de nuances qu'un plan de type thèse antithèse, synthèse. Souvent les copies « Sciences Po » parviennent à faire tenir un plan en trois temps dans un plan en deux parties deux sous-parties. Ainsi, une copie pour contenir les trois temps : « oui », « mais » « donc » tout en tenant dans ce plan. Dans le cas présent, le « mais » ou le « donc » pourraient être développés en quatre idées.

EXEMPLE

Partie I : Le numérique a progressivement bouleversé nos vies

Partie A : L'essor du numérique et de l'Internet ne l'espace de quelques années (deux idées « oui »)

Partie B : Le numérique est devenu omniprésent et a bouleversé tous les secteurs (deux idées entre le « oui et le « mais »).

Partie II : Face aux dangers et menaces du numérique, la nécessaire mise en place de régulations

Partie A : Les menaces du numérique sont toujours plus nombreuses (deux idées « mais »)

Partie B : Dans ce contexte, la nécessité d'encadrer le numérique (deux idées « donc »).

6 Associez systématiquement vos idées à des auteurs de référence

Pour réussir votre copie de questions contemporaines, vous devez présenter un devoir avec des idées qui soient crédibles et référencées. Ainsi, chacune de vos idées doit systématiquement être pensée en trois temps : une énonciation de l'idée, un développement basé sur un auteur et une illustration (voir point suivant). En quelques mots résumez l'idée que vous souhaitez défendre, puis développez cette idée à l'aide d'un auteur « Sciences Po ». Cet auteur de référence donnera toute la valeur à votre démonstration, montrera que vous avez la culture adaptée à « Sciences Po ».

L'auteur doit toujours être présenté avec son nom et son prénom – le prénom n'est facultatif que pour les auteurs morts entrés dans la postérité – ainsi que son domaine de compétence. Par exemple, vous évoquerez « le sociologue Pierre Bourdieu » ou « le philosophe Paul Ricœur »... Puis, chaque référence doit être accompagnée de la source exacte, c'est-à-dire le livre que vous citez accompagné, si possible, de la date ou de la période de parution.

Prenez garde néanmoins à ne pas ajouter de détails qui pourraient desservir la crédibilité de votre copie. Ainsi, s'il est recommandé d'écrire « Le sociologue Pierre Bourdieu écrivait en 1979 dans *La distinction…* », il vaut mieux écrire « Bourdieu écrivait… » que d'écrire « L'économiste Roger Bourdieux écrivait en 1989 dans *La différence…* ». Si le trait est ici un peu exagéré, il n'est pas rare que des candidats se trompent de prénom, de date ou de titre d'ouvrage, ce qui nuit à la crédibilité du devoir. Prenez garde aux détails comme l'orthographe du nom ou les subtilités des titres et soulignez toujours les références pour leur faire gagner de la visibilité.

7 Illustrez vos propos notamment grâce à l'actualité

Pour compléter vos paragraphes, après avoir énoncé vos idées et développé une référence d'autorité, il faut viser à rendre concret votre théorie et pour cela, il s'agit le plus souvent de les illustrer.

Beaucoup de candidats inventent souvent des illustrations comme ils le font dans leurs devoirs de philosophie. Ce n'est pas très recommandé. Les illustrations doivent être réelles, elles peuvent provenir des auteurs eux-mêmes ou de votre exploitation de l'actualité. Par exemple, si vous souhaitez utiliser l'argument d'Olivier Roy, politologue auteur en 2012 de *La sainte ignorance*, comme quoi « il n'y a pas une radicalisation de l'islam mais une islamisation de la radicalité », vous pourrez, bien sûr, illustrer ces propos avec le profil des auteurs des attentats à Paris en novembre 2015.

Ces illustrations sont souvent une occasion de montrer que vous avez suivi, compris et analysé l'actualité. Elles peuvent moderniser des propos d'auteurs qui ont quelques années en montrant comment l'actualité leur fait écho. Toutefois, toutes vos illustrations ne sont pas toujours puisées dans les seuls événements d'actualité. Ainsi, de nombreuses illustrations peuvent provenir d'autres domaines, comme la littérature, le cinéma, les arts… Ainsi, vous montrerez à votre correcteur, qu'au-delà de votre culture « Sciences po » vous maîtrisez également une culture générale et diversifiée.

8 Diversifiez vos références pour vous inscrire dans l'esprit de l'épreuve

Pour coller à l'esprit de l'épreuve, vos références doivent être pluridisciplinaires. Il convient donc de citer des sociologues, des philosophes, des historiens… En évoquant, systématiquement la spécialité de l'auteur que vous citez, vous insisterez sur le respect de ce critère.

La diversification de vos références doit aussi tenir dans une diversification historique et potentiellement géographique. Vous devez citer des auteurs issus de différents siècles même s'il est conseillé d'avoir un grand nombre d'auteurs « contemporains » attendu qu'il s'agit d'une épreuve de questions contemporaines et non de culture générale. En outre, il ne faut pas hésiter à montrer que vos références s'étendent au-delà de la France, même si votre démonstration n'a aucun intérêt à s'inscrire dans un comparatisme. Ainsi, par exemple, des auteurs américains comme Noam Chomsky ou Samuel Huntington seront cités au-même titre que des auteurs français comme Robert Castel et Serge Paugam…

Vos illustrations pourront elles aussi dépasser les frontières de l'« ici et maintenant » tout en veillant à comparer ce qui demeure comparable, à ne pas réfuter, par exemple, un argument du XVIe siècle avec un exemple de la semaine dernière.

9 Ne négligez pas la conclusion

La conclusion, rédigée au brouillon, comprend deux temps majeurs : une réponse à la problématique et une ouverture. Le premier temps, la réponse à la problématique, appelée aussi bilan, doit permettre au candidat de rappeler le plan utilisé pour répondre au sujet et à sa problématique. Le plan étant un élément très important de la notation, ce premier élément de conclusion ne doit pas être sous-estimé. Il faut rappeler le sujet qui était posé et la réponse que vous lui avez apportée en reprenant les différents temps de votre démonstration. Vous veillerez toutefois à dépasser la seule présentation de votre plan pour vraiment apporter une réponse à la problématique, au sujet.

Le second temps, celui de l'ouverture est souvent redouté par les candidats. Il demande pourtant les mêmes qualités que pour réussir l'accroche de l'introduction, dont il est le reflet. Les candidats livrent trop souvent des ouvertures trop vagues avec des questions auxquelles personnes ne peut répondre. L'ouverture ne doit pas être l'occasion de placer un élément que l'on a oublié de traiter dans la copie, mais un temps d'élargissement du sujet en le replaçant dans un cadre global ou connexe. Une fois encore, une citation originale peut être une bonne dernière impression laissée au correcteur. Le candidat doit surtout éviter de ré-ouvrir le débat qu'il vient de clore au temps précédent. Il doit aussi prendre garde à ce que son expression soit de qualité égale en introduction qu'en conclusion pour montrer au lecteur qu'il a aisément su maîtriser son temps.

10 N'oubliez pas de vous relire

Dans les trois heures qui vous sont imparties pour ce concours, il est strictement capital de se garder quelques minutes de relecture. La forme de cette épreuve est très importante, elle comprend la qualité de l'introduction et de la conclusion, la qualité du plan mais aussi indéniablement l'absence de fautes d'orthographe. Le correcteur sait qu'en écrivant six pages en trois heures, le candidat peut être enclin à réaliser quelques fautes d'orthographe et sera clément s'il en demeure une ou deux dans la copie. Toutefois, ces fautes d'orthographe ne doivent pas être trop importantes, ni être des fautes de grammaire qui pourraient témoigner d'un manque de maîtrise de la langue française. En outre, vous devez vous assurer qu'il ne demeure aucune faute d'orthographe dans l'introduction, la conclusion ainsi que dans les moments clés comme les phrases titres.

Pour obtenir une relecture efficace et rapide, il est nécessaire de connaître les fautes d'orthographe que vous êtes enclins à faire lorsque vous écrivez vite : s'agit-il de fautes d'accord ? De fautes sur des mots en particulier ? De confusion entre « a » et « à » ou « é » et « er » ? À partir de ce constat, vous n'allez pas relire votre copie de manière linéaire, mais vous focaliser sur la chasse à ce type de fautes en survolant efficacement votre copie, vérifiant chaque accord, chaque occurrence d'un mot que vous êtes enclin à mal orthographier… L'objectif est de réduire à néant les fautes dans votre copie car toute faute d'orthographe jouera contre la crédibilité de votre devoir et donc fera baisser votre note…

PARTIE 2
LE CORPS

SOMMAIRE

CHAPITRE 3

Introduction

Ensemble matériel composant la matière d'un être vivant, le corps n'est pas qu'une réalité biologique au fonctionnement complexe. Il a aussi une fonction sociale, politique, culturelle, spirituelle, économique, sportive : le corps est multidimensionnel.

Le corps ou plutôt les corps s'expriment également selon des considérations éthiques et morales des sociétés. Ils sont l'objet de représentations qui varient au fil de l'histoire, en fonction des cultures et des milieux sociaux. Ainsi, l'image corporelle est intrinsèquement liée au contexte spatio-temporel l'entourant.

Au XXIe siècle, le corps est concurrencé par la technologie avec la volonté de dépasser voire transcender les limites de la condition humaine. Les biotechnologies s'insèrent dans la corporalité humaine et les perspectives futures de potentielles symbioses restent à déterminer. Si le corps crée autant qu'il détruit, dans la continuité de l'effacement des corps, la crise climatique remet en question son existence même. En effet, si le corps détériore son environnement, ce premier se dégrade de concert avec son milieu. Les externalités issues de l'activité humaine engendrent ainsi une double déstabilisation des équilibres naturels du corps et des milieux.

In fine, le corps s'appréhende également comme un objet politique. En tant qu'interface privilégiée des relations sociales, des politiques publiques sont élaborées afin de l'exploiter, le protéger et le développer. Le corps compose et entoure, il est à la fois l'individu et la collectivité.

CHAPITRE 4

Des diverses approches du corps

SOMMAIRE

1 Aspect biologique et physiologique

Le corps est par sa nature un élément, une donnée biologique intrinsèque à l'existence de tout être vivant complexe. Depuis que la vie est apparue sur Terre dans de bouillantes flaques d'acides il a plusieurs milliards d'années les organismes vivants se sont incessamment développés jusqu'à aboutir à des formes de plus en plus complexes, conduisant à la création et si l'on peut dire au raffinement de ce qui constitue pour les organismes vivants le corps.

Ce dernier désigne alors l'ensemble des structures anatomiques, des organes, des systèmes et des cellules qui composent l'organisme vivant animal. Il est divisé en différentes parties et sous-parties, toutes interconnectées et interdépendantes pour permettre le bon fonctionnement global de l'individu. C'est notamment ainsi que les auteures **Elaine N. Marieb** et **Katja Hoehn** définissent le corps humain dans leur ouvrage de référence *Anatomy & Physiology of the Human Body*. Dans ce dernier, elles détaillent notamment que le corps humain, à l'instar des autres êtres vivants est une véritable machinerie complexe et diversifiée nécessaire au bon fonctionnement de l'organisme et à la survie même de l'individu. Le tout selon Marieb et Hoehn étant composé de 4 piliers fondamentaux dans l'organisation de l'horlogerie biologique du corps humain, à savoir les cellules, les tissus, les organes et les systèmes.

Pour commencer, la cellule est l'unité de base du corps humain. Chaque individu est ainsi constitué d'environ 37,2 billions de cellules différentes, chacune remplissant des fonctions spécifiques. Les principales parties d'une cellule sont le noyau (qui contient l'ADN), le cytoplasme (qui abrite divers organites) et la membrane cellulaire (qui contrôle les échanges avec l'environnement extérieur). Les cellules se regroupent in fine pour former des tissus, soit des éléments plus complexes et divers qu'elles-mêmes. Il existe quatre types de tissus fondamentaux dans le corps humain : les tissus épithéliaux (qui recouvrent les surfaces), les tissus conjonctifs (qui soutiennent et relient les structures), les tissus musculaires (qui permettent le mouvement) et les tissus nerveux (qui assurent la transmission de l'influx nerveux). De même les tissus s'associent pour former des organes, qui sont des structures spécialisées et autonomes avec des fonctions spécifiques. Par exemple, le cœur, le foie, les poumons, le cerveau, les reins, etc. Chaque organe est composé de plusieurs types de tissus qui collaborent pour accomplir leur tâche spécifique. Et enfin, les organes se combinent pour former des systèmes, qui sont des ensembles d'organes interconnectés collaborant pour réaliser des fonctions vitales du corps humain. On dénombre ainsi : le système digestif responsable de la digestion et de l'absorption des nutriments le système respiratoire : permet l'échange gazeux entre l'organisme et l'environnement le système circulatoire : assure le transport du sang, des nutriments et de l'oxygène dans tout le corps, le système nerveux qui coordonne les activités du corps et permet la perception, la cognition et le contrôle moteur, le système musculaire qui à son tour permet le mouvement et la locomotion, le système endocrinien qui est chargé de sécréter des hormones qui régulent divers processus dans le corps, le système immunitaire qui protège le corps contre les infections et les maladies et enfin le système reproducteur qui se retrouve impliqué dans la reproduction et le développement de nouvelles générations.

Le corps humain constitue par bien des aspects une anomalie sinon une originalité au sein du règne animal. En effet, l'être humain constitue une particularité de par l'évolution de son organisme, son fonctionnement, ses relations avec l'environnement. Ainsi, même si l'être humain n'est pas l'animal le plus fort, le plus féroce ou le plus rapide, il démontre néanmoins un remarquable mécanisme d'adaptation à son environnement immédiat. Ces particularités sont autant de caractéristiques qui font du corps humain un organisme remarquable et qui ont contribué à la réussite et à la domination de l'espèce humaine sur la planète. C'est en tout cas ce que souligne **Steve Parker** dans son ouvrage T*he Human Body Book*. Dans ce dernier il souligne notamment l'importance de mécanismes biologiques propres au corps humain et qui ont ainsi donné à notre espèce un avantage certain dans sa diffusion de part et d'autres de la planète. Il prend notamment en exemple une particularité seulement présente chez les êtres humains, la transpiration aussi appelée mécanisme de régulation de la température corporelle. Ainsi le corps humain a la remarquable capacité de réguler sa température interne pour maintenir une homéostasie thermique, c'est-à-dire un équilibre constant malgré les variations de température extérieure. Cette capacité est essentielle pour assurer le bon fonctionnement des processus biologiques et la survie dans des environnements divers. Lorsque la température extérieure augmente ou diminue, le corps humain réagit par le biais de deux mécanismes principaux la sudation c'est-à-dire que lorsque la température extérieure est élevée, le corps humain réagit en augmentant la sudation. Les glandes sudoripares libèrent de la sueur sur la peau, qui s'évapore ensuite en absorbant la chaleur de la surface cutanée. Cela aide à refroidir le corps et à réguler sa température. Et enfin la vasoconstriction et vasodilatation donc lorsque la température extérieure est basse, le corps réagit en rétrécissant les vaisseaux sanguins de la peau (vasoconstriction) pour minimiser la perte de chaleur par la surface cutanée. En revanche, lorsque la température extérieure est élevée, les vaisseaux sanguins se dilatent (vasodilatation) pour augmenter le flux sanguin à la surface de la peau, permettant ainsi à la chaleur de se dissiper plus facilement. En outre, le corps humain peut ajuster la production interne de chaleur en fonction des besoins. Par exemple, le métabolisme basal, qui est la quantité d'énergie nécessaire pour maintenir les fonctions vitales de l'organisme au repos, peut être augmenté en cas de température ambiante basse pour générer plus de chaleur. Un autre aspect intéressant de la régulation de la température corporelle est le rôle de l'hypothalamus, une région du cerveau qui agit comme un thermostat interne. L'hypothalamus surveille ainsi en permanence la température du corps et déclenche des réponses adaptatives pour maintenir la température à un niveau constant autour de 37 degrés Celsius, considérée comme la température normale du corps humain. Cette particularité du corps humain est essentielle pour survivre dans des conditions climatiques variables et pour maintenir les processus physiologiques optimaux. Ainsi pour **Parker** la capacité de réguler la température corporelle est une adaptation évolutive qui a permis à l'espèce humaine de s'adapter et de prospérer dans divers environnements tout au long de son évolution et constituant ainsi un brillant exemple de la réussite du genre humain d'un point de vue évolutif et bioécologique. En témoigne la diffusion rapide d'Homo Sapiens sur le globe commencée il y a 55 000 ans et qui réussit en seulement quelques milliers d'années à atteindre les endroits les plus reculés de la planète tout en faisant preuve d'une remarquable capacité d'adaptation.

Un autre aspect intrinsèque du corps humain et d'une importance capitale pour notre espèce est la conservation des capacités physiques et du bon état général du corps, plus couramment exprimé sous les termes de « bonne santé ». En effet, notre espèce, et ce depuis l'âge des cavernes, a toujours cherché à préserver sa santé et son corps contre les menaces extérieures, que celles-ci soient la maladie, la faim, la soif, le froid, le chaud, etc. Néanmoins un des aspects les plus récurrents dans la quête de préservation du corps humain et de ses capacités réside dans la recherche de techniques pour éviter ou guérir des maladies. Dans les premiers âges de l'Homme, la préservation de son corps et même son entretien sont non seulement une question de survie individuelle mais aussi collective. De cette volonté de préserver son existence, sa santé et donc son corps découle l'invention d'une proto-médecine puis à la suite des évolutions successives de la médecine telle qu'entendue de nos jours. C'est ainsi ce qu'avance **Michel Vovelle** dans son ouvrage de référence *Histoire de la médecine : de l'Antiquité au XXᵉ siècle*. L'auteur propose ainsi une exploration détaillée de l'évolution de la médecine à travers les âges, en mettant l'accent sur les développements clés, les grandes figures médicales et les avancées qui ont façonné la médecine moderne. Pour **Vovelle** il est ainsi possible de déterminer de grandes époques ou dates clefs dans l'histoire de la médecine et donc dans l'histoire de la préservation de la santé et du corps humain. Il relève ainsi plusieurs passages essentiels comme les premières formes de médecine remontent à la préhistoire, où les êtres humains utilisaient des plantes, des herbes et des substances naturelles pour traiter les maladies et soulager la douleur. Les connaissances sur les propriétés médicinales des plantes étaient transmises oralement de génération en génération, formant ainsi les bases de la médecine traditionnelle. La Grèce antique a également joué un rôle essentiel dans le développement de la médecine. Des figures emblématiques comme Hippocrate (460-370 av. J.-C.), souvent considéré comme le père de la médecine, ont introduit une approche rationnelle de la médecine, en mettant l'accent sur l'observation clinique, la collecte de données et l'utilisation de traitements basés sur des principes scientifiques. Plus tard sous l'Empire Romain, les médecins ont hérité de nombreuses connaissances médicales des Grecs et ont également développé leurs propres pratiques médicales. **Galien** (129-210 apr. J.-C.), un médecin grec qui a vécu à Rome, a eu une influence considérable sur la médecine de cette époque et ses idées ont dominé le domaine médical pendant des siècles. Au Moyen Âge, malgré les croyances religieuses fortes, il y avait des progrès significatifs dans le domaine de la médecine. Des centres d'apprentissage tels que les écoles de médecine à Salerne et Montpellier ont contribué à la diffusion des connaissances médicales, d'autant plus utiles dans un contexte où l'Europe subit à cette époque plusieurs vagues meurtrières de peste et autres épidémies. Enfin, au cours des derniers siècles, la médecine moderne a continué de progresser de manière spectaculaire. Des avancées majeures et fondamentales ont été réalisées dans la découverte des microbes, l'utilisation des vaccins à ARN messager, l'antibiothérapie, la chirurgie, l'imagerie médicale, la génétique, etc. Toutes ces avancées sont autant d'exemples qui illustrent la volonté de l'Homme de préserver son corps et ses capacités dans un environnement pour le moins hostile.

2 L'idée du corps dans l'esprit des Hommes

Si l'Homme est légitimement préoccupé au plus haut point par son corps dans ses attributs et ses fonctions biologiques, il demeure, et c'est bien là toute sa spécificité, un animal social et spirituel capable de donner un sens au monde qui l'entoure autrement que par des observations finies. L'Homme donne ainsi un sens spirituel, moral, religieux et philosophique à son environnement et inévitablement à ce qui constitue son moyen d'action privilégié avec celui-ci, c'est-à-dire son corps. Ainsi même les sociétés et groupes humains préhistoriques développent des pratiques spirituelles entourant le corps, que cela soit tout long de la vie au moment de la mort. Pratiques qui se poursuivent et se raffinent dans les sociétés antiques. En Occident c'est avec le développement et la diffusion des religions abrahamiques et tout particulièrement du christianisme que le corps occupe la place spirituelle que nous lui connaissons. C'est notamment la théorie développée par **Jean Delumeau** dans son ouvrage *Le corps et les religions*. Dans ce dernier il y développe l'idée selon laquelle les mentalités religieuses, les diverses perspectives des religions abrahamiques sur le corps humain, son statut sacré, ses rituels, ses pratiques et ses implications dans la vie spirituelle ont façonné les conceptions morales, éthiques, philosophique et bien évidemment religieuse de l'Occident. Pour **Delumeau**, la religion chrétienne diffuse et impose des dogmes sur la place du corps dans l'esprit des populations, il écrit notamment que le corps est souvent considéré comme une création de Dieu et un don sacré. L'incarnation occupe une place centrale en ce sens, dans la mesure où les chrétiens croient que Dieu s'est incarné en Jésus-Christ pour racheter l'humanité via cette intercession. Le corps est donc vu comme un temple de l'Esprit Saint et doit être traité avec respect.

Cependant, certaines pratiques ascétiques ou de jeûne peuvent également être observées par certains chrétiens dans un contexte de piété et de purification spirituelle. Une autre doctrine cruciale du christianisme est la résurrection des morts. Les chrétiens croient en la résurrection du corps après la mort, où le corps sera glorifié et réunifié avec l'âme. Cette croyance dans la résurrection confère une valeur éternelle au corps humain, et encourage les fidèles à prendre soin de leur corps et à respecter celui des autres. Enfin la place du corps dans la spiritualité chrétienne s'illustre aussi par la pratique des sacrements, soit des cérémonies sacrées qui utilisent des éléments matériels (eau, pain, vin, huile, etc.) pour exprimer des réalités spirituelles. Par exemple, dans le baptême, l'eau est utilisée pour symboliser la purification spirituelle et la nouvelle naissance en Christ. Ces sacrements mettent en évidence l'importance du corps et des éléments matériels dans la vie spirituelle des chrétiens.

Néanmoins il existe d'autres approches de la spiritualité en lien avec le corps de l'Homme, s'il fallait prendre un exemple s'éloignant de la vision chrétienne et par extension abrahamique du corps et proposant une approche inédite, l'hindouisme apparaît comme étant une des illustrations les plus pertinentes. Ainsi dans l'hindouisme, le corps occupe une place centrale et complexe. C'est notamment ce qu'expliquent **Sushil Mittal** et **Gene Thursby** dans leur ouvrage *The Hindu World*. Dans ce dernier, les auteurs dressent un portrait des concepts fondamentaux entourant la place du corps dans l'hindouisme. Pour eux, cette religion vénère le corps humain en tant qu'instrument sacré qui facilite le voyage spirituel de l'âme (atman) à travers différentes vies (réincarnation) vers la réalisation ultime (moksha). Par conséquent, le corps humain est vu comme un instrument de dévotion et de connexion avec le divin. Les fidèles pratiquent la puja (culte) en vénérant des divinités à travers des offrandes, des prières et des rituels, reconnaissant la présence divine à la fois à l'intérieur d'eux-mêmes et dans l'ensemble de la création. Par ailleurs, le corps est présenté comme étroitement lié à la nature et à l'environnement en général. Les fidèles considèrent la terre, l'eau, le feu, l'air et l'éther comme des éléments sacrés. Certains rituels et cérémonies impliquent l'utilisation de ces éléments pour honorer la nature et exprimer leur gratitude envers la création. Enfin pour **Mittal** et **Thursby** l'hindouisme met l'accent sur la pureté et la propreté du corps, surtout lorsqu'il s'agit de pratiquer des rituels religieux. Les fidèles pratiquent ainsi des rituels de purification tels que le bain rituel (snanam) avant les prières et les cérémonies, de même que d'autres formes de purification pour se préparer à des événements spirituels importants, illustrant dès lors l'importance du corps dans les pratiques spirituelles des individus.

Dans la philosophie, le corps humain est un sujet d'étude privilégié des grands esprits qui a suscité de nombreuses réflexions et débats au fil des siècles. Ainsi, depuis que l'Homme conçoit le monde qui l'entoure en dehors de sa simple approche primaire et pour ainsi dire instinctive et animale, il ne cesse de s'interroger sur la place qu'occupe son être et son corps largement distinct des autres. Les penseurs philosophiques ont exploré divers aspects du corps humain, tels que sa relation avec l'esprit, son rôle dans la perception et la connaissance, et ses implications éthiques et morales. À ce titre, il existe des controverses anciennes sur la place sur corps de l'Homme dans son environnement, son aspect spirituel et métaphysique ainsi qu'au final sur la fonction même du corps humain. Un des aspects les plus sujets à conflictualité concerne la place du corps et de l'esprit humain. Tantôt une école de pensée considère que l'esprit et le corps sont deux éléments et substances distinctes pour ne pas dire opposés, chacune exerçant sur l'autre une influence. Pour d'autres corps et esprit humain ne font qu'un seul tout. Cela s'illustre particulièrement dans la controverse opposant **René Descartes** dans son ouvrage *Méditations métaphysiques* et plus tard **Georg Wilhelm Friedrich Hegel** dans son ouvrage *Encyclopédie des sciences philosophiques*.

Le premier doute de tout ce qu'il a appris et accepté jusqu'à présent afin de reconstruire sa philosophie sur des fondements indubitables. Dans la deuxième méditation, **Descartes** arrive au célèbre cogito : « Je pense, donc je suis. » À travers ce raisonnement, il se rend compte qu'il ne peut pas douter de son existence même lorsqu'il doute de tout le reste. De cette manière, il établit le « moi pensant » (l'esprit) comme une réalité indubitable et distincte du corps. Par la suite, il développe ensuite sa théorie du dualisme cartésien, affirmant que l'esprit (ou la pensée) et le corps (ou l'extension) sont deux substances distinctes et indépendantes. L'esprit est immatériel, pensant, conscient, tandis que le corps est matériel, étendu, et régi par les lois de la physique. Cette séparation entre le corps et l'esprit est souvent appelée le « Dualisme Interactionniste » car **Descartes** soutient que, bien que les deux substances soient différentes, elles interagissent de manière à influencer mutuellement l'une et l'autre. Ainsi selon **Descartes**, l'esprit peut affecter le corps en initiant des mouvements volontaires, et le corps peut influencer l'esprit par les sensations et les stimuli physiques. D'un autre côté **Hegel** développe la théorie moniste dite de « l'Esprit Absolu ». Selon lui, le corps est l'unique réalité fondamentale qui englobe tout. Toutes les choses et les phénomènes, y compris le corps et l'esprit humains, sont des manifestations de l'Esprit Absolu. Selon **Hegel**, il existe une unité dynamique entre l'esprit et la nature, et le développement de la conscience humaine fait partie intégrante de l'évolution de l'Esprit Absolu. Il considère que l'esprit humain est en constante évolution, progressant vers une compréhension plus profonde et plus complète de soi et du monde, néanmoins il est impossible pour **Hegel** de distinguer de manière strictement séparée le corps et l'esprit. Selon cette perspective, tout ce qui existe découle de la matière et de ses propriétés. Dans le contexte de la philosophie du corps, le monisme matérialiste soutiendrait que l'esprit et la conscience sont émergents de l'activité physique du cerveau et du système nerveux. En d'autres termes, l'esprit serait une manifestation complexe du fonctionnement physique du corps.

Cette conflictualité entre ces deux approches majeures de la place de corps dans l'esprit des Hommes et tout particulièrement en Occident est illustrée par **Maurice Merleau-Ponty** dans son ouvrage *Le corps*. Dans ce dernier il y exprime l'idée selon laquelle la corporéité en tant qu'aspect fondamental de l'existence humaine. Il met l'accent sur le fait que notre corps est le point d'ancrage de notre expérience, notre moyen de perception, et qu'il est au cœur de notre relation avec le monde environnant. Il explore comment notre corps est impliqué dans la perception sensorielle, la motricité, et la manière dont nous engageons notre environnement physique. Pour **Merleau-Ponty** qui adopte ici une approche phénoménologique du corps, il est nécessaire de ne pas s'enfermer dans une approche dualiste et opposée du corps et de l'esprit afin de mieux appréhender le corps de l'Homme dans toute sa complexité, ses expériences et sa finitude sans rien négliger sous prétexte de conflit philosophique pluriséculaire.

Dans la société contemporaine, la perception du corps et son rôle occupent une place centrale dans les débats et les évolutions socioculturelles. D'une part, l'obsession de l'apparence physique, amplifiée par les médias et les normes de beauté idéalisées, exerce une pression sur les individus pour qu'ils correspondent à des critères irréalistes. Cette quête incessante de perfection est souvent source de problèmes d'estime de soi et de troubles alimentaires. D'autre part, la culture du bien-être et du fitness gagne en popularité, mettant en avant la santé physique et mentale comme priorités essentielles. L'acceptation de la diversité corporelle apparaît également comme un mouvement récent et amener à prendre de l'ampleur, cherchant ainsi à valoriser tous les types de corps. Aussi, l'importance accordée au corps et à son image reflète les défis et les enjeux complexes auxquels la société contemporaine est confrontée dans sa quête d'une relation équilibrée avec le corps humain. C'est la thèse développée notamment par **Naomi Wolf** dans son ouvrage *The Beauty Myth*. Dans ce dernier, elle y développe l'idée selon laquelle deux forces majeures dans le rapport au corps dans la société moderne et tout particulièrement dans sa dimension esthétique. Pour **Wolf** il existe ainsi la valorisation de l'apparence physique passant par la pression sociale et des normes de beauté soit des images idéalisées créent des normes de beauté souvent inatteignables et peuvent exercer une pression sur les individus pour qu'ils correspondent à ces normes. La comparaison avec des modèles de beauté idéalisés peut entraîner une insatisfaction corporelle et une baisse de l'estime de soi. Pour elle, il existe également un véritable culte du Fitness et bien-être plus largement appelé « Culture du bien-être ». Ainsi, la société contemporaine a développé une véritable culture du bien-être, axée sur l'importance de prendre soin de soi sur le plan physique et mental. Les gens recherchent activement des moyens d'améliorer leur santé et leur qualité de vie en adoptant des habitudes de vie saines, notamment une alimentation équilibrée, de l'exercice régulier et des pratiques de bien-être comme la méditation et le yoga. En témoigne par exemple l'intérêt croissant des jeunes générations pour des sports comme la musculation exaltant la recherche de la beauté éthique pure, primant sur d'éventuelles performances sportives.

C'est le parti pris de **Pierre-Marie Lledo** dans son ouvrage intitulé La culture physique : *Corps émancipé ou aliéné ?* offrant ainsi une réflexion sociologique sur la culture physique, dont la musculation fait partie intégrante. Il explore ainsi comment la culture physique, qui englobe la musculation, le fitness et d'autres activités liées au corps, influence notre rapport à la santé, à l'apparence physique et à la construction de l'identité dans la société contemporaine. Pour **Lledo** la pratique de la musculation peut être perçue comme un moyen de se réapproprier son corps, de renforcer son estime de soi et de s'émanciper des normes corporelles imposées par la société. Il examine également comment la culture physique peut devenir un moyen de résistance aux pressions sociales et culturelles concernant l'apparence physique ainsi que les enjeux de genre et de masculinité qui peuvent être associés à la pratique de la musculation, et comment celle-ci peut être liée à des représentations culturelles spécifiques de la masculinité, arguant que la pratique de la musculation est encore majoritairement masculine avec près de 60 % des pratiquants réguliers la plupart le faisant pour de raisons esthétiques avec l'objectif plus ou moins avoué selon **Lledo** de faciliter la recherche de partenaires. Illustrant selon l'auteur la place de l'aspect esthétique du corps dans la société moderne.

3 Le corps comme objet social

Depuis les premières civilisations complexes en Mésopotamie, le contrôle social en rapport avec le corps a traversé des évolutions significatives, reflétant les normes, les valeurs et les croyances propres à chaque époque, faisant dès lors du corps de l'Homme un objet social à part entière. À travers ces différentes périodes historiques, des idéaux de beauté, des pratiques corporelles et des normes de comportement ont été façonnés par les sociétés, influençant ainsi la manière dont les individus ont perçu, utilisé et présenté leur corps. Dans l'Antiquité, les corps sculptés des dieux grecs incarnaient la perfection physique et spirituelle, tandis que les philosophes tels que Platon et Aristote attribuaient au corps une place subordonnée à l'âme. Puis au Moyen Âge, la religion chrétienne exerçait un contrôle strict sur le corps, considérant certaines pratiques corporelles comme des péchés, tandis que les idéaux de chasteté et de modestie étaient valorisés. À la Renaissance, le corps humain était redécouvert comme un sujet d'étude scientifique et artistique, avec notamment les travaux de Léonard de Vinci et Michel-Ange, reflétant une fascination grandissante pour l'anatomie et l'esthétique corporelle. Au travers de ces époques, le contrôle social du corps a été un reflet des valeurs dominantes, des enjeux de pouvoir et des constructions culturelles propres à chaque société, influençant ainsi la perception de soi et la manière d'appréhender le corps humain. Pareillement, de nos jours les sociétés contemporaines exercent sur le corps humain une forme de contrôle social s'appuyant de manière récente par les standards de beauté ou bien encore les réseaux sociaux. Cette forme de contrôle social vis-à-vis du corps au travers des différentes époques de l'Histoire est notamment illustrée par **Jean-Jacques Courtine** dans son ouvrage *Le Corps en miettes : Histoire d'une figuration de l'Homme*. Dans ce dernier, il examine comment les idéaux de beauté, les normes de comportement, les pratiques corporelles et les conceptions de l'identité ont été influencés par les valeurs sociales, les croyances religieuses, les courants philosophiques et les enjeux politiques propres à chaque période historique. Pour **Courtine**, les régulations sociales et les normes de comportement influencent la manière dont les individus utilisent leur corps dans les interactions sociales, dictant par exemple la manière de s'habiller, de se comporter en public ou de vivre leur sexualité. Le contrôle du corps s'étend également à la santé corporelle, où les politiques de santé publique et les normes sociales orientent les choix liés à l'alimentation, à l'exercice physique et aux comportements de santé. Selon lui, le plus formidable objet de contrôle social du corps à travers les âges est la religion. En effet pour **Courtine** il n'existe rien de mieux qu'un dogme théologique fort et influent sur un territoire et une société donnée pour influencer durablement la place qu'occupe le corps de l'Homme au sein d'une société, cela au moyen d'une forme de contrôle social puissant. Quoi de mieux qu'une injonction divine et doctrinale pour contraindre le corps. Cela s'illustre notamment par l'ouvrage d'**Anne-Marie Delcambre** intitulé *Le corps en Islam : Pratiques et pèlerinages*. Dans ce dernier, elle y développe notamment que le corps dans la religion islamique est particulièrement contraint d'un point de vue des rituels inhérents à la théologique même. **Delcambre** cite notamment les rituels de l'excision pour les hommes, les interdits alimentaires et sexuels, les normes de pudeur, les diverses ablutions et autres rituels de « purification » du corps avant la prière des fidèles ainsi que le port pour les femmes d'un vêtement couvrant tout ou partie du corps. Le tout se retrouvant dans les prescriptions de la charia, également orthographiée « sharia », est un terme arabe qui signifie « voie » ou « chemin ». Il désigne le système juridique et moral basé sur les principes et les enseignements de l'islam. Elle constitue un cadre normatif qui régit la vie religieuse, sociale, politique, économique et individuelle des musulmans et servant dans de nombreux pays musulmans de base juridique et plus largement de code de conduite sociale régissant notamment le corps des individus. L'exemple récent de l'Iran où une révolte trouvant ses origines dans la mort d'une jeune femme à conduit à une vague de protestations dans l'ensemble du pays avec notamment des revendications en faveur d'un assouplissement des règles encadrant le port du voile pour les Iraniennes. Énième preuve que la religion peut opérer une forme de contrôle social, parfois jusqu'à l'extrême, sur le corps des individus.

Au-delà de la vision que le corps de l'Homme peut avoir d'un point de vue social, il est également des situations où le corps est un objet social et même une ressource sociale et économique à part entière, loin dans ce cas précis d'une vision purement théorique et sociologique de la chose. Ainsi, une forme d'objectification du corps de l'Homme réside dans la pratique de l'esclavage. L'esclavage existait dans de nombreuses civilisations anciennes, notamment chez les Grecs, les Romains, les Égyptiens et les Mésopotamiens. Les esclaves étaient considérés comme des biens et leur corps était la propriété de leurs maîtres, les esclaves étaient alors majoritairement issus de tribus de guerres, de prisonniers ou de catégories de populations dévouées à ce statut inférieur. Les individus réduits en esclavage étaient ainsi exploités pour effectuer des travaux pénibles, domestiques ou agricoles. La déshumanisation des esclaves était courante, et leur corps était soumis à un contrôle strict. L'esclavage a également perduré au Moyen Âge en Europe, en Afrique et en Asie. Le commerce transsaharien et la traite orientale étaient des routes importantes pour l'esclavage en Afrique et en Asie, tandis que l'esclavage en Europe était souvent lié à des pratiques de servage de type féodal. La période la plus connue de l'esclavage est la traite atlantique qui a débuté au XVe siècle et dite de la traite transatlantique. Des millions d'Africains ont été enlevés de force de leur terre natale pour être vendus comme esclaves dans les Amériques. Le corps des esclaves était ainsi soumis à des marques, des chaînes et des châtiments corporels pour les maintenir sous contrôle et les empêcher de s'échapper. L'esclavage perdurant sur l'ensemble de la planète jusqu'au mouvement abolitionniste émergeant en Occident au XIXe et XXe siècle. Cette histoire de l'esclavage en lien avec le corps comme objet social, et in fine de l'objectivisation du corps comme objet se trouve définie dans l'ouvrage *Le corps esclave : histoire et anthropologie des structures de domination* coécrit par **Catherine Coquery-Vidrovitch** et **Ousmane Sarr**. Dans ce dernier les auteurs mettent en lien les différentes périodes et formes d'esclavage de par l'Histoire et la planète. Pour **Coquery-Vidrovitch** et **Sarr** l'esclavage est l'illustration parfaite de la contrainte du corps de l'Homme, réduit et transformé en simple bien et outil au service de son maître. Cette objectification conduit les auteurs à voir cet asservissement de l'Homme par l'Homme comme une forme de contrainte sociale pure où l'être esclave devient un objet au service absolu d'une structure l'utilisant à sa guise et disposant dès lors d'un pouvoir total sur ce dernier. Le corps se transformant en un vulgaire outil à visée économique et sociale, où l'humanité propre et charnelle de l'individu réduit à ce statut s'efface au profit de sa contribution à la corvée. De nos jours et même après la vague abolitionniste des XIXe et XXe siècles, l'objectification du corps humain continue sous les formes de l'esclavage moderne et dans une certaine mesure de l'aliénation au travail. Dans un certain sens notre société moderne n'aurait donc fait transformer l'esclavage historique pour le métamorphoser en version plus acceptable aux standards moraux de la modernité. C'est notamment ce que soutient **Frédéric Lernould** dans son ouvrage *Les esclaves oubliés de l'île Maurice.* Dans ce livre, l'auteur met en lumière l'existence méconnue de l'esclavage moderne à l'île Maurice, petit État insulaire situé dans l'océan Indien. Il dévoile comment des travailleurs étrangers sont victimes de trafic humain et de conditions de travail inhumaines dans l'industrie textile de l'île. Lernould expose comment ces travailleurs sont recrutés, parfois de force, dans des pays voisins pour venir travailler dans des usines de textile à l'île Maurice. Une fois sur place, ils sont contraints de travailler de longues heures, souvent sans congé, et sont soumis à des conditions de travail dangereuses et insalubres. Illustrant ainsi que l'objectification du corps de l'Homme est loin d'être un souvenir du passé.

Depuis des temps immémoriaux, le corps humain a été le reflet des structures sociales, des croyances culturelles et des normes prédominantes au sein de chaque société. Toutefois, cette relation entre le corps et la société est loin d'être neutre, car elle est profondément influencée par les normes de genre qui dictent les attentes et les comportements en fonction du sexe. Le corps comme objet social en lien avec le genre révèle ainsi la manière dont les individus sont perçus, valorisés, contrôlés et régulés en fonction de leur identité de genre. Cette dynamique complexe façonne non seulement les interactions individuelles, mais aussi les structures sociales dans leur ensemble, et joue un rôle fondamental dans la construction des inégalités et des oppressions basées sur le genre. Les normes de beauté et d'apparence physique, par exemple, varient considérablement en fonction du genre, créant des pressions sociales différentes pour les hommes et les femmes en ce qui concerne leur apparence. De même, les attentes concernant les comportements et les rôles de genre peuvent conduire à des expressions stéréotypées et limitatives de la masculinité et de la féminité, restreignant ainsi la liberté individuelle et limitant la diversité des expressions de genre. Cette thématique est notamment abordée par **Simone de Beauvoir** dans son ouvrage *Le Deuxième Sexe.* Dans ce dernier l'auteure analyse la manière dont les femmes ont été historiquement reléguées à un statut inférieur, subissant l'oppression sociale, économique et politique en raison de leur sexe. Elle examine comment la société façonne les femmes comme « l'Autre », en les définissant par rapport aux hommes et en les assignant à des rôles et des attentes spécifiques. Par ailleurs, elle aborde également la question de la sexualité féminine et du corps des femmes en tant qu'objet de désir masculin et de contrôle social, de Beauvoir dénonce ainsi l'objectification du corps féminin et l'exploitation de la sexualité des femmes dans une société patriarcale. Illustrant ainsi le rapport douloureux entre le contrôle social et le corps, tout particulièrement celui des femmes, finalement réduit à leur corps et à la fonction sociale en étant issu. C'est également ce qu'illustre **Jean Kilbourne** dans son ouvrage *Killing Me Softly: Advertising's Image of Women*. Dans ce dernier, elle explore l'impact de la publicité sur la perception des femmes et de leur corps dans la société contemporaine. Elle examine de manière approfondie comment les publicités exploitent et sexualisent le corps féminin pour vendre des produits, en mettant l'accent sur l'utilisation de stéréotypes de genre et de représentations inappropriées de la sexualité des femmes. Kilbourne dénonce ce qu'elle nomme la « vaginalisation » et d'autres pratiques publicitaires qui réduisent les femmes à des objets sexuels, en montrant comment ces représentations contribuent à objectifier et à déshumaniser les femmes dans la culture populaire. En les réduisant *in fine* à leur sexe et par extension à leur fonction de mères. Elle met également en évidence les conséquences psychologiques et sociales de ces stratégies publicitaires sur l'estime de soi, l'image corporelle et la santé mentale des femmes. Démontrant que la pression s'exerçant sur le corps des femmes et des jeunes filles trouve son origine dans les représentations que peut avoir la société de ces dernières.

CHAPITRE 5

Le corps dans l'histoire : évolutions et permanences

SOMMAIRE

1 Dégoût et ignorance du corps

1.1 Pudeur, morale et rejet du corps

Le corps n'est pas un objet socialement neutre. Il peut être ignoré, soumis à des normes culturelles, voire rejeté selon les périodes de l'histoire.

Christophe Granger dans son article « Batailles de plage. Nudité et pudeur dans l'entre-deux-guerres » rappelle les conflits sociaux de la France des années 1920 et 1930 autour des questions de morale et de pudeur. En effet, la pratique de la plage évolue vers une plus grande permissivité en matière d'habillement et, surtout, de déshabillement : « Les nouvelles beautés de la silhouette et la mise en mouvement des corps, où se conjuguent le goût des sports et du retour à la nature, donnent aux plages des dévoilements publics insoupçonnés, qu'accentuent encore les audaces de l'horizontalité publique et, plus encore, de la mixité. Il en va de même pour les pratiques du bronzage : les médecins, à partir des consignes hygiénistes anciennes d'exposition aux éléments naturels, élaborent les justifications et les principes pratiques, tandis qu'une petite bohème estivale, celle-là même qui "invente" dans les années 20 l'été méditerranéen, se charge de les détacher de la sagesse médicale et de les mettre plus largement au goût du jour. Et au total, ces nudités, si elles en font reculer l'empire, n'en sont pas moins toujours arborées soit en maillot soit en slip. Ce tournant épidermique fascine les contemporains. » Cependant, cette évolution est contestée. Ainsi : « En 1932, *La Nation*, journal de la droite catholique, consacre un long article à ces "abominations". L'auteur, anonyme, de retour sur une plage qu'il fréquente depuis sa jeunesse s'épouvante des "ravages provoqués par la crise actuelle de la conscience morale et du bon sens". » Des scènes de heurts dans des territoires ruraux où séjournent des vacanciers se répètent sur de nombreux points du pays. De faits isolés, ces évènements se transforment en campagnes militantes contre la libération des corps plagistes, avec des actions de « lobbying », des « appels aux chrétiens pratiquants » qui amènent parfois les autorités locales à réagir par des arrêtés. Le compromis trouvé, « la paix des plages » pour **Christophe Granger**, est le produit d'une réelle négociation sociale où l'État, en la personne notamment du Ministre de l'Intérieur Tardieu, doit confirmer la liberté des goûts et de la conscience de chacun. Ces éléments soulignent comment le corps est un objet auquel sont attribuées des notions morales et culturelles.

À la pudeur peut s'ajouter un rejet en bloc du corps. Avec *Une histoire du corps au Moyen Âge*, **Jacques Le Goff** et **Nicolas Truong** soulignent une apparente contradiction car le corps est à la fois dévalorisé mais où « à la relégation des lieux du corps de l'Antiquité, le corps devient paradoxalement le cœur de la société médiévale ». Au Moyen Âge, le corps est à la fois « méprisé, condamné, humilié » puisque lié au péché originel d'Adam et Eve, et pensé, voire « glorifié » comme un élément important de la résurrection et du paradis. Une même société peut donc abriter à la fois le jeûne et les pratiques de mortification, et une culture musicale majeure marquée par une forme de « joie du corps ». Cette opposition est une composante centrale de la structure sociale du Moyen Âge : « La dynamique de la société et de la civilisation médiévales résulte de tensions. [...] L'une des principales est celle entre le corps et l'âme. Et plus encore à l'intérieur du corps lui-même. »

1.2 Faire subir au corps : travail et exploitation

Dans son *Journal d'usine* la philosophe **Simone Weil** documente son expérience à Alstom et Renault. Elle dresse le constat d'une organisation du travail aliénante pour le corps, réduisant celui-ci à sa place dans le système de production. Ainsi pour l'autrice « le premier détail qui, dans la journée, rend la servitude sensible, c'est la pendule de pointage », c'est-à-dire le contrôle de la présence physique des corps. De fait, tout au long de la journée, ceux-ci sont sollicités par la production dans une forme de « monotonie résignée » qui ne laisse ni place au repos ni à l'épanouissement de l'esprit. Pour elle, le travail à l'usine est d'abord une longue tâche répétitive et ennuyeuse où le corps agit comme un automate sans être rien d'autre : « L'épuisement finit par me faire oublier les raisons véritables de mon séjour en usine, rend presque invincible pour moi la tentation la plus forte que comporte cette vie : ne plus penser, seul et unique moyen de ne pas en souffrir. »

La réduction du corps à un outil productif n'est pas réservée aux êtres humains. Dans l'ouvrage collectif *L'animal et l'homme : de l'exploitation à la sauvegarde* dirigé par **Anne-Marie Flambard-Héricher** et **François Blary**, les chercheurs évoquent les multiples rôles historiques de « l'animal-outil ». Celui-ci peut être utilisé pour sa force comme « animal de bât ou comme animal de trait », pour faire la guerre, pour produire de la nourriture, de l'énergie, du divertissement... Son usage est universel, répertorié dans chaque espace géographique possible et à travers toutes les classes sociales. De fait : « Les animaux accompagnent l'homme à toutes les étapes de sa vie. Dès l'enfance, le contexte éducatif est imprégné de la coexistence et de l'association entre l'homme et l'animal. »

Pourtant, ces corps ne sont pas traités à égalité des êtres humains, ou même comme des êtres vivants dignes. Ils sont, le plus souvent, acculés à un rôle productif qui détermine leur entière trajectoire de vie. Si l'animal n'est plus productif, il est le plus souvent abattu. Celui élevé pour sa nourriture ou contribuer à l'habillement est abattu dès qu'il est arrivé à maturité. De même, le corps des animaux est utilisé pour se soigner et expérimenter « en lui fournissant des remèdes ou des vaccins, en testant la tolérance à des cosmétiques ou à des OGM, en se prêtant à des essais génétiques. L'animal peut alors devenir objet d'expérimentation à l'instar du rat, du cobaye, du lapin ou du singe, ou même du chien dans l'espace ». Même mort, le corps de l'animal continue d'être exploité : « Une fois mort, l'animal travaille encore ! Il fournit une matière dure pour fabriquer des outils, des objets manufacturés par et pour l'homme : peau (cuir, parchemin, galuchat), parfum (musc), pharmacopée, corne et bois, ivoire et tabletterie, écaille, plumes, perles, cordes et mèches d'archets. Il peut même devenir monnaie : coquillages… »

1.3 Le corps vecteur d'émotion

Dans l'ouvrage collectif dirigé par **Éric Baratay** *Croiser les corps pour lire les animaux*, **Florent Kohler** propose un chapitre intitulé « Comment les émotions font corps » dont l'idée est la suivante : « le lien social, tout comme l'attachement aux lieux, repose sur les émotions et leur expression ». Il y rappelle que les avancées de la science démontrent comment ce rapport à l'émotion du lien social et commun à toutes les sociétés animales : « Le lien social repose sur l'existence de normes dont l'existence est révélée par les réactions émotionnelles provoquées par leur rupture ou leur restauration, comme l'a montré Frans de Waal à propos du rôle de la réconciliation chez les primates. Antonio Damasio quant à lui insistait sur le rôle des émotions dans le choix d'une conduite sociale adéquate : l'auto-perception et l'évaluation émotionnelle des contextes sont le prélude obligé à tout raisonnement appliqué à ces contextes. » Ainsi, le corps est capable de ressentir toute une gamme d'émotions. Pour **Florent Kohler**, celles-ci n'ont pas toutes la même valeur sociale. Reprenant Luc Faucher, il distingue « les émotions primaires ou panculturelles (joie, tristesse, colère, dégoût, peur et surprise) ; les émotions secondaires ou sociales (dites également "sentiments moraux") : la culpabilité, la honte, l'envie, l'amitié, l'amour, le mépris, l'indignation, l'admiration, l'embarras, la fierté, la sympathie et l'empathie. Ce sont ces émotions dites "sociales" qui font l'objet d'une codification et d'un apprentissage ». Ainsi, le corps est un élément fondamental de l'expression et de la compréhension émotionnelle, nécessaire pour vivre en société.

Les émotions ressenties par le corps peuvent avoir un rôle politique. C'est que développe le politiste **Christian Le Bart** avec *Les émotions du pouvoir*. Il souligne que celles-ci sont amenées à jouer un rôle pluriel : « L'État fonctionne à la fois comme censeur et comme prescripteur d'émotions. Il incite les individus à développer des formes de sociabilité qui reposent sur l'autocontrôle et la mise à distance de l'émotion ; en même temps qu'il impose, pour chaque contexte, pour chaque rôle, un ensemble de possibles (ou d'obligatoires) émotionnels, la ritualisation des émotions participant à la fois de leur répression, de leur expression, et de leur disciplinarisation. » Dans le domaine politique le corps ne fait donc pas que ressentir de l'émotion spontanée, il peut être amené à la ressentir ou au contraire à la contrôler. Ainsi, les gouvernants sont astreints à une exemplarité émotionnelle pour démontrer leur contrôle, comme lorsqu'à la libération de Paris, De Gaulle se dit paradoxalement « ému et tranquille », Mitterrand se qualifiant également de « force tranquille », tandis qu'ils sont amenés par l'exercice de leur responsabilité à faire ressentir des émotions « ritualisées » : discours de victoire (Macron 2017), hommage national (panthéonisation de Joséphine Baker), réaction dans un contexte de crise (réactions de François Hollande suite aux attentats sous sa présidence)… Les émotions et le corps jouent donc un rôle paradoxal, à la fois sollicités et contraints par les règles du jeu politique.

1.4 Souffrance et dégoût

L'ouvrage collectif *Jusqu'à la nausée* souligne la diversité des causes de la nausée comme : « La nourriture avariée, les cadavres, la torture, la débauche, la difformité, la laideur, le vice, l'immoralité. » Toutes sont en lien, directement ou indirectement avec le corps humain. **Claire Schiano-Locurcio** y souligne ainsi le dégoût du corps féminin qui caractérise l'époque moderne anglaise. Hérité du christianisme où « plusieurs textes religieux fondateurs comme la Genèse ont participé à l'établissement d'une dichotomie naturelle entre l'homme et la femme et ont activement contribué à la conception d'un féminin subordonné », des éléments et « tabous réamorcés par la Réforme Catholique et les conceptions de la femme comme "agent de Satan" qui ont alimenté la littérature monastique ». Cette haine du corps féminin conduit au dégoût. Les religieuses clarisses étudiées par **Claire Schiano-Locurcio** construisent leur activité autour du rejet de leur corps : « Elles mortifient leur goût et leur odorat, principaux alliés du péché en consommant des aliments avariés ou en altèrent la saveur pour les rendre répugnants. Dans ces exercices ascétiques, le corps est alors sujet du dégoût physiologique. »

De même, l'article de **Maud Joly** « Souffrances des corps, souffrances des territoires : la République espagnole en guerre se raconte » montre comment la souffrance des corps est représentée jusqu'à prendre une dimension politique et nationale. Les ravages infligés au pays par le coup d'État contre la République sont matérialisés par les corps bombardés ou fusillés, ainsi que le représente Picasso avec son tableau *Guernica*. Pour **Maud Joly**, les « archives de la guerre civile plongent le lecteur dans un monde de souffrances, de douleurs, de blessures et de cicatrices. Loin de donner à voir une guerre désincarnée, les témoignages racontent les épreuves d'hommes et de femmes qui, des deux côtés, représentent la (ou les) nation(s) espagnole(es) en guerre ». Le corps individuel et sa souffrance sont ainsi reliés au martyr de la nation républicaine agressée et de son peuple.

2 Vers un culte du corps ?

2.1 Penser la chair : la naissance du corps

Le concept même de corps n'est pas une évidence. Celui-ci est construit au fil de l'histoire par des apports philosophiques différents.

Avec *L'invention du corps de chair. Étude d'anthropologie religieuse du premier christianisme*, **Serge Margel** étudie les évolutions dogmatiques amenant à penser le corps et la chair. En effet, la religion chrétienne amène, avec la figure du Christ à la fois Dieu, fils de Dieu et corps humain souffrant, mort et ressuscité, à définir ce que sont le corps humain et son rapport avec l'esprit et le divin. Pour **Serge Margel**, le christianisme constitue une rupture avec la pensée aristotélicienne des relations substantielles : « qui soumet le rapport de l'âme et du corps aux relations entre la forme et la matière, l'acte et la puissance ». En reconnaissant que le corps a une chair, il devient impossible de le penser séparément de l'esprit : « Il faut désormais inscrire le corps, sa réalité et son existence, sa naissance aussi et sa mort, dans l'économie de l'Incarnation, dans l'événement unique et historique d'un Logos, d'un Verbum qui s'est fait chair, d'un dieu qui est venu dans la chair de l'homme pour transformer son corps en corps de chair et y inscrire l'histoire de son propre salut. »

Cette idée est un tournant. L'incarnation divine dans la chair fait du corps un élément majeur et légitime de la religion : « Ce sont les liens entre la chair et le nom qui se jouent dans ces facteurs de vérité. C'est le corps du Christ, sa réalité, sa naissance, sa souffrance, sa mort et sa résurrection qui font le poids et le fruit, on pourrait dire l'événement réel et l'histoire à venir, du nom de chrétiens. »

La conceptualisation du corps comme objet n'est pas propre au christianisme et au domaine religieux. Dans *Spinoza à l'œuvre. Composition des corps et force des idées*, **Chantal Jaquet** rapporte la définition faite par le philosophe du XVIIe siècle : « mode exprimant de manière précise et déterminée l'essence de Dieu en tant qu'on le considère comme chose étendue ». Celui-ci apporte une importance particulière au corps, dont la connaissance est nécessaire pour acquérir celle de son esprit : « Nul ne pourra comprendre l'esprit humain de manière adéquate, autrement dit distincte, s'il ne connaît de manière adéquate la nature de notre corps. » Le corps est un objet à penser pour parvenir à la connaissance. Il est aussi un outil de compréhension de ce qui entoure l'individu. **Chantal Jacquet** souligne que « Spinoza ne parle pas de corps extérieurs, mais d'autres corps ou de plusieurs corps. Il n'y a pas en réalité extériorité, mais concours et union au point de pouvoir former un seul et même corps. Dans l'action, ces corps unis peuvent ainsi constituer une seule et même chose singulière avec soi. L'intériorité est inclusive et non exclusive. Le soi n'existe pas comme entité séparée. En effet, être soi, c'est partager des propriétés avec les autres corps humains et des notions communes avec leurs esprits. La communauté, quand elle exprime la convenance de nature et qu'elle est perçue par la raison, est l'expression de soi. En ce sens, être conscient de soi, c'est être conscient que le soi est aussi un autre que soi avec lequel il convient ». Ainsi, le corps est pour Spinoza un objet à penser en tant que tel mais aussi dans son interaction avec le monde et les autres corps comme le pointe **Chantal Jacque** : « C'est par le concours des corps qui conviennent que s'opère la découverte de son propre corps ».

2.2 La médecine vers une meilleure connaissance du corps

Penser l'ensemble de la chair comme un corps est un outil pour sa compréhension. La médecine l'est également.

Dans l'ouvrage collectif *Médecine et médecins à Toulouse au siècle des Lumières*, **Yves Lignereux** expose dans le chapitre « Travaux médicaux publiés par l'Ancienne Académie de Toulouse » le fonctionnement des sociétés savantes européennes et notamment à Toulouse. L'observation de cas individuels (privation d'aliments, catalepsie, chute de cheveux...) permet d'observer le fonctionnement du corps et l'efficacité d'actes médicaux (opération de la boutonnière, électricité médicale...). Cette démarche scientifique permet un débat, les membres de l'Ancienne Académie de Toulouse allant jusqu'à contredire ceux de l'Académie royale de Chirurgie. Ainsi d'après **Yves Lignereux** : « Les sujets de médecine ont été nombreux tout au long du siècle des Lumières et l'académie toulousaine, lieu de la construction (expérience et philosophie) du savoir et de sa diffusion, comme ses institutions sœurs des autres villes, n'a pas manqué à ses objectifs et à ses devoirs. Mais les "savants" toulousains étaient dans une phase – nécessaire – d'accumulation des observations, sans véritable lien théorique. »

Ce rôle de la science pour permettre une meilleure compréhension du corps se retrouve dans des œuvres de la culture populaire. Le roman britannique *Middlemarch*, écrit en 1871, décrit de façon réaliste le fonctionnement social d'une ville modeste de l'époque victorienne, évoquant notamment la médecine contemporaine et le rapport du peuple à celle-ci. **Marie-Claire Hamard**, dans l'ouvrage collectif *Littérature et médecine*, souligne que : « Les romanciers victoriens se sont à plusieurs reprises intéressés aux médecins comme on s'était jusque-là intéressé aux pasteurs, les soins du corps prenant plus d'importance par rapport aux soins de l'âme. Au XIXe siècle, le prestige social des médecins a crû avec le développement de la biologie et des sciences médicales ; les élites ont pris conscience des exigences de la santé publique. » Le roman *Middlemarch* évoque ainsi une autopsie, symbole de la démarche scientifique permettant une meilleure connaissance du corps humain.

2.3 Le corps, objet d'art

Avec *Le corps comme objet d'art*, **Henri-Pierre Jeudy**, souligne comment l'importance du corps humain dans la production culturelle, celui-ci étant même un « stéréotype de notre idéalisation esthétique » et « la référence au "corps comme objet d'art" un grand poncif ». Présent dans tout art, du cinéma à la peinture, et sous des formes dissimulées, érotiques, violentes, valorisantes, laborieuses... le corps, réel ou imaginaire, est une source d'inspiration fondamentale pour les artistes et les représentations qu'ils produisent.

De fait, avec son *Journal d'un corps*, l'écrivain français **Daniel Pennac** fait de celui-ci le héros de son roman. Le lecteur peut suivre l'évolution d'un corps de 13 à 87 ans dans sa réalité, depuis ses récits de bagarre à ses insomnies en passant par ses acouphènes. **Daniel Pennac** écrit : « Je veux écrire le journal de mon corps parce que tout le monde parle d'autre chose. » Il donne à voir les effets sur le corps du temps, des événements de la vie. Ce roman d'observation rend universel l'expérience d'un corps. Ainsi, ce dernier est un objet central du texte, qui permet à l'auteur de parler du réel et de la vie du personnage.

2.4 Façonner le corps

Le corps n'est pas un objet figé. Il évolue par lui-même, par exemple avec le vieillissement. Il peut aussi être façonné consciemment.

C'est ce que permet le sport. Comme le souligne l'ouvrage collectif *Reconstructions physique et sportive en France sous la IVe République*, le sport dépasse la fonction du jeu pour être un outil éducatif. **Doriane Gomet** y montre comment l'État français cherche alors à développer une politique publique du sport rationalisée et visant à façonner des corps sains. Cela se fait par « l'élaboration d'une méthode d'éducation physique sportive généralisée » qui allie à la fois le plaisir des jeunes et l'efficacité pour le corps. Les exercices sont donc pensés pour être les plus adaptés possible et ainsi avoir l'impact le plus important sur les corps : « L'organisation, la durée, les formes de travail, le matériel nécessaire sont clairement indiqués pour chaque exercice présenté. Prenant en considération les besoins des élèves, la valeur éducative du jeu et la liberté d'action sont fréquemment rappelées. L'âge, le sexe et l'établissement fréquenté par les enfants sont autant de variables permettant de différencier et de classer les exercices afin qu'ils soient adaptés à la population scolaire ciblée. »

La transformation des corps ne se limite pas à la pratique sportive. *Les fabriques du corps* d'**Anastasia Meidani** souligne comment, depuis le milieu du XIXe siècle, le rapport au corps se transforme : « Sans se préoccuper de continuité historique, nous opposons un jadis somophobe à un aujourd'hui somophile, une civilisation qui jusqu'à présent reposait sur le refoulement et la répression du corps, à une civilisation contemporaine qui repose sur sa glorification. » Le corps, valorisé, peut être façonné par son propriétaire de bien des manières. **Anastasia Meidani** évoque notamment « l'industrie de "design" corporel : de la coiffure à la chirurgie cosmétique », une « réorientation des modes alimentaires » avec une diminution de consommation de produits traditionnels à forte valeur nutritive comme la viande rouge ou encore l'évolution de la mode. L'ouvrage se concentre notamment sur les centres de remise en forme, véritables usines à transformation corporelle par des pratiques alimentaires, sportives mais aussi de bien-être et de « coaching mental ».

2.5 Un corps d'abord pour les autres ?

Par son *Histoire de la beauté*, **Georges Vigarello** montre comment le corps est soumis à un jugement social et que ce dernier est le fruit de normes historiques dépassant l'appréciation individuelle. De la Renaissance à nos jours, il distingue plusieurs cycles historiques d'une beauté toujours en évolution : « C'est une lente conquête d'abord que reflète l'histoire de la beauté physique, une lente découverte de territoires et d'objets corporels insensiblement valorisés. Toutes les catégories de l'espace y sont déployées, progressivement enrichies, renouvelées avec le temps : surfaces, volumes, mobilité, profondeur. » Des descriptions dans les poèmes et romans aux magazines, la beauté est construite socialement. Ainsi, il souligne comment la Renaissance oppose visiblement force masculine et beauté féminine avant que cette dualité ne soit minimisée a posteriori, notamment avec la « beauté démocratisée » contemporaine dont les critères se diversifient de plus en plus. Pour **Georges Vigarello**, la beauté est donc d'abord vue par les autres et dirigée vers ceux-ci, notamment puisqu'elle « épouse les grandes dynamiques sociales, les ruptures culturelles, les conflits de genre ou de générations ». La beauté a beau être individuelle, sa définition est collective.

Avec l'ouvrage *Se faire respecter*, **Akim Oualhaci** étudie la socialisation sportive des quartiers populaires des États-Unis et de France. Il y montre comment la pratique sportive ainsi que le corps et les compétences qu'elle façonne sont déterminés socialement par la culture populaire et ses valeurs : « En s'engageant dans des carrières sportives qui mobilisent un rapport au corps et des investissements corporels spécifiques (puissance, force, courage, santé, etc.), les enquêtés se conforment à la fois aux normes corporelles populaires et à certaines normes de la culture légitime. » Sports de combat ou musculation : les sports étudiés ont beau être individuels dans leur pratique, cette dernière a un impact social important : « En s'engageant dans un club de musculation ou de boxe, les jeunes des quartiers populaires étudiés entrent, de manière différenciée selon leurs dispositions, leurs ressources et leur position sociale, dans un processus de transformation corporelle et sociale, et de conversion morale. Ainsi, ils modifient leur rapport au corps, aux autres, acquièrent de nouvelles catégories de perception, des compétences pratiques et un nouveau statut social qui rendent leur quotidien plus vivable. » La transformation du corps est associée au respect de l'environnement social du sportif. Le façonnement du corps par le sport offre donc autant des bénéfices individuels (santé, estime de soi, gestion des émotions), que sociaux (respect, reconnaissance, charisme, inclusion sociale dans la communauté des sportifs).

3 Le corps comme enjeu politique

3.1 Le corps, outil de représentation politique du pouvoir

Le corps peut être mis à contribution pour symboliser le pouvoir politique, sa puissance, sa légitimité ou encore sa générosité.

C'est le cas pour le corps des dirigeants politiques. Ainsi, l'historien **Yann Lignereux** dans l'article « Henri IV dévoilé. Le corps dé-voué du souverain ou la royauté sans sacrifice » souligne comment l'art appuie l'affirmation de la volonté d'absolutisme royale. L'étude d'une statuette en bronze de Barthélemy Prieur révèle la volonté de « refondation de l'autorité monarchique après le régicide de 1589 ». Représentant nu le roi de France, l'objet le valorise en s'inscrivant dans la tradition antique : « Cette pièce est associée à un autre petit bronze représentant Marie de Médicis en Junon. L'identification est aisée grâce à leurs attributs respectifs : l'aigle et le foudre pour le souverain des dieux ; les chaînes conjugales et le paon pour la reine de l'Olympe. Ces symboles semblent exclure immédiatement une interprétation de cette nudité royale selon le registre de l'humiliation de la chair chrétienne. Spontanément lui attribue-t-on les valeurs héroïques liées à l'idéalisation du corps antique ». Ainsi, une certaine représentation du corps du roi vise à symboliser sa puissance foudroyante tout comme sa place unique dans l'histoire et la mémoire collective : « S'il disparaît quelque chose durant le règne du premier Bourbon, c'est bien plutôt la symbolique sacrificielle et passionnée du Pélican qui accompagnait, au début du règne, les efforts de l'Hercule gaulois pour pacifier son royaume. Une autre figure occupe désormais la scène : celle du Phénix, sacrifié et sacrificateur, suffisant à lui-même et immuable, absolu. La petite statue de bronze reflète la lumière et le roi marche dans l'éternité vers lui-même. Henri IV, ou une fois encore, le corps unique de l'absolutisme. »

Cette statuette illustre l'idée défendue par **Ernst Kantorowicz** avec *Les Deux Corps du roi. Essai sur la théologie politique au Moyen Âge*. Son étude des monarchies européennes, notamment anglaises et françaises, montre comment le corps des souverains est perçu comme relevant d'une dimension charnelle donc périssable et d'une dimension politique donc immortelle. Le roi n'incarne pas qu'un pouvoir personnel temporaire. Il incarne une institution qui le dépasse et lui survit, d'où la phrase, apparue tardivement : « Le roi est mort, vive le roi », symbolisant la continuité du pouvoir public royal malgré la mort de son détenteur. Cette fiction à la fois théologique et juridique contribue à la légitimité de l'État et à sa continuité. **Ernst Kantorowicz** souligne ainsi comment les corps distincts de plusieurs rois peuvent incarner de la même façon la puissance du politique en se fondant dans le corps officiel et éternel du souverain.

3.2 Reproductions, violences et genres, un enjeu politique

L'ouvrage collectif *Le corps en lambeaux* dirigé par **Frédéric Chauvaud**, **Lydie Bodiou**, **Myriam Soria**, **Ludovic Gaussot** et **Marie-José Grihom** pointe la réalité à travers l'histoire des violences sexuelles et sexuées. Il souligne la dimension spécifique de ces violences : celles-ci sont causées à des corps humains car la société les perçoit comme féminin, leur attribuant des rôles sociaux spécifiques. Les corps féminins peuvent constituer un butin de guerre, des corps à agresser sans craindre de conséquences, des corps à exploiter économiquement… Les violences sexuelles et sexuées sont protéiformes au XXIe siècle comme durant toute l'histoire.

Certains aspects demeurent néanmoins partagés. Ainsi, les violences sont souvent marquées d'une brutalité dont le but est de s'approprier, de marquer et de salir : « La violence sexuelle apparaît avant tout comme une prise de corps, une appropriation physique du corps de l'autre comme d'un lieu convoité et mis à sac par le vainqueur qui ne se contente pas toujours d'agir en conquérant mais bien en ennemi dont le but est de détruire, de salir, d'anéantir. » Un phénomène qui peut autant être retrouvé dans la stratégie du viol de Daech contre les femmes yézidies que dans l'*Hymne homérique à Déméter*.

L'impact des différences de genre sur le corps ne se limite pas aux violences. Cela est aussi le cas pour son vieillissement. Dans l'ouvrage collectif *Vieillir en société*, la sociologue **Laurence Tain** rédige le chapitre « Corps producteur, corps reproducteur : vieillir au féminin ». Elle y souligne la vulnérabilité des femmes face au temps de leur propre corps : faut-il avoir un enfant et si oui, à quelle période de la vie ? Les contraintes professionnelles (évolution dans sa carrière) et les inégalités sociales (accès à la biotechnologie ou/et une prise en charge des contraintes quotidiennes liées à un enfant).

Une tension est donc créée entre plusieurs exigences : « Aux temporalités corporelles du travail reproductif s'additionnent pour la plupart des femmes les injonctions du travail. En effet, une double injonction pèse aujourd'hui sur la majorité des femmes à l'exception des deux extrémités de la hiérarchie sociale ; si la science médicale joue un rôle décisif pour fixer le "bon âge" pour avoir un enfant, celui-ci est aussi encadré par une double contrainte : le devoir d'enfant et le devoir d'emploi. Les exigences de cette double performance sont particulièrement pressantes au début de la vie adulte : dans cette période, il s'agit à la fois de produire des enfants et de s'investir professionnellement. Et cette double contrainte va marquer durablement à la fois la trajectoire de vie active puis le temps du vieillir. » Cette situation amène d'après **Laurence Tain** à deux stratégies pour résoudre ce dilemme : limiter ses ambitions professionnelles, notamment en recourant à du travail partiel ou en entrant plus tardivement sur le marché du travail, ou prioriser sa carrière en reculant le temps de la maternité. Ainsi, naître dans un corps plutôt qu'un autre peut avoir un impact sur le temps reproductif familial et professionnel de la vie d'une personne, surtout quand à cette différence de genre s'ajoute une inégalité sociale : « Au total, nous assistons donc à une dynamique complexe de réaménagement des temporalités du travail productif/reproductif pour les femmes. Alors que les femmes cadres pourraient bénéficier d'une ouverture des possibles en lien avec les nouvelles techniques reproductives permettant un recul du temps de la maternité, les femmes du bas de la hiérarchie sociale semblent assignées au double devoir d'enfant et d'emploi au début de la vie adulte, qui les pénalise dans leur accès à une vie plus autonome et qui tisse la trame d'un style de vieillir distinct selon le sexe et la position sociale. Le temps vécu s'avère ainsi un révélateur de la combinaison de rapports sociaux. »

Les inégalités de genre, qu'elles produisent directement des violences sexistes et sexuelles ou des discriminations, ont donc amené les mouvements féministes à poser la question du corps comme un objet politique, pouvant être l'objet de revendications publiques. C'est ce que rappelle l'ouvrage *Femmes de conscience : aspects du féminisme américain (1848-1875)* codirigé par **Daniel Royot** et **Susan Goodman** où **Anne-Marie Bonifas** présente un chapitre intitulé « Le corps du délit. Les féministes américaines et le corps de la femme ».

Elle y souligne que les féministes de la deuxième génération complètent les questions des droits civiques, et notamment le droit de vote, par une amorce de réflexion sur le corps : « La plupart prennent conscience alors que leur corps détermine leur identité et leur statut en société. Si elles le placent si souvent au centre même de leur discours, c'est qu'elles comprennent que c'est lui, dans sa différence des normes culturelles édictées par les hommes, qui fait obstacle à la reconnaissance de la personne de la femme. » Alors qu'au milieu du XIXe siècle le corps féminin est « l'objet de perceptions contradictoires », à la fois jugé faible physiquement, asexué et tentateur, « il est nanti de deux fonctions principales de représentation et de reproduction. De représentation lorsqu'il s'affiche comme un corps à vendre, ou plus tard quand il figure à titre d'"ornement du foyer", corps gracieux que l'on pare de vêtements et de bijoux, objet-signe du statut de l'homme bourgeois. Et de reproduction lorsqu'il n'est qu'un corps fertile qui proclame la virilité du mâle et perpétue son nom par l'intermédiaire d'une progéniture abondante ».

Dans cette situation, les féministes américaines veulent libérer le corps, par exemple en adoptant les théories hygiénistes prônant la nécessité de l'air pur et de l'expression libre du corps *via* l'activité extérieure et le sport pour revendiquer la sortie de la sphère domestique. La libération du corps se manifeste aussi dans une critique contre la mode où « Les revendications de simple bon sens s'ajoutaient ainsi aux arguments hygiénistes du corps sain. Or le costume victorien, et cet accessoire important qu'était le corset, étaient pour beaucoup des absurdités dangereuses, provoquant maladies et troubles multiples, allant de la dyspepsie à la stérilité, en passant par la tuberculose. Mais il s'agissait surtout pour les féministes de signifier leur refus de la femme-objet et d'une division sexuelle qui imposait à la femme d'être belle ». Le corps devient donc bien un objet politique et d'articulation du débat public : « Le corps peut se faire ainsi non seulement l'agent de la revendication mais aussi celui de la conquête. Il est capable de remodeler les circonstances physiques, et de faire sortir la femme de la sphère domestique où elle est cantonnée. »

3.3 La répression des corps : outil de contrôle politique

Le pouvoir politique peut utiliser la répression sur les corps comme un outil de contrôle. L'historienne **Céline Cheirézy** en fait la démonstration avec l'article « Crainte et dépendance : le pouvoir sur les corps en Toulousain au XIIIe siècle ». Dans le contexte de la lutte contre l'hérésie cathare ou albigeoise, les pouvoirs laïcs comme religieux s'exercent par une multitude de contraintes physiques et directes. Céline Cheirézy évoque « des corps soumis à la peur du seigneur ». Certains habitants admettent avoir menti à l'Inquisition pour protéger des hérétiques sur ordre seigneurial, parfois même en étant séquestré ou menacé de mort par les hommes du seigneur : "ce pouvoir de contrainte provient du lien de dépendance tissé entre le seigneur et ses hommes, un lien et donc une contrainte que ces derniers ont acceptés par serment. En face, l'Inquisition constitue également une menace pour les hérétiques : « Les corps se cachent. La peur d'être arrêté et jugé explique la vie clandestine des parfaits et dignitaires cathares, mais aussi de leurs croyants. » L'action inquisitoriale de l'Église terrorise, notamment par ses procédures judiciaires, le marquage des corps et les sanctions allant jusqu'à la peine de mort. La violence et la peur sont délibérément utilisées pour restaurer son contrôle religieux et politique face aux hérétiques : « C'est une véritable surveillance des corps qui est à l'œuvre, dirigée par le pouvoir ecclésiastique, mais aux mains de ces hommes de proximité que sont les bailes du comte ou les chapelains à qui certains disent s'être confessés ; quant à la punition infligée au corps, pour ce que l'esprit a cru, il incarne le pouvoir de vie et de mort des inquisiteurs, représentants de la puissance divine. Ceci peut expliquer à quel point les inquisiteurs suscitent crainte et même terreur. »

La répression des corps comme outil de contrôle politique n'est pas propre au Moyen Âge. Avec *1984*, **Georges Orwell** dénonce le totalitarisme en décrivant une Grande-Bretagne, dénommée Océania, soumise à un régime empruntant des éléments des totalitarismes nazis et staliniens. La surveillance y est totale, notamment par des machines comme des « télécrans », Le personnage de Winston est violemment torturé jusqu'à devoir renoncer à ses critères moraux et accepter les règles du Parti. C'est la contrainte physique qui brise en lui son envie de résistance et de vérité : « Quand, après des heures d'interrogatoire, son courage s'en allait en lambeaux, même cet appel pouvait le réduire à un larmoiement hypocrite. En fin de compte, les voix grondeuses l'abattirent plus complètement que les bottes et les poings des gardes. Il devint simplement une bouche qui prononçait, une main qui signait tout ce qu'on lui demandait. Son seul souci était de deviner ce qu'on voulait qu'il confessât, et de le confesser rapidement, avant que les brimades ne recommencent. » La description de **Georges Orwell**, inspirée par l'histoire, est celle d'un régime qui contrôle totalement les corps des dissidents : « Aucun de ceux qui étaient tombés une fois entre les mains de la Police de la Pensée, n'avait jamais, en fin de compte, échappé. C'étaient des corps qui attendaient d'être renvoyés à leurs tombes. »

3.4 Discipline et bio-pouvoir : un corps totalement soumis ?

Foucault poursuit la réflexion de la domination politique du corps en l'approfondissant. Son ouvrage *Surveiller et punir* s'amorce sur la description du supplice de Robert-François Damiens, dernière personne écartée par la justice française, pour avoir tenté d'assassiner Louis XV. Cet événement s'inscrit dans ce que **Foucault** appelle le « pouvoir souverain » : celui de vie et de mort sur l'individu. Mais dans *La Volonté de savoir*, le philosophe pointe l'évolution de cette forme de pouvoir en deux autres notions complémentaires : discipline et bio-pouvoir. La discipline, naissante à partir de l'âge classique soit la fin du XVIe siècle, est une forme de domestication du corps par le pouvoir qui « ne vise plus seulement la croissance de ses habiletés, ni non plus l'alourdissement de sa sujétion, mais la formation d'un rapport qui dans le même mécanisme le rend d'autant plus obéissant qu'il est plus utile et inversement ». L'école ou les hôpitaux seraient ainsi des lieux de discipline puisqu'« il s'agit de contrôler et de dresser, domaine de l'anatomo-politique du corps humain ». De même le bio-pouvoir, apparu de façon complémentaire à la discipline à partir du XVIIIe siècle, exerce un contrôle sur la population dans sa globalité en agissant par les mesures globales, la statistique et les politiques publiques. Le bio-pouvoir est la capacité à faire vivre, par exemple par des politiques d'hygiène publique, de caisses de solidarité, d'assurance…

Une illustration de ces notions de discipline et de bio-pouvoir peut être trouvée dans le roman *Le passeur* de l'écrivaine américaine **Lois Lowry**. Il décrit une société futuriste où la société régule les émotions des individus par les comportements sociaux et l'absorption de médicaments afin d'éviter la violence et les conflits, les individus récalcitrants étant menacés de disparition par « élargissement ». Le quotidien des familles est identique et cadré de façon rigide, le mensonge ou la vantardise sont interdits, comme le fait de sortir la nuit. Désigné dépositaire de mémoire, le héros Jonas découvre alors les émotions, la douleur, et retrouve la vision des couleurs. Cela l'amène à prendre du recul avec sa communauté et à s'enfuir avec son petit frère, menacé de disparition à cause de la politique de quotas de naissances. Cet ouvrage offre à voir une société dystopique où les notions foucaldiennes du pouvoir souverain, de discipline et de bio-pouvoir peuvent être retrouvées.

3.5 Les prémisses de politiques publiques du corps

L'idée de bio-pouvoir souligne la capacité de l'État à agir sur les corps. De fait, l'histoire contient des prémisses des politiques publiques du corps qui prendront de l'ampleur à partir du XIXᵉ siècle. Ainsi, durant les épidémies du Moyen Âge, les autorités mirent en place des méthodes d'encadrement sanitaire des populations. C'est ce que développe l'historien **Françoise Hildesheimer** dans l'ouvrage collectif *Les parlements de province*. Ces institutions judiciaires de l'Ancien Régime ont en effet été amenées à de nombreuses reprises à agir pour faire face à des périls sanitaires, parfois sous la contrainte du pouvoir royal, comme en 1553 à Paris et 1622 en Provence contre la peste. Cette étude des juridictions de province montre l'esquisse d'une politique publique de contrainte sanitaire se déployant peu à peu sur l'ensemble du territoire du pays : « Centralisation donc au nom de l'intérêt général face aux particularismes locaux incarnés par les parlements, mais aussi pouvoir de répression donné aux militaires, à une juridiction d'exception, une sorte de dictature temporaire. C'est le caractère de temps d'exception provisoire du temps de peste qui impose et justifie des mesures d'exception. On se souvient de la vision de Foucault du temps de peste comme "épreuve au cours de laquelle on peut définir idéalement l'exercice du pouvoir disciplinaire". »

Plus tardivement, d'autres institutions sont chargées par l'État de mettre en place des politiques publiques visant les corps de la population. **Séverine Parayre** avec son article « L'hygiène à l'école aux XVIIIᵉ et XIXᵉ siècles : vers la création d'une éducation à la santé » montre l'engagement progressif de l'État pour la promotion et l'apprentissage des normes sanitaires à l'école. Ainsi, après une lente introduction de la médecine à l'école au XVIIIᵉ siècle, le début du XIXᵉ siècle voit les inspecteurs académiques « surveiller l'état des bâtiments scolaires et le quotidien des élèves (propreté corporelle, alimentation, exercices physiques, existence de l'infirmerie, etc.) » de façon de plus en plus contraignante. Dans la seconde moitié du siècle, les instituteurs vont également jouer un rôle croissant, avec l'appui d'acteurs locaux dont les médecins, cela au point que pour **Séverine Parayre** : « L'instituteur entre désormais dans le débat hygiénique, pour devenir un personnage central de l'hygiène scolaire durant la Troisième République, un modèle et un transmetteur de nouvelles pratiques de précautions à l'égard de la santé et de nouvelles attentions faites au corps. » Ce processus est favorisé par les épidémies qui incitent l'État et les acteurs publics à plus d'efficacité dans leur action tout en rappelant à la population l'intérêt des normes hygiéniques.

CHAPITRE 6

Le corps en crise(s) ?

SOMMAIRE

1 Le retour des menaces traditionnelles du corps

1.1 Corps à l'épreuve de l'âge

Le corps est confronté à son irréductible : la mort. Or avant de rencontrer la fin de son être, le corps est sujet à diverses mutations physiques par l'intermédiaire du processus de vieillissement. Les changements d'apparence corporelle sont d'autant plus perceptibles que l'espérance de vie ne cesse d'augmenter. Le bilan démographique annuel de l'Insee établit qu'en 2022, l'espérance de vie à la naissance en France est de 85,2 ans pour les femmes et de 79,3 ans pour les hommes. Ces valeurs connaissent une hausse constante, si bien qu'en 1950, l'espérance de vie à la naissance en France des femmes était de 69,2 ans et de 63,4 ans pour les hommes. Si les progrès en termes de soins, d'hygiène, de travail ou encore de qualité de vie permettent à l'homme de vivre davantage, ces années supplémentaires altèrent le corps.

L'homme est alors témoin du dépérissement progressif de son corps et tente de s'adapter à son vieillissement. **David Le Breton** développe l'idée qu'un corps vieillissant trouve résonance avec la fragilité de la condition humaine, en précisant que « le travail du vieillissement est évocateur d'une mort faisant son chemin sans qu'il soit possible de l'endiguer ». Son ouvrage *Anthropologie du corps et modernité* (1990) met en exergue que les sociétés occidentales associent le vieillissement et la mort à un corps réduit, dépendant voire asservi. Si vieillir faisait référence à un processus naturel socialement valorisé, le vieillissement est désormais qualifié d'« enlaidissement » voire de déclassement. Dans une certaine mesure, le culte de la jeunesse a pour conséquence de ne vouloir ni vieillir, ni mourir par peur de la dépossession de soi. « La vieillesse glisse lentement hors du champ symbolique, elle déroge aux valeurs centrales de la modernité : la jeunesse, la séduction, la vitalité, le travail, la performance, la vitesse. » « L'homme contemporain » dont le corps vieilli est soumis aux pressions émises par la société, devient un être indésirable. Les modifications naturelles du corps complexifient alors l'acceptation de la vieillesse.

Le refus de vieillir est un thème investi par **Oscar Wilde** dans *Le Portrait de Dorian Gray* (1891). Le personnage de Dorian Gray est admiré pour son physique pour lequel un artiste le représente. L'auteur établit à cet effet une corrélation positive entre beauté et jeunesse ; au culte de la jeunesse s'ajoute le culte de la beauté. Au moment où Dorian Grey prend conscience de sa beauté, il devient obsédé par son image corporelle, à l'instar de la figure mythologique Narcisse dont sa propre contemplation le conduit à la mort. Tandis que le tableau se dégrade, Dorian Gray conserve une éternelle jeunesse. Toute marque de vieillesse est rejetée, si bien que l'objet témoignant des véritables marques de l'âge est conservé dans une pièce fermée à clef. Identifié et admiré pour sa beauté de jeune homme, le personnage craint qu'un corps âgé ne le dépossède de son identité et de son statut social. Jugée subversive et immorale à l'époque victorienne, la vision d'Oscar Wilde semble cependant empreinte d'une modernité certaine dans la considération du corps vieillissant dans le contexte du culte de la jeunesse.

1.2 Corps éprouvé, corps souffrant

Le corps est dans une certaine mesure la vitrine de l'être. Par sa dimension ancrée dans le monde physique, le corps est exposé à diverses sollicitations corporelles dont certaines sont source d'intenses souffrances. **Paul Ricœur** dans *Soi-même comme un autre* (1990) appréhende la souffrance comme une douleur, mais aussi comme une diminution de la capacité d'agir. Dans l'ouvrage *Le Capital* (1867), **Karl Marx** présente le corps comme un instrument révélateur de la déshumanisation et de la souffrance des ouvriers dans les sociétés industrielles. Si l'économiste définit le travail sous forme de domination et d'exploitation, l'homme et son corps sont considérés sous le qualificatif de « force productive » du capital. Par conséquent, le corps serait l'outil d'assujettissement des classes dominées. Par cette analyse sous le prisme des rapports de productions, le penseur rejoint le topos du travail associé à la souffrance, en particulier corporelle. Issu du latin *tripalium*, soit un instrument de torture, l'étymologie du terme « travail » semble appuyer ce postulat. En outre, dans une perspective sociologique, le corps serait modelé par l'interaction sociale et perçu comme le moteur de l'engagement révolutionnaire.

Néanmoins, la souffrance des corps tend à disparaître. Dans l'ouvrage *Destins politiques de la souffrance* (2009), **Thomas Périlleux** et **John Cultiaux** mentionnent un triptyque d'actions sociales pour mettre fin à la souffrance des corps. Pour lutter contre la souffrance, les individus tentent dans un premier temps de qualifier ce qu'ils éprouvent. Ensuite, l'imputation causale permet de désigner un responsable. Enfin, les corps peuvent entamer une tentative de réparation, c'est-à-dire trouver un nouvel équilibre tant physique que psychique. Cette dernière peut s'exprimer par l'intermédiaire de sanctions légales et morales, ou bien par une figure de compensation financière voire commémorative. *In fine*, les auteurs insistent sur l'importance de dédier un espace aux victimes afin de contrôler la souffrance qui met en péril le corps. Par exemple, les corps de militaires mutilés à la guerre sont notamment pris en charge par l'intermédiaire d'une pension militaire d'invalidité et d'une indemnisation du préjudice. Dans une optique de mémoire et de solidarité, la souffrance due à la perte partielle ou totale de l'usage de leur corps est aussi symbolisée par le bleuet de France.

Si des alternatives tendent à accompagner les corps éprouvés, la souffrance peut également être instrumentalisée à des fins stratégiques. Le film *Désigné coupable* (2021) de **Kevin McDonald** évoque la souffrance des corps à des fins politiques qui dépassent toutes considérations éthiques. Le réalisateur met en scène un jeune mauritanien accusé d'avoir participé aux attentats du 11 septembre. Envoyé en détention au camp de Guantanamo Bay en étant ni inculpé, ni jugé, son corps est aux mains de ses bourreaux. Régulièrement employée par la CIA dans le cadre de la Guerre froide envers les communistes ou encore lors de la guerre du Vietnam, la torture tant physique que psychologique est jugée comme un instrument efficace de défense et de protection de pays. La souffrance en tant que pratique inhumaine est alors employée pour faire parler les corps au nom de la raison d'État.

1.3 Corps comme reflet de son alimentation

Dans son *Essai sur le principe de population* (1798), **Thomas Malthus** présente son « principe de Population » dans lequel il insiste sur les risques de faim, de malnutrition, voire de famine. Le modèle malthusien confronte l'accroissement de la population à la disparition des subsistances nécessaires aux corps. « Si elle [la croissance démographique] n'est pas freinée, la population s'accroît en progression géométrique. Les subsistances ne s'accroissent qu'en progression arithmétique. » Ainsi, la famine serait un déséquilibre subséquent de l'accroissement de la population. L'économiste britannique attire de surcroît l'attention sur un second risque inhérent à la disparition des ressources : l'affrontement des corps pour disposer des ressources, c'est-à-dire les guerres. La « trappe malthusienne » intègre le fait que la croissance économique est rattrapée par la croissance démographique, entraînant de fait une stagnation de l'économie. La persistance des corps dépendant du milieu de vie et des ressources de subsistance, l'amenuisement de ces dernières menace leur existence. Le penseur évoque diverses solutions face à la menace de mort imminente des corps. Il mentionne notamment le contrôle de la croissance de la population avec la volonté d'infléchir le taux de natalité ou encore le progrès technique afin d'augmenter les rendements nécessaires. La théorie de **Malthus** s'avère néanmoins dépassée ; les famines résultant davantage de catastrophes naturelles sont accentuées par le changement climatique.

Si le corps se réfère spontanément à la fonction nutritive de l'aliment, celle-ci peut se transformer en menace dans sa dimension affective, sociale et symbolique. L'ouvrage *Les nourritures* (2015) de **Corine Pelluchon** développe l'idée selon laquelle la relation des individus aux aliments reflète la manière dont ils perçoivent leur corps. Des rapports saints vis-à-vis de la nourriture sont remis en cause par les troubles du comportement alimentaire. Le corps et l'alimentation deviennent alors une obsession source de souffrances. « Une dialectique entre l'intérieur et l'extérieur, le plein et le vide, et tout un jeu d'images en rapport avec l'incorporation sont impliqués dans les plaisirs ou les souffrances liées à la nourriture. » Le caractère essentiel des aliments est ignoré au profit d'une vision calorifique néfaste aux besoins physiques, notamment pour les anorexiques. Le corps est mis en danger par ce que l'auteur désigne comme les « oralités douloureuses », jusqu'à devoir être médicalement traité. **Corine Pelluchon** précise dans une autre mesure que corps et alimentation sont déterminés par notre rapport aux autres, et ce depuis la naissance avec par exemple la période d'allaitement garantie par notre génitrice.

La dépendance à l'alimentation, qu'elle s'exprime par la consommation ou la restriction, peut être entendue sous le prisme des conduites addictives. Le corps s'expose à des comportements à risques avec une pratique répétée et immodérée. Actuellement, la malbouffe est ainsi considérée à l'aune des dérives addictives. À titre d'exemple, le sucre délivrant de la dopamine – l'hormone du plaisir – peut révéler un risque sérieux pour le corps. À cet effet, les gouvernements s'emparent de ce sujet de santé publique à travers un plan national de mobilisation contre les addictions, initié en 2018 et reconduit en 2023.

1.4 Corps face aux risques sanitaires

Le corps peut être mis en péril par la maladie, il est à cet effet considéré comme une interface épidémiologique potentiellement mortifère. **Henri Deleersnijder**, dans la revue *Histoire & Actualité* (2021) concentre son étude sur la maladie infectieuse du Covid-19 qui s'est étendue dans le monde à partir de 2020. Le titre de l'article « Le Covid-19, une pandémie qu'on n'attendait plus » souligne le paradoxe d'une maladie prévisible mais difficilement évitable. L'auteur mentionne la discipline sanitaire à laquelle les corps ont été soumis afin de tenter d'endiguer la propagation. Des procédures strictes ont contraint le corps à rompre avec la vie sociale, telles que la distanciation physique lors des confinements. L'auteur précise par ailleurs que le corps n'est pas exposé de manière égale au risque sanitaire : « La sidération produite par l'irruption d'un coronavirus tueur sur les populations occidentales s'explique par le fait qu'elles étaient convaincues que le temps des grandes catastrophes sanitaires était révolu : seules les régions sous-développées de la planète ou en retard de croissance effective y restaient soi-disant exposées. » Si d'autres maladies contagieuses sont apparues de manière sporadique, telles que le SIDA en 1983 ou encore le SRAS entre 2002 et 2003, l'auteur rappelle « qu'un virus n'est pas l'autre. Chacun a des traits qui lui sont propres ».

Cependant, le nombre de maladies décimant les corps tend à réduire sous l'effet de la recherche et de la technique. **Louis Pasteur** dans le recueil *Écrits scientifiques et médicaux* (1994), expose la méthodologie de ses travaux de recherche. Le corps animal, puis humain, est un outil indispensable aux expérimentations, notamment pour le vaccin contre la rage. Le chimiste met néanmoins en garde sur les difficultés et longueurs de la recherche : « Le mot maladie éveille immédiatement dans l'esprit l'idée de remède. Mais [...] c'est vouloir en quelque sorte attendre le progrès du hasard. Mieux vaut entreprendre de connaître en premier lieu la nature, la cause et l'évolution de la maladie avec l'espoir lointain d'en découvrir la prophylaxie. » Le corps peut être efficacement protégé de certaines maladies par le biais de vaccins garantissant une immunité collective s'ils sont administrés à grande échelle. Par exemple, la variole a pu être éradiquée en 1979 après une campagne amorcée en 1958, suivie d'une suspension de la vaccination par ce succès.

Cependant, de nouvelles maladies apparaissent et concurrencent la vitalité du corps. **Boris Vian** dans *L'écume des jours* (1947) développe le thème de l'émergence de ces maladies qui défient les corps. Par la métaphore d'un nénuphar dans les poumons du personnage de Chloé, l'auteur reporte l'affaiblissement progressif du corps. Le développement de la maladie, symbolisé par le rétrécissement et l'assombrissement de la pièce occupée semble être voué au tournant tragique. L'ouvrage s'inscrit dans l'augmentation progressive des cas de cancers, comme le souligne le rapport 2022 de l'Institut national du cancer établissant qu'« en France, les cancers représentent la première cause de décès chez l'homme, et la deuxième chez la femme ». Le tabac, le surpoids ou encore l'alcool sont des facteurs déterminants dans la prévention des nouvelles pathologies.

1.5 Corps victime de l'activité humaine

Le corps est un des premiers témoins des effets de l'activité humaine. En effet, il est aisément sujet à être victime des externalités négatives des activités humaines dont il est paradoxalement le propre initiateur. Le 8 août 1945, soit le surlendemain de l'explosion de la bombe à Hiroshima, **Albert Camus** s'insurge contre l'utilisation de l'arme atomique. Dans le journal *Combat*, il dresse le constat suivant : « La civilisation mécanique vient de parvenir à son dernier degré de sauvagerie. » Les corps ont été éprouvés par les conflits précédents, c'est pourquoi l'auteur préconise de manière manichéenne de « choisir définitivement entre l'enfer et la raison ». Par la « raison », Albert Camus fait mention de la responsabilité de la science et soutient « l'utilisation intelligente des conquêtes scientifiques ». En effet, il déplore qu'une « bombe de la grosseur d'un ballon de football » ait décimé une ville et des milliers de vies. La destruction du corps de l'homme par les hommes est une conséquence des excès de l'activité humaine.

Le corps s'inscrit dans le continuum de l'environnement qui l'entoure. Or, lorsque ce dernier se dégrade, le corps s'abîme simultanément et en devient la victime. Dans *Culture écologique* (2022), **François Charbonnier** affirme les paradoxes de notre nouvelle ère géologique. S'il s'agit de manière littérale de « l'ère de l'homme », l'anthropocène se traduit également par la perte de contrôle par l'homme. Le chercheur explique que la crise climatique met en évidence les limites de la primauté de la technique et de l'industrialisation : « Le temps de la technique et du développement déborde désormais sur celui de la Terre. L'invention de la machine à vapeur par un primate un peu particulier prend sens dans l'aventure d'une planète riche en eau liquide et en oxygène. » L'essence de l'homme étant d'employer son corps pour modifier son environnement, l'auteur prénomme ainsi l'homme d'« ingénieur écologique ». Ce dernier exploite et transforme les potentiels naturels afin de s'exprimer, si bien que les corps causent des actes qu'ils subissent et font subir à la nature.

À cet effet, les corps sont réduits à endurer les déséquilibres environnementaux créés. Le philosophe **Michel Serre** précise à ce titre qu'« aujourd'hui la terre s'émeut ». Dans l'ouvrage *Printemps silencieux* (1962), **Rachel Carson** avertit sur les risques avérés pour le corps de l'usage excessif de pesticides, notamment l'insecticide DDT : « Les méthodes employées ne doivent pas nous détruire en même temps que les insectes. » La scientifique détaille leurs effets destructeurs sur le corps en précisant que leur aspect le plus nocif s'exprime par leur « effet différé ». L'analogie entre l'usage massif des pesticides et l'arme nucléaire est notamment employée pour alerter sur cette menace d'autodestruction : « En dehors du risque d'extermination de l'humanité par une guerre atomique, le problème crucial de notre époque est donc la contamination de notre environnement par des substances d'une incroyable nocivité. » Face à la nocivité des pesticides sur les corps, **Rachel Carson** appelle à une meilleure réglementation des pesticides.

2 Vers un corps augmenté ou déformé ?

2.1 Corps et tyrannie des représentations

Le corps en tant qu'objet modelable à l'infini, est considéré avec attention, si bien que les régimes totalitaires ont défini leur idéal par son intermédiaire. Construit autour d'une « volonté totalitaire, animée par une idéologie », le corps a participé au projet du nouvel homme. Dans son ouvrage *Démocratie et totalitarisme* (1965), **Raymond Aron** élabore l'idéal-type du régime autoritaire. Guidé par la contrainte, l'individu est considéré dans un tout ; une société sans corps naît de cette uniformité. La pression exercée par le parti se traduit par une « terreur idéologique singulière » régie par la discipline. Par exemple, le régime nazi développe l'idéal du corps aryen et une politique raciale eugéniste par lesquels est transposée l'idéologie du parti. L'esthétique du corps exprime ainsi les principes tyranniques d'intolérance voire d'élimination des individus au corps se différenciant.

À l'époque contemporaine, l'uniformité des corps transparaît également par l'utilisation des moyens de communication tels que les médias et les réseaux sociaux. De ces représentations édictées et hissées au rang d'idéal, peuvent naître des complexes dont les extrêmes peuvent se révéler à l'aune des troubles du comportement alimentaire. Dans son ouvrage *Histoire de la beauté* (2004), **Georges Vigarello** met en exergue que la conscience corporelle gagne en intensité depuis la fin du XXe siècle. L'individu existe désormais par son physique, si bien que le corps serait au cœur des questionnements identitaires. L'auteur mentionne également un paradoxe contemporain des représentations corporelles : vouloir ressembler à la norme édictée tout en marquant son individualité. Un imaginaire collectif se construit ainsi autour de l'embellissement : « l'ambition accrue de promouvoir le visible, ce travail sur la beauté comme achèvement du sujet ». Le corps comme indicateur de référent social s'est renforcé avec l'avènement des médias et réseaux sociaux qui diffusent à plus grande échelle les idéaux corporels.

Le sport est à ce titre un des domaines pour lequel le corps est particulièrement idéalisé et soumis à de stricts critères de représentation. **Anne Saouter** dans son article « Pratiques sportives et représentations du corps », explique dans cette optique que le corps de l'individu sportif serait un absolu à atteindre. La discipline exigée des corps sportifs traduit la maîtrise de son corps, si bien qu'« il n'est pas étonnant que le sportif devienne une figure exemplaire. Son corps est perçu comme un corps triomphant. Sain, vigoureux, équilibré, il conjure l'angoisse grandissante dans notre société d'un corps vieillissant et mourant ». L'auteur ajoute par ailleurs que l'idéalisation du corps sportif est surtout perceptible dans « la suprématie du masculin », c'est-à-dire que l'effort physique serait différencié en fonction du sexe. Enfin, l'anthropologue insiste sur le fait que le « surinvestissement du corps » entraîne son aliénation dans sa dimension compétitive et de performativité. La pratique du culturisme peut notamment être évoquée. Le corps est alors la vitrine d'un développement conséquent de la musculature et des capacités sportives. L'esthétisme du corps est jugé pour classer les compétiteurs. Le sport construit ainsi un corps de référence, idéalisé dans une certaine mesure pour le mode de vie contrôlé que ce dernier induit.

2.2 Corps métamorphosé : entre nécessités et caprices chirurgicaux

Le corps peut se métamorphoser de manière naturelle par l'intermédiaire du vieillissement notamment, mais également sous l'action de l'homme. Ce dernier transforme son enveloppe corporelle à sa guise en quête d'amélioration. **Nicolas de Condorcet** partage cette vision de la progression globale de l'homme dans la parution à titre posthume, l'*Esquisse d'un tableau historique des progrès de l'esprit humain* (1775). Le mathématicien et philosophe admet que la perfectibilité de l'homme est indéfinie et s'étend à l'amélioration physique, intellectuelle et morale de l'homme : « La nature n'a mis aucun terme à nos espérances. » Le corps de l'homme serait alors la première démonstration de modifications positives de l'homme. Sa réflexion porte en particulier sur deux modèles de progrès. Outre le perfectionnement moral, le perfectionnement physique s'insère dans la relation qu'entretient l'homme avec lui-même. Les modifications physiques mentionnées par Condorcet se comprennent dans le sens d'une longévité gagnée plutôt que d'une mort retardée par des artifices. Dans cette optique, l'auteur constate les potentialités d'amélioration de l'homme en soulignant les bienfaits de l'éducation et de la technique pour les transformations corporelles.

La chirurgie plastique joue à cette fin un rôle primordial dans les modifications corporelles opérées par l'homme. Dans son ouvrage *Les fabriques du corps* (2007), **Anastasia Meidani** distingue la chirurgie esthétique de la chirurgie reconstructrice, c'est-à-dire la « chirurgie du mieux paraître » et la « chirurgie du mieux-être ». Pour cette dernière, l'objectif est de reconstituer une partie du corps détérioré, à l'image des gueules cassées. L'auteur attire également l'attention sur la discrétion et la banalisation de la chirurgie qui permettent sa démocratisation. Si les opérations esthétiques permettent d'une part un « embellissement » du corps, la chirurgie esthétique a également vocation à rétablir le « goût de soi » en effaçant un trait jugé inesthétique. Le développement d'un complexe sur son corps étant source de souffrance, « la chirurgie se présente comme un moyen de réappropriation du corps et devient, par-là même, le support d'un processus de transformation de soi ».

Un corps déformé peut également être transformé afin de reconstruire son enveloppe corporelle initiale. Dans le roman *Le Lambeau* (2018), **Philippe Lançon** livre un témoignage autobiographique de sa métamorphose corporelle. Survivant aux attentats de Charlie Hebdo de 2015, son corps est marqué et défiguré par le drame. La période de reconstruction maxillo-faciale est ponctuée d'une quinzaine d'opérations qui lui permettent de retrouver son visage, ou du moins un nouveau visage. L'homme mutilé retrouve progressivement l'usage de sa mâchoire, de la parole ainsi que ses expressions faciales. La recomposition corporelle longue de dix mois est aussi une douloureuse période de remise en question sur son identité physique. Le visage qu'il retrouve progressivement permet à **Philippe Lançon** de retrouver un ancrage dans sa vie, d'être à nouveau reconnu. « Le moment délicat [...] est celui où le patient reprend conscience du corps métamorphosé dans le monde vivant qui l'entoure. C'est là qu'il commence véritablement à renaître. » Dans une certaine mesure, le corps est le témoignage des épreuves passées mais peut être modifié pour reconstruire le présent.

2.3 Corps et technologie : vers le transhumanisme

Le corps est sujet à diverses évolutions pour lesquelles la technologie occupe une place prééminente. Les innovations technologiques avec notamment la biotechnologie et l'intelligence artificielle, concurrencent l'homme en investissant son corps. Dans son ouvrage *Homo Deus : une brève histoire de l'avenir* (2015), **Yuval Noah Harari** évoque la fusion progressive du corps avec les technologies, jusqu'à parvenir au rang de « divinité ». La technologie serait le terreau fertile de la puissance d'un homo deus (homme-dieu), converti à une techno-religion. « Jusqu'ici, accroître le pouvoir de l'homme reposait exclusivement sur l'optimisation de nos outils externes. À l'avenir, il dépendra davantage de l'optimisation du corps et de l'esprit humain, voire d'une fusion directe avec nos outils. » Des nanotechnologies intègrent progressivement les corps et lui permettent de réaliser de nouvelles performances cognitives ou physiques. Les cyborgs traduisent la fusion entre un corps organique et technologique avec par exemple les yeux bioniques. L'auteur alerte néanmoins sur l'établissement d'une nouvelle hiérarchie humaine régie par les implants technologiques. Cette « division de l'humanité » entraînerait un contrôle renforcé du corps humain, un déclassement des individus qui en sont dépourvus ainsi qu'un remplacement progressif par les algorithmes. La symbiose entre le corps humain et les technologies est donc de plus en plus concrète, bien qu'elle aurait pour conséquence une déshumanisation des corps.

Le corps augmenté par les technologies s'inscrit dans le mouvement du transhumanisme. Porté par une idéologie du repoussement des limites et la volonté d'augmenter les capacités humaines, le courant transhumaniste investit les corps. Dans l'ouvrage *Transhumanisme* (2018), **Franck Damour** et **David Doat** développent l'idée selon laquelle le transhumanisme trouve racine dans les siècles précédents mais les inventions technologiques lui permettent de connaître un nouvel essor. En effet, les ambitions de dépassement de l'homme sont portées depuis plusieurs siècles jusqu'à la mythologie grecque avec des héros comme Héraclès. Cependant, afin de parvenir à modifier cognitivement et physiquement l'homme, le transhumanisme actuel est fondé sur les instruments technologiques tels que les nanotechnologies ou encore manipulations génétiques. Entraîné dans une dynamique d'auto-transcendance, le transhumanisme se voue notamment à prolonger la vie, guérir des maladies ou encore augmenter la force. Les auteurs mettent en exergue le fait que les réalisations transhumanistes de corps hybrides s'inscrivent dans un récit fictionnel : « Le transhumain du courant transhumaniste est l'homme qui a cru à ce récit et qui lui a donné une concrétisation matérielle et historique effective en exerçant sa liberté morphologique. »

En revanche, les modifications corporelles par l'intégration de nouvelles technologies mènent vers de nombreuses dérives. Le roman *Frankenstein* (1818) de **Mary Shelley** met en évidence la perte de contrôle de l'homme dans sa capacité à créer et détruire la vie. Le médecin Victor Frankenstein, pourtant fasciné par la recherche scientifique, s'avère *in fine* horrifié de sa création. En effet, la créature dont le corps a été créé à partir de matière inerte composée de chairs mortes, finit par le défier. « Tu es mon créateur mais moi je suis ton maître. Tu obéiras ! » L'auteur souligne ainsi les responsabilités quant à la démesure et à l'inconscience de la volonté du dépassement des corps.

2.4 Corps et retour au naturel

Le corps sous l'effet de modifications perpétuelles peut spontanément aspirer à retourner dans son milieu initial. L'aspiration du retour au naturel pour se retrouver avec soi est expérimentée dans l'ouvrage *Walden ou la vie dans les bois* (1854). **Henry David Thoreau**, en rupture avec l'essor industriel de son époque, recherche le bien-être de son corps à travers une vie modeste. « Je m'en allais dans les bois parce que je voulais vivre sans hâte, faire face seulement aux faits essentiels de la vie, découvrir ce qu'elle avait à m'enseigner, afin de ne pas m'apercevoir, à l'heure de ma mort, que je n'avais pas vécu. » Pendant deux ans, il mène un mode de vie autosuffisant, ponctué par les réalisations de son corps, avec par exemple la culture de haricots. Ce changement de paradigme pour harmoniser son corps au rythme des éléments naturels, lui fait prendre conscience qu'il ne faut pas oublier la nature dans la nature humaine. Dans le prolongement, il affirme que le corps est composé de séquences animales, minérales ou encore végétales. Étant avant tout un ensemble biologique, son expérience lui permet d'admettre qu'il sied au corps de se reconnecter à la nature : « Tant la foi que l'expérience me convainquent que subvenir à ses propres besoins sur cette terre n'est pas un calvaire mais un passe-temps, à condition de vivre simplement et sagement. »

L'appel au retour à la nature émerge également d'un impératif de survie des corps. L'ouvrage *Santé et environnement* (2020) de **William Dab** exprime à la lumière de la santé de notre corps, la progressive prise de conscience de l'environnement qui nous entoure. La notion de santé environnementale relève d'une relation duale des corps où l'environnement et l'homme sont malades réciproquement. Le médecin partage les corrélations hypothétiques mais sources d'inquiétudes, telles que Tchernobyl et le cancer de la thyroïde ou encore les antennes-relais pour la téléphonie mobile et les risques sanitaires. L'environnement physique étant l'un des grands facteurs de la santé, son respect est essentiel au bien-être des corps. D'ailleurs, l'article premier de la Charte de l'environnement affirme que « chacun a le droit de vivre dans un environnement équilibré et respectueux de la santé ». Le premier rapport du Groupement intergouvernemental d'experts sur le climat (GIEC), par ses recensements, observations et modélisations, a joué un rôle considérable dans le tournant des aspirations de retour à la nature. Ainsi, lorsque corps et nature sont distancés, la dégradation du premier nuit au second.

Certains individus choisissent alors de retrouver l'élément fondamental afin de vivre en paix avec leur corps. La nouvelle *L'homme qui plantait des arbres* (1953) de **Jean Giono** souligne l'émancipation du corps au contact avec la nature. Le narrateur conte sa rencontre avec un berger solitaire dont la vie s'articule autour de l'objectif de redonner vie aux terres asséchées de Haute-Provence. Pour cela, il plante des arbres, si bien qu'en trois ans, il en a planté cent mille. Le berger s'illustre au profit de la nature qu'il a réussi à métamorphoser en se portant à ses côtés.

2.5 Au-delà du corps ?

On peut se demander si le corps augmenté ne serait pas un corps transcendé. Dans *Critique de la raison pure* (1781), **Emmanuel Kant** théorise la dualité entre corps et âme. S'il existe une « théorie du corps », la réciproque de la « théorie de l'âme » s'illustre par sa « science de la nature pensante ». **Kant** distingue ainsi le corps par son extériorité, la connaissance de soi et l'expérience. Au contraire, l'âme serait une notion intuitive des états intérieurs, tel un flux continuel qui n'occupe pas de place permanente. Ces réflexions métaphysiques l'amènent cependant à penser qu'il n'y a pas de stricte séparation entre les deux entités. En effet, si l'âme n'occupe pas d'espace prédéterminé, cette dernière n'a plus la même perception sensible du monde extérieur lorsqu'elle est séparée du corps. Le philosophe insiste sur « la liaison dans laquelle l'âme forme avec le corps une unité, dans laquelle les modifications du corps sont en même temps les modifications de l'âme et les modifications de l'âme en même temps les modifications du corps ». Ainsi, l'union du corps et de l'âme se réalise par leur proximité et leur nombre d'interactions réciproques. En revanche, **Kant** considère que la mort est la fin de la vie du corps, plutôt que celle de l'âme. La naissance, la vie et la mort ne seraient que des états d'âme, c'est-à-dire le passage entre intuition sensible produite par la corporalité, à une intuition spirituelle induite par l'âme.

Le corps au-delà de la mort existerait alors encore dans sa dimension spirituelle et symbolique. L'ouvrage *Les énigmes de l'histoire du monde* (2022), sous la direction de **Jean-Christian Petitfils** analyse les questionnements relatifs au corps d'Hitler, que le Führer a tenté de faire disparaître. Avant de se suicider en avalant du cyanure doublé par une balle dans la tête, le dictateur avait exigé de faire disparaître son corps. Afin d'éviter qu'il soit instrumentalisé avec la défaite, son corps est brûlé puis enterré par des officiers de la SS. Qualifié « d'encombrant », l'auteur explique néanmoins que ce corps est finalement retrouvé partiellement carbonisé, puis autopsié. Diverses finalités autour de l'identification du cadavre font jour. Par exemple, les Britanniques portent l'objectif de prouver sa disparition afin d'éviter les suspicions de fuite, ce qui aurait nui à leur image. S'il a été scientifiquement prouvé que le corps trouvé s'avère être celui d'Hitler, la tourmente autour de ce corps demeure. En effet, en 1970, le corps est soudainement exhumé puis brûlé. Aujourd'hui encore, les restes anciennement détenus par l'URSS continuent d'être étudiés. Le corps d'Hitler, bien que disparu, alimente encore divers récits, si bien que l'auteur ironise « si Hitler s'est bien enfui en Argentine à l'été de 1945, il n'a pu le faire que sans sa mâchoire – et probablement sans le tiers postérieur gauche de son crâne… ». Ainsi, le corps peut continuer d'exister à travers son âme pour la dimension spirituelle et par son cadavre dans sa dimension physique. En d'autres termes, il est possible de penser l'individu au-delà de son corps.

3 Vers une disparition du corps ?

3.1 Corps fondu dans le cyberespace

Le corps est défié par de nouveaux concepts technologiques. Se comprenant comme un espace mondial de communication numérique interconnectée, le cyberespace remet en question les notions de frontières spatio-temporelles. **David Colon**, dans le chapitre « La démocratie Internet, une disparition sociale des corps ? » (2022), issu du *Journal international de bioéthique et d'éthique des sciences*, s'interroge sur l'impact de la numérisation et la place des corps dans la vie sociale et politique des démocraties. Le chercheur estime que « l'essor des communications numériques a même donné libre cours à une nouvelle forme d'utopie : celle d'une unification des consciences humaines par la technologie ». Tel un laboratoire de nouvelles expériences, le numérique est présenté comme une révolution source d'émancipation. Les promesses de transformation des modes de vie suggèrent alors l'effacement du corps physique de l'espace public. Existant en tant que corps numériques, les individus sont portés par l'illusion d'un anonymat. En effet, les données produites au quotidien par les internautes génèrent la « dataification des corps ». Une étude datant de 2013, réalisée par **Michael Kosinski** met en garde sur l'accessibilité des données par les algorithmes. Les données comportementales des individus permettraient de s'immiscer dans la vie privée en prédisant l'âge, le sexe ou encore les opinions politiques. D'autre part, **David Colon** défend le postulat que la disparition des corps de l'espace public ne s'est que partiellement réalisée, voire a donné naissance à une nouvelle forme de mobilisation. À titre d'exemple, *Facebook* a été un vecteur d'information appelant à la mobilisation lors de l'épisode des Gilets jaunes en 2019. Le cyberespace aurait la fonction contradictoire d'éloigner les corps en les limitant au rôle d'interface, tout en permettant d'organiser leur réunion à l'occasion de certains évènements.

Le corps sous le prisme du numérique peut également se comprendre par la recherche d'échanges de nouvelle nature. Le cyberespace serait utilisé pour étendre les opportunités de sociabilité au-delà des corps physiques. Dans l'article « La disparition du corps : nouvelle réalité ou réalité virtuelle ? », **Christian Byk** explore la nouvelle dynamique des corps par l'intermédiaire de l'outil numérique. À l'instar de David Colon, il souligne l'ambiguïté de l'identité numérique portée par le principe de « voir sans être vu ». Par le qualificatif « dispar être », l'auteur fait émerger la volonté duale de sortir des contraintes identitaires exercées sur les corps physiques, tout en souhaitant diversifier ses identités par le numérique. Les entrepreneurs du numérique tels que *Facebook* et son métaverse, insistent sur la dissociation entre corps et identité. Pour cela, le cyberespace est conçu tel un espace virtuel enrichi afin d'atteindre « la plénitude de l'expérience humaine ». En outre, la possibilité d'interactions infinies remplace la dimension relationnelle des corps. Les échanges virtuels semblent faciliter les échanges et l'intégration des individus. **Christian Byk** ajoute que l'utilisation d'avatars permet dans une certaine mesure de se détacher physiquement du contrôle social. Le cyberespace serait ainsi un domaine dans lequel le corps, non pas physique mais numérique, aurait la possibilité de multiplier ses interactions et identités.

3.2 Corps objet, corps marchandise

Le corps se présente également comme un produit dont les potentialités d'exploitations sont multiples. Dans son ouvrage *La Société de consommation* (1970), **Jean Baudrillard** décrit le corps comme « le plus bel objet de consommation ». Omniprésent dans les sociétés actuelles (publicité, mode, diététique, pratiques sacrificielles...), la fonction morale et idéologique du corps s'est substituée à celle de l'âme. Le corps est ainsi devenu un « objet de salut », fruit d'un travail d'investissement personnel : « On gère le corps, on l'aménage comme un patrimoine, on le manipule comme un des multiples signifiants de statut social. » Le philosophe ajoute que le corps a valeur d'échange, notamment sous le prisme de la beauté et de la sexualité. Une éthique de la beauté voit le jour, notamment pour les corps féminins : « La beauté est devenue un impératif absolu, religieux. [...] C'est LA qualité fondamentale, [...] signe d'élection au niveau du corps comme la réussite au niveau des affaires. » Si dans les sociétés capitalistes, le corps est relatif à la propriété et, dans les sociétés traditionnelles, le corps est estimé par son aspect pratique d'outil de travail, le corps revêt bel et bien un aspect fonctionnel. Par exemple, le corps de mannequin, bien que souvent érotisé, est avant tout une forme qui sublime un produit. Le corps est alors mû par des objectifs productivistes et consommateurs en étant initiateur de la pulsion d'achat : « De l'hygiène au maquillage, en passant par le bronzage, le sport et les multiples "libérations" de la mode, la redécouverte du corps passe d'abord par les objets. » Le corps fait vendre et est intrinsèquement lié aux exigences de beauté.

En revanche, un corps au cœur de la consommation soulève des questions éthiques et morales. Dans l'ouvrage *Corps en miettes* (2009), **Sylviane Agacinski** dresse un réquisitoire contre une des méthodes de la procréation médicalement assistée (PMA) : la gestation pour autrui (GPA). La philosophe dénonce le « *baby business* [qui] cherche partout des ventres à louer ». Véritable marché dont l'offre est composée de ventres de femmes et la demande de parents stériles, la GPA est autorisée dans d'autres pays tels qu'en Grèce ou encore au Royaume-Uni. L'auteur alerte sur la dépossession des corps, jusqu'à appeler à la résistance des femmes : « L'instrumentalisation du ventre féminin n'est rien d'autre qu'une forme grave d'aliénation qui ne peut trouver un alibi dans une finalité thérapeutique. » Cette démarche de « location d'utérus » remet en question la liberté du corps de la femme au profit d'une marchandisation des corps. En effet, la mère porteuse perçoit une rémunération par indemnisation, ce que la philosophe qualifie d'atteinte à la dignité, en cas de nécessité financière. Dans le domaine de la loi, la loi bioéthique de 2021 rappelle l'interdiction de la GPA tout en élargissant la PMA aux couples de femmes et aux femmes seules. Jusqu'alors, la PMA était uniquement ouverte aux couples hétérosexuels. Dans le prolongement, le don d'organe couvre les mêmes contre-arguments éthiques et moraux de marchandisation du corps.

3.3 Sélection du corps : l'eugénisme

La sélection des corps régie par le principe de manipulation génétique et d'amélioration de la descendance, s'entend sous la forme d'eugénisme. Dans le livre V de *La République*, **Platon** élabore une première théorisation de l'idée eugénique. Le philosophe suggère le contrôle de l'union des individus afin de préserver les qualités héréditaires de la population. En d'autres termes, il s'agit d'inventer des artifices en vue de garantir des prédispositions supérieures aux nouvelles générations : « Il faut, selon nos principes, rendre les rapports très fréquents entre les hommes et les femmes d'élite, et très rares entre les sujets les moins estimables de l'un et de l'autre sexe ; de plus, il faut élever les enfants des premiers et non ceux des seconds, si l'on veut avoir un troupeau toujours choisi ; enfin, il faut que les magistrats seuls connaissent toutes ces mesures, pour qu'il y ait le moins de discorde possible dans le troupeau. » Ce modèle relève d'une politique coercitive avec une unique minorité qui aurait la capacité de sélectionner les procréateurs.

Le progrès scientifique, notamment avec la médecine prénatale, s'inscrit dans la dynamique de contrôle des corps. Ces innovations génèrent autant de craintes que d'espoirs, d'autant plus que leur application peut s'établir avant que les mesures soient désirées et acceptées par les sociétés. Par exemple, le dépistage prénatal qui constitue un ensemble de pratiques médicales visant à détecter une anomalie de l'embryon ou du fœtus, peut dériver vers une sélection des embryons. Dans son ouvrage *L'Eugénisme* (2020), **Pierre-André Taguieff** invite à dépasser la définition de l'eugénisme sous la composante hitlérienne, au risque d'en faire l'objet d'une « phobie idéologique ». Selon lui, les nouvelles technologies auraient contribué à impulser une nouvelle dynamique dans le contrôle et l'amélioration continue des corps : « L'utopie d'une posthumanité volontairement fabriquée s'inscrit dans le champ des dérivations idéologiques de l'évolutionnisme, dont l'une des présuppositions est que l'évolution de l'espèce humaine n'est pas terminée. » À partir de la deuxième moitié du XXe siècle, l'eugénisme est considéré comme un substitut artificiel à la sélection naturelle jugée défaillante. Ces défenseurs ajoutent que l'eugénisme serait « la science appliquée du mieux-être de l'homme », qui s'oppose pourtant à l'argument religieux d'un unique créateur. De plus, l'émergence de la bioéthique encadrant les évolutions relatives à la condition humaine, serait la traduction du rejet de l'eugénisme : « L'origine et la justification de la bioéthique résident en effet dans l'inquiétude diffuse devant l'accélération des progrès techno-scientifiques qui [...] paraissent menacer l'humanité de l'homme. »

Le roman *Le meilleur des mondes* (1932) d'**Aldous Huxley** souligne les limites d'un monde idéal porté par un courant eugéniste. Cette dystopie présente une société dans laquelle la natalité est entièrement contrôlée par les scientifiques. Sous les noms de « prédestinateurs » et de « directeurs d'Incubation », ces derniers décident du destin de chaque nouveau-né. Le traitement, l'éducation par conditionnement et les qualités diffèrent en fonction des classes, dont la plus élevée est celle des Alpha. La reproduction à l'éprouvette conduit à une société stable faisant primer la communauté où le hasard génétique est absent.

3.4 Corps fondu dans son environnement

Le corps est intrinsèquement lié à son environnement. Ainsi, lorsque le premier se dégrade, le second en pâtit. Or l'activité humaine induit des externalités négatives. C'est pourquoi, un groupe de réflexion scientifique, le Club de Rome, se questionne sur la croissance économique et ses limites. Leur rapport *Les limites de la croissance* (1972) met en garde sur la viabilité du modèle économique. L'étude par des chercheurs du MIT s'articule autour des variables de croissance économique, démographique, ainsi que de la consommation des ressources. Le rapport **Meadows** estime que les ressources seront en nombre insuffisant d'ici cinquante à cent ans. En effet, les corps se multiplient autant qu'ils polluent par leurs activités, notamment industrielles. Par conséquent, les scientifiques recommandent une régulation de la croissance, au risque d'être confronté dans un premier temps à des pénuries de pétrole, de gaz puis d'eau. Pour les plus optimistes, le progrès technique sous l'impulsion des hommes est perçu comme une issue pour perpétuer la croissance et repousser les limites naturelles. Le mythe du progrès satisfait alors l'imaginaire de croissance continue. En revanche, les plus pessimistes affirment qu'il ne peut y avoir de monde infini dans un monde fini.

Les recherches scientifiques sont les fondements des analyses sociétales soulignant la proximité entre le corps et son environnement. Dans son ouvrage *Face à Gaïa* (2015), **Bruno Latour** s'appuie sur les données scientifiques pour livrer son analyse des politiques de la nature. Si le « vertige » des données rend difficile toute prédiction précise, les études affirment bel et bien qu'« un seuil » a été franchi. Les conclusions scientifiques adoptées s'inscrivent dans une même dynamique : l'élément climatique ne peut être ignoré. La science étant une discipline s'illustrant par son objectivité, la convergence des analyses soutient de manière univoque les corps à passer à l'action climatique. Bien qu'insignifiante dans le spectre temporel, l'histoire humaine se confond à l'histoire géologique en raison du tournant opéré par la première. En effet, Bruno Latour insiste sur les « courts-circuits inimaginables auparavant, entre le rythme de l'histoire et celui de la géohistoire ». L'humanité a inséré son corps dans l'histoire de la planète en la menaçant de destruction. « La révolution a été déclenchée par nous mais sans nous, dans un passé terriblement proche dont nous prenons connaissance trop tard ! » Quand bien même les hommes ne contrôlent plus la nature, ce qui éveille une certaine crainte, l'auteur encourage à ne pas devenir prisonnier de celle-ci. À cet effet, il appelle à « partager la puissance d'agir » puisque l'activité des hommes est intrinsèquement liée aux mouvements de la Terre.

Face aux menaces émises par le réchauffement climatique, des alternatives sont élaborées afin de permettre aux corps et à la nature de s'adapter aux changements en cours. Dans le documentaire *Demain* (2015), **Cyril Dion** voyage à travers dix pays pour découvrir des solutions pour l'avenir dans divers domaines. Par exemple, dans le village anglais de Todmorden, une initiative a été initiée afin de planter des légumes dans les rues et permettre aux habitants d'en bénéficier. Les corps humains s'organisent et se mettent en scène pour faire face au réchauffement climatique par des alternatives innovantes.

3.5 De la disparition du corps à l'apparition des corps

Le corps s'avère pluriel : les représentations traditionnelles sont remises en question. Dans son ouvrage *La sociologie du corps* (1992), **David Le Breton** indique l'apparition d'une « obsolescence » du corps, c'est-à-dire un dépassement de la rigidité des modèles d'acceptation sociale par le corps. Si le corps demeure au cœur d'une pratique de l'apparence voire d'une société du spectacle, sa sacralité est révolue. À cet effet, le corps peut adopter de manière flexible d'autres aspects : le « "corps [est] un inépuisable réservoir d'imaginaire social". La volonté de démarcation voire de dissidence devient une référence identitaire. Par exemple, les queers refusent l'assignation de genre et mettent en scène les apparences corporelles, jusqu'à leur sexualité. Une relation se tisse entre l'individu, son corps et l'extérieur avec l'intention de séduire ou du moins de satisfaire sa sociabilité. L'importance de l'âme serait pourtant progressivement en train de dépasser l'attention accordée au corps par la montée de l'individualisme. Le philosophe explique que le corps n'est pas l'irréductible de l'être, mais plutôt un des aspects de la construction personnelle d'un individu. À cet effet, une relation particulière avec son propre corps se crée, tel un "compagnon de route intime" ». Investir son corps reviendrait alors à prouver son existence à autrui mais plus particulièrement à soi. De cette manière, le corps s'avère être un objet à façonner.

Le refus du conformisme s'explore à travers la diversité des corps. Dans l'ouvrage *De l'insatisfaction à l'acceptation corporelle* (2022), **Marie-Michèle Ricard** invite au respect et à la représentativité de la pluralité des corps. Selon elle, « le corps est tout simplement » et les variables telles que le poids ne devraient être des injonctions, notamment chez l'adolescent. Par des analogies de la diversité florale, l'auteur déplore la « monotonie » corporelle humaine. À cet effet, la psychothérapeute approuve le changement de paradigme pour une image corporelle positive tournée vers l'acceptation de soi. Par ailleurs, entre 2010 et 2015, le gouvernement du Québec a élaboré la Charte pour une image corporelle saine et diversifiée (CHIC). La diffusion de guides ciblés auprès d'un public vulnérable à l'exposition aux images corporelles notamment d'extrême minceur, ou bien des « journées sans maquillage » permettent de sensibiliser et d'impulser une réflexion pour « déconstruire » et « distancer » les pressions sociales.

Si les discours favorables à la diversité des corps humains se diffusent, la considération du corps animal évolue également. Dans l'ouvrage *Le Petit Monde de Charlotte* (1952), **Elwyn Brooks White** conte l'histoire d'un cochon destiné à l'abattage. Or une amitié tissée avec une araignée au nom éponyme, va lui permettre d'échapper à la mort. En effet, l'arachnide diffuse des messages par ses toiles afin de faire prendre conscience au fermier des qualités du cochon, par exemple avec l'inscription « Quel cochon ». À destination des enfants, cette histoire souligne l'existence des animaux au-delà de l'aspect alimentaire et commercial. Le corps des animaux est sujet à de plus en plus d'attention, notamment par les mouvements végans qui excluent de leur mode de vie tout produit animal.

CHAPITRE 7

Comment repenser le corps pour le XXIe siècle ?

SOMMAIRE

1 Remettre le corps au centre dans un siècle tempétueux

Nous l'avons vu, le corps humain est sujet à de nombreuses contraintes, que ces dernières soient biologiques, médicales, scientifiques, économiques, sociales ou politiques. Néanmoins une des spécificités de notre époque concerne la pression sociale et sociétale que peuvent légitimement ressentir les individus par rapport à leurs corps. Ainsi l'acceptation de la diversité corporelle est un enjeu sociétal crucial qui cherche à remettre en question les normes de beauté rigides et à promouvoir le respect de toutes les formes, tailles, couleurs et capacités corporelles des individus. Dans notre société moderne, les médias et l'industrie de la mode ont souvent promu des idéaux de beauté inatteignables, créant ainsi une pression sociale pour les individus de se conformer à ces normes esthétiques irréalistes. Cette obsession pour l'apparence physique a conduit à des problèmes d'estime de soi, de mauvaise image corporelle et à un malaise général avec son propre corps chez de nombreuses personnes. C'est ainsi ce que proposent **Gérard Apfeldorfer** et **Jean-Philippe Zermati** dans leur ouvrage commun *Corps : Pourquoi je suis comme je suis*. Dans celui-ci les auteurs prônent notamment l'acceptation de la diversité corporelle, dans le où nous pouvons bâtir en tant que société et individus un environnement plus inclusif et bienveillant où chaque personne est valorisée et respectée, indépendamment de son apparence. La diversité corporelle est une réalité naturelle et normale ; chaque corps est unique et reflète les différentes histoires de vie, origines ethniques, cultures et expériences individuelles. Célébrer la diversité corporelle signifie reconnaître la beauté dans toutes ses formes, en montrant que la vraie beauté ne peut être définie par des critères uniformes et restrictifs. Pour **Apfeldorfer** et **Zermati** il est donc nécessaire de promouvoir l'acceptation de la diversité corporelle a des avantages psychologiques et sociaux significatifs. En encourageant les individus à se sentir à l'aise dans leur propre peau, cela peut améliorer l'estime de soi et favoriser une meilleure santé mentale. Lorsque les individus se sentent acceptés et valorisés pour qui ils sont, ils sont plus susceptibles de s'engager positivement avec leur environnement et de construire des relations sociales saines. De plus, pour les auteurs, en mettant en avant des modèles de rôles variés dans les médias, la publicité et l'industrie du divertissement, nous pouvons déconstruire les stéréotypes et les préjugés liés à l'apparence physique. Cela contribue à élargir la perception de la beauté et à promouvoir une représentation plus réaliste et inclusive de la société. L'acceptation de la diversité corporelle ne consiste pas à promouvoir l'obésité ou un mode de vie malsain, mais plutôt à reconnaître que la beauté et la valeur d'une personne ne dépendent pas de son apparence physique. Cela implique également de lutter contre la discrimination basée sur l'apparence et de créer un environnement où chaque individu peut se sentir en sécurité et respecté. Plus encore que cette approche venant de l'acceptation de la diversité des corps venant des autres et de la société en général, il est possible de promouvoir une approche d'acceptation de son propre corps. C'est en tout cas ce que suggère **Anamaria Depoorter** dans son ouvrage *Les formes de la beauté : Pour une esthétique de l'émancipation*. Pour elle, l'acceptation de la diversité corporelle est un moyen de promouvoir à son échelle et en servant de modèle une société plus tolérante, égalitaire et bienveillante. Cela permet de construire une culture de respect de soi et des autres, en valorisant les caractéristiques uniques de chaque individu. Depoorter estime qu'en encourageant cette acceptation, nous pouvons contribuer à améliorer la santé mentale, l'estime de soi et la qualité de vie des personnes, tout en créant un monde où chacun peut s'épanouir pleinement, libre de toute pression de conformité aux normes esthétiques imposées.

Un autre aspect de nos sociétés modernes qui conduit à repenser le corps de l'Homme dans ses relations avec son environnement concerne les propres limites que ce dernier nous impose notamment en termes de fatigue physique ou morale. Si dans les pays développés la majeure partie de la population n'accomplit plus un travail de forçat au travail et profite ainsi de conditions de travail fort agréables au regard de la vaste histoire humaine il n'en demeure pas moins que les individus modernes puissent souffrir de maux importants qu'il convient d'appréhender en tant que société. Ainsi le respect du corps et de la fatigue physique est un concept essentiel pour préserver notre bien-être et notre santé globale. Dans notre société moderne, nous sommes bien souvent encouragés à être constamment actifs, productifs et disponibles, ce qui peut entraîner une tendance à négliger les signaux de fatigue que notre corps nous envoie. Pourtant, ignorer la fatigue et s'engager dans une suractivité peut avoir des conséquences néfastes sur notre santé physique et mentale. C'est en tout cas ce que souligne **Eckhart Tolle** dans son ouvrage intitulé *Le pouvoir du moment présent*. Dans ce dernier il y expose qu'il devient impératif pour nos sociétés modernes et toutes entières tournées vers la compétition et la productivité de respecter son corps en termes de fatigue physique implique de prendre le temps de se reposer et de récupérer après des efforts physiques intenses, des périodes de travail prolongées ou un manque de sommeil. Lorsque nous sommes fatigués, notre corps nous indique que nous avons besoin de nous recharger pour être à notre meilleur niveau. Pour **Tolle** il est ainsi essentiel de prendre soin de notre fatigue physique est donc essentiel pour maintenir notre énergie, notre concentration et notre capacité à faire face aux défis de la vie quotidienne. En ignorant la fatigue physique, nous risquons de nous épuiser, de compromettre notre système immunitaire et d'augmenter le risque de blessures musculaires. De plus, le manque de repos peut entraîner des troubles du sommeil, de l'anxiété et de l'épuisement professionnel. Dans une société où la performance et la productivité sont souvent mises en avant, il est crucial de rappeler que le respect du corps et de la fatigue est un acte d'auto-soin et d'auto-préservation. Pour l'auteur, le respect du corps en termes de fatigue physique est également lié à la santé mentale. Lorsque nous ne prenons pas le temps de nous reposer et de récupérer, nous risquons de nous sentir submergés, stressés et anxieux. Ainsi prendre conscience de notre fatigue et de nos limites physiques est alors essentiel et nous permet de mieux gérer le stress et de favoriser une meilleure santé mentale. Enfin, pour **Tolle**, respecter son corps en termes de fatigue physique est un moyen d'honorer notre propre valeur et notre importance en tant qu'individus. En prenant soin de notre corps et de notre bien-être, nous nous accordons la reconnaissance que nous méritons en tant qu'être humain. Le respect de notre fatigue physique est un acte de bienveillance envers nous-mêmes, qui nous permet de vivre une vie plus équilibrée et harmonieuse. Dans un contexte où l'Europe et l'Occident font face à une véritable crise concernant le monde du travail entre perte de sens et désaffection pour la réalité du travail en lui-même engendrant stress ainsi que de la fatigue physique et morale sur le corps des individus. Cela peut notamment passer par une réduction du temps de travail des individus en passant par exemple à la semaine de 4 jours d'ores et déjà expérimentée dans de nombreux pays européens et visant à préserver un équilibre entre vie personnelle, productivité et respect du corps. C'est en tout cas ce que suggère **Bernard Frio**t dans son ouvrage *Travailler moins, gagner plus : la solution est entre vos mains*. Dans celui-ci, l'auteur explique notamment que les pays ayant mis en œuvre cette fameuse semaine de quatre jours n'observent pas de baisse de productivité ou de qualité de travail mais tendent plutôt à constater une augmentation du bien-être de leurs employés se répercutant *in fine* sur la qualité de vie de l'entreprise. **Friot** suggère également de repenser la notion de salaire en le dissociant du temps de travail, afin de garantir à chaque individu un revenu de base qui ne dépendrait pas du nombre d'heures travaillées. L'auteur explore enfin le concept de salaire à vie, qui propose un revenu inconditionnel tout au long de la vie professionnelle d'un individu, indépendamment de son emploi actuel. Cette idée vise à offrir une plus grande sécurité économique aux travailleurs et à encourager une meilleure répartition du temps de travail. Autant de propositions visant à garantir au corps des individus un meilleur cadre de travail et de vie en retirant bon nombre d'éléments sources de problèmes divers.

Dans un monde de plus en plus industrialisé, modernisé et urbanisé, notre corps archaïque et conçu pour vivre dans une relative relation équilibrée avec la nature se trouve mis à l'épreuve par un mode de vie devenu par bien des aspects nocif pour lui. En effet, il existe de nombreux périls concernant la viabilité même du corps humain et de son fonctionnement, et rien de plus essentiel à ce sujet que l'alimentation donnée à son corps.

Malbouffe, aliments dépourvus de toute qualité nutritionnelle, pesticides et traitements chimiques dangereux pour l'Homme et la nature, élevage intensif, etc. Il apparaît donc logique devant une telle dépréciation de l'alimentation, se répercutant in fine sur le corps, pour de nombreux individus désireux de respecter leur corps dans son fonctionnement naturel de se tourner vers des modes de vie et de consommation propices à cet objectif. Le régime alimentaire bio, également connu sous le nom de « biologique », est devenu de plus en plus populaire ces dernières années. Il se distingue par une approche respectueuse de l'environnement et du bien-être animal, privilégiant des pratiques agricoles plus naturelles et responsables. Les aliments biologiques sont cultivés sans l'utilisation de pesticides chimiques, d'engrais synthétiques, d'OGM ou d'additifs artificiels. Ce mode de consommation alimentaire cherche à promouvoir une alimentation saine, respectueuse de la nature et des êtres vivants. De nombreux adeptes du bio affirment qu'un tel régime offre de nombreux bienfaits pour le corps humain, allant de la réduction de l'exposition aux produits chimiques nocifs à une meilleure qualité nutritionnelle des aliments. C'est en tout cas ce qu'avance **Michael Pollan** dans son ouvrage intitulé *Défense de la nourriture : le manifeste d'un mangeur*. Pour ce dernier, l'un des principaux avantages d'un régime alimentaire bio réside dans la réduction de l'exposition aux pesticides. Contrairement à l'agriculture conventionnelle, où les pesticides chimiques sont largement utilisés pour éliminer les ravageurs, les cultures biologiques utilisent des méthodes alternatives et naturelles pour protéger les plantes. Les résidus de pesticides présents dans les aliments conventionnels peuvent être préoccupants pour la santé, car certains d'entre eux sont considérés comme des perturbateurs endocriniens et peuvent avoir des effets indésirables sur le système hormonal et le développement du cerveau, en particulier chez les jeunes enfants. Ainsi pour **Pollan** en optant pour des aliments biologiques, les consommateurs peuvent réduire leur exposition à ces produits chimiques potentiellement nocifs et ainsi préserver leur santé et leur corps. De plus, les aliments biologiques sont souvent considérés comme plus riches en nutriments essentiels tels que les vitamines, les minéraux, les antioxydants et les acides gras bénéfiques. Les pratiques agricoles biologiques favorisent des sols plus fertiles et vivants, grâce à l'utilisation de compost naturel et à la rotation des cultures. Ces sols riches en nutriments se traduisent par des aliments plus nutritifs. Par exemple, des études ont montré que les légumes biologiques peuvent contenir plus de vitamines C et de minéraux tels que le calcium, le magnésium et le fer que leurs homologues conventionnels. Une alimentation riche en nutriments est essentielle pour maintenir une bonne santé et renforcer le système immunitaire et *in fine* le corps des individus. Pour certains ce régime alimentaire plus que bénéfique pour le corps et la santé doit être généralisé à une grande partie de la population pour que les effets bénéfiques puissent se faire ressentir. C'est notamment le cas de **Claude Aubert** qui dans son ouvrage intitulé *L'Agriculture biologique pour nourrir l'humanité* préconise ce changement en faveur de notre alimentation et de notre corps. Dans cet ouvrage, l'auteur soutient ainsi que l'agriculture biologique favorise des pratiques respectueuses de l'environnement, telles que la rotation des cultures, la conservation de l'eau et la préservation de la biodiversité. En optant pour des aliments biologiques, on encourage un système agricole plus durable qui préserve les écosystèmes et les ressources naturelles. De plus, pour **Aubert** la consommation d'aliments bio peut avoir des avantages tels que qu'une meilleure qualité gustative. Les fruits et légumes biologiques, par exemple, peuvent être plus savoureux et avoir des arômes plus prononcés en raison de leur culture dans des sols plus riches en nutriments. Enfin cela permet un encouragement des pratiques traditionnelles dans le sens où l'agriculture biologique met l'accent sur des méthodes de production plus traditionnelles et artisanales, en opposition à l'agriculture industrielle moderne. Cela peut contribuer à préserver les pratiques agricoles traditionnelles et locales, ainsi que les variétés de cultures anciennes ayant des impacts bénéfiques sur le corps humain.

2 Vers une politique publique du corps ?

Nous l'avons vu, le corps humain est plus que jamais soumis à diverses menaces sur son intégrité physique et sa capacité à en quelque sorte survivre aux contraintes de la vie moderne. Obésité, perturbateurs endocriniens, sédentarité, nourriture industrielle et transformée, manque d'activité sportive, etc. À tel point que ces éléments constituent une menace tangible quant à la poursuite même d'une espèce humaine fonctionnelle et saine. C'est pourquoi le pouvoir public s'empare de plus en plus de ces questions fondamentales. C'est tout le sens de l'ouvrage de **Steven H. Woolf** et **Steven Jonas** intitulé *Health Promotion and Disease Prevention in Clinical Practice*. Dans ce dernier, les auteurs avancent notamment l'idée selon laquelle dans nos sociétés contemporaines, la promotion d'un corps sain par le biais de politiques publiques est devenue un enjeu essentiel pour la santé et le bien-être de la population. Cette approche gouvernementale met l'accent sur l'importance fondamentale du corps en tant qu'entité physique, émotionnelle et sociale, en reconnaissant que notre bien-être global dépend étroitement de la santé de notre corps. L'objectif principal de ces politiques selon **Woolf** et **Jonas** est alors d'encourager des comportements sains parmi les individus, en leur fournissant les ressources, l'éducation et le soutien nécessaires pour adopter des modes de vie équilibrés. Cela inclut la promotion de la nutrition équilibrée, de l'activité physique régulière et de la gestion du stress. En outre, ces politiques visent à prévenir les comportements à risque pour la santé, tels que le tabagisme, la consommation excessive d'alcool et la sédentarité. Pour atteindre ces objectifs, les politiques publiques adoptent une approche multidimensionnelle et intègrent une variété de mesures. Elles incluent des programmes d'éducation à la santé dans les écoles et les communautés, des campagnes de sensibilisation médiatique sur l'importance d'un corps sain, des subventions pour faciliter l'accès à des aliments sains et abordables, et des incitations à l'activité physique grâce à l'aménagement d'espaces publics adaptés. Outre la santé physique, ces politiques accordent une attention particulière à la santé mentale, reconnaissant le lien étroit entre l'état d'esprit et le corps. Des programmes de sensibilisation à la santé mentale et des services de soutien psychologique peuvent dès lors être mis en place pour aider les individus à gérer le stress, l'anxiété et d'autres problèmes de santé mentale qui peuvent affecter leur bien-être général. D'une manière générale les préoccupations concernant la santé et donc *in fine* le corps des individus sont non seulement légitimes mais capitales pour l'avenir d'un pays. En témoigne par exemple les inquiétudes récentes sur le poids des jeunes américains et leur capacité finale à servir dans les forces armées du pays, ainsi selon les statistiques des Centers for Disease Control and Prevention (CDC) des États-Unis, le pourcentage d'adultes âgés de 18 à 29 ans considérés comme obèses était d'environ 40,4 % pour la période 2017-2018. Un chiffre en constante augmentation depuis 30 ans et qui pose de véritables problèmes quant à la survie et la viabilité même de l'armée des États-Unis dans les prochaines décennies. C'est notamment pour contrer ce phénomène dramatique que **Robert L. Dean Jr**. et **Richard G. Gomer** ont rédigé un rapport intitulé *Fit for Duty: An 8-Week Guide to Optimal Weight and Fitness for the Military*. Dans ce dernier, les auteurs établissent que le surpoids et l'obésité peuvent entraîner plusieurs problèmes de santé et de condition physique, qui peuvent être préjudiciables à l'efficacité opérationnelle et à la sécurité des troupes sur le terrain. Les personnes en surpoids peuvent avoir des difficultés à effectuer des tâches physiques exigeantes et à maintenir une endurance adéquate, ce qui peut affecter leur capacité à remplir leurs fonctions militaires de manière optimale. **Dean Jr.** et **Gomer** préconisent ainsi des mesures comme des normes d'aptitude physique soit l'établissement par l'armée des normes d'aptitude physique pour ses membres, y compris des critères de poids et de composition corporelle. Les soldats doivent ainsi passer des tests physiques réguliers pour s'assurer qu'ils répondent aux exigences de condition physique. Mais aussi des programmes de remise en forme, autrement dit la possibilité pour l'armée de proposer des programmes sportifs adaptés et personnalisés le cas échéant pour aider les soldats en surpoids à perdre du poids et à améliorer leur condition physique. Ces programmes comprennent généralement des exercices physiques, des conseils nutritionnels et un suivi régulier. Les auteurs préconisent également une sensibilisation à la santé soit la mise en œuvre d'initiatives de sensibilisation à la santé pour informer les soldats sur les risques liés au surpoids et à l'obésité, ainsi que sur les avantages d'un mode de vie sain. Un suivi médical, les membres de l'armée sont soumis à des examens médicaux réguliers, ce qui permet de dépister les problèmes de santé tels que le surpoids et l'obésité et de fournir un suivi approprié Et enfin une formation continue des personnels médicaux et encadrants sur les questions de santé liées au poids et à la condition physique, afin de mieux accompagner les soldats dans leur parcours vers une meilleure santé. Permettant ainsi de maintenir le corps des soldats et officiers dans un état opérationnel optimal non seulement pour l'institution militaire mais aussi pour eux-mêmes.

L'évolution rapide de la science et de la technologie soulève des questions éthiques profondes et complexes concernant la manipulation du corps humain et les avancées médicales. Parmi les sujets qui suscitent des débats éthiques et moraux, on trouve l'eugénisme, le transgenrisme et le transhumanisme. Ces trois concepts distincts sont étroitement liés aux choix fondamentaux que nous faisons en tant que société sur la nature de l'humanité, la diversité humaine et les limites de l'amélioration technologique. C'est ce que soulève **Lewis Vaughn** dans son ouvrage de référence *Bioethics: Principles, Issues, and Cases*. Dans ce dernier l'auteur soulève ce qu'il nomme les « trois défis majeurs posés à l'intégrité du corps humain tel que nous le connaissons ». Il cite notamment les questions éthiques liées à l'eugénisme, en examinant les implications morales et sociales de la manipulation génétique et de la sélection des caractéristiques humaines. Il traite également des enjeux éthiques du transgenrisme, en mettant l'accent sur les droits et la reconnaissance des identités de genre, ainsi que des aspects éthiques du transhumanisme, en examinant les questions liées à l'amélioration technologique de l'homme et à ses implications pour la société. **Vaughn** détaille ensuite ces menaces sur le corps de l'Homme en détail, en effet pour lui l'eugénisme a une histoire troublante, notamment lorsqu'il a été mis en œuvre de manière coercitive et discriminatoire dans le passé. Pour lui, la préservation du corps humain face aux menaces d'eugénisme exige le respect de la dignité humaine et de l'autonomie individuelle. Cela signifie que les décisions concernant la reproduction et la manipulation génétique doivent être prises de manière éclairée et volontaire, avec un consentement libre et éclairé des personnes concernées. **Vaughn** prône ainsi des normes éthiques strictes et les lois réglementant la recherche génétique et les technologies de reproduction sont essentielles pour prévenir tout abus potentiel et garantir que les droits humains sont protégés. Le transhumanisme soulève également des questions fondamentales concernant la frontière entre la nature humaine et la technologie, ainsi que les implications éthiques de l'augmentation humaine. Préserver le corps humain face aux menaces de transhumanisme exige dès lors une réflexion approfondie sur les valeurs et les priorités de notre société. Bien que les avancées technologiques puissent apporter des avantages considérables en matière de santé et d'amélioration des capacités humaines, elles soulèvent également des questions éthiques sur l'équité, la sécurité, l'accès et les inégalités sociales. Il n'est en effet pas incohérent de penser que ces augmentations technologiques de la nature même du corps puissent engendrer des discriminations dans les deux sens, envers ceux procédant à ces augmentations puis envers ceux n'en disposant pas. Sans parler bien évidemment des risques que cela fait peser sur le fait de voir émerger une humanité à deux vitesses d'évolution. Concernant le transgenrisme **Vaughn** souligne enfin que celui-ci ne pose certes pas les mêmes soucis que l'eugénisme ou le transhumanisme, néanmoins il souligne que ce dernier mouvement de modification du corps à des implications sociales et sociétales d'ores et déjà présentes et pourrait déboucher à terme sur une profonde remise en question de la nature biologique et en quelque sorte immuable de l'Homme. En ce sens de nombreux pays tentent de réguler via des politiques publiques ou des lois les évolutions pouvant advenir sur ces sujets. C'est notamment ce qu'illustre **Constance A. Nathanson** dans son ouvrage *Regulating the Global Genome: Biotechnology, Ethics, and Politics.* Dans celui-ci elle démontre notamment que certains prennent d'ores et déjà les devants concernant la régulation des abus et dérives liées à l'eugénisme, au transhumanisme et au transgenrisme. **Nathanson** évoque notamment le cas de l'Allemagne qui non seulement depuis le nazisme à interdit toute forme de pratiques, de recherches ou d'expérimentations liées à l'eugénisme sur son sol mais prend également des mesures concernant le transhumanisme en limitant fortement toute recherche ayant des objectifs autres que la stricte recherche médicale et thérapeutique.

Le vieillissement de la population est un phénomène mondial majeur, marqué par une augmentation significative du nombre de personnes âgées dans nos sociétés contemporaines. Ce changement démographique qui touche tout particulièrement l'Occident du fait d'une transition démographique précoce soulève de nombreux défis pour les gouvernements et les décideurs politiques qui doivent faire face aux besoins spécifiques de cette population vieillissante qui est amenée à fortement augmenter dans les pays développés dans les prochaines décennies, à tel point que le terme de « papy-boom » est désormais devenu monnaie courante parmi les décideurs politiques. Parmi les préoccupations majeures figurent les politiques publiques concernant le corps des individus âgés. En effet, avec l'avancée en âge, le corps subit des transformations physiologiques et des besoins de santé particuliers qui nécessitent des approches adaptées et ciblées, pour non seulement permettre d'adapter les besoins en termes de services publics pour cette catégorie spécifique de la population mais aussi permettre aux personnes âgées de pouvoir profiter de leurs dernières années avec un corps aussi sain et capable que possible. C'est tout l'objet des travaux effectués par **Brigitte Baccaïni**, **Jacques Freyssinet**, et **Martine Pernod-Lemattre** dans leur ouvrage commun *Politiques du vieillir : vieillissement actif, santé et retraite*. Dans ce dernier, les auteurs explorent plusieurs pistes comme la mise en place de politiques publiques liées au corps des personnes âgées, en mettant l'accent sur les initiatives visant à promouvoir leur bien-être physique et leur qualité de vie, les divers aspects des politiques de santé, des soins médicaux aux programmes de prévention, ainsi que les services de réadaptation et de soutien psycho-social pour les personnes âgées dépendantes. Il est également question de comment les politiques publiques cherchent à prévenir les problèmes de santé courants associés au vieillissement, tels que la malnutrition et les chutes, et comment elles favorisent l'accès à des soins de qualité, y compris les soins palliatifs en fin de vie. Ainsi **Baccaïni**, **Freyssinet** et **Pernod-Lemattre** soulignent avec insistance l'importance des politiques publiques pour soutenir l'autonomie et l'inclusion sociale des personnes âgées, en mettant en avant les initiatives visant à promouvoir l'activité physique, la participation communautaire et l'accès à des environnements adaptés. Enfin, l'importance de la sensibilisation aux questions de consentement éclairé et de droits des personnes âgées concernant leur corps, ainsi que la protection contre les abus et la maltraitance. L'étude des politiques publiques concernant le corps des individus âgés revêt dès lors une importance croissante à mesure que la population vieillit. Pour les auteurs, il est possible sous réserve d'adopter une approche globale et proactive, de créer et moduler les politiques de santé et de bien-être pour les personnes âgées peuvent améliorer leur qualité de vie et garantir un vieillissement actif et en santé pour l'ensemble de la société. Ainsi, **Baccaïni**, **Freyssinet** et **Pernod-Lemattre** tentent de sensibiliser aux défis et aux opportunités des politiques publiques liées au vieillissement de la population et à mettre en lumière l'importance de prendre en compte les besoins spécifiques du corps des individus âgés dans la formulation de ces politiques. Ainsi la mise en place de politiques permettant de préserver le corps des personnes âgées permet non seulement à ces dernières de vivre leur fin de vie en bonne santé mais aussi de soulager la société d'une surcharge de dépense en matière de santé et d'accompagnement suivant le vieil adage : mieux vaut prévenir que guérir. C'est dans ce sens que plusieurs plans d'action à destination de la santé du corps des séniors ont été élaborés en France comme le programme national de prévention et de gestion de la perte d'autonomie (2019-2022) : Ce programme vise à promouvoir le bien-vieillir en développant des actions de prévention et de prise en charge de la perte d'autonomie chez les personnes âgées. Il comprend des mesures pour améliorer l'accès aux soins de proximité, pour soutenir le maintien à domicile des personnes âgées, ainsi que des actions de prévention des chutes et des accidents domestiques.

C'est aussi ce que suggèrent **Serge Guérin** et **Isabelle Mallon** dans leur ouvrage *Politiques de vieillissement et solidarités intergénérationnelles*. Dans celui-ci les auteurs évoquent notamment le plan national « Bien vieillir » (2020-2022). Pour **Guérin** et **Mallon** ce plan met l'accent sur l'amélioration de la qualité de vie des personnes âgées en favorisant leur participation sociale, leur autonomie et leur santé. Il prévoit des actions visant à promouvoir l'activité physique adaptée aux seniors, à lutter contre l'isolement social, à renforcer les soins palliatifs et à améliorer l'accès aux services de santé pour les personnes âgées. Il est donc pionnier dans la prise en charge de la santé des personnes âgées et tout particulièrement de leur corps.

PARTIE 3
LES SOLIDARITÉS

SOMMAIRE

CHAPITRE 8
Introduction

Ensemble d'obligations réciproques entre individus qui s'accordent mutuellement sur une volonté d'assistance et d'entraide, les solidarités s'illustrent par une relation de dépendance tant contraignante qu'émancipatrice. Endosser la responsabilité d'une attitude solidaire revient à adopter un comportement tourné vers autrui. Cela induit de considérer les besoins de ce dernier, et d'en assumer les conséquences. En d'autres termes, par la poursuite d'un projet commun comme lien d'engagement périodique ou continu, les solidarités sont vectrices de cohésion sociale. Néanmoins, le principe de solidarité se distingue de l'altruisme, se référant davantage à une action unilatérale d'ordre moral. Les solidarités se diffèrent aussi de la notion de coopération, où la perspective de l'intérêt général prévaut sur les considérations individuelles.

À l'échelle des individus et dans l'imaginaire traditionnel, l'application concrète de ces sentiments de dépendance et de responsabilité mutuelle au sein d'un groupe se manifeste d'abord au sein de la famille nucléaire : les parents étant solidaires de leurs enfants et vice-versa. Les solidarités s'étendent également au niveau étatique, par exemple avec l'instauration d'un État-providence, voire au niveau interétatique avec un système de cohésion interdépendant, comme dans le cas de la formation d'une alliance géopolitique. Il existerait alors des solidarités spontanées inhérentes aux communautés humaines et d'autres se formant en fonction des circonstances.

Au-delà du prisme individuel et organisationnel, les solidarités peuvent se concevoir comme ce qui engage l'ensemble des êtres vivants. Face aux risques globaux identifiés autour de la crise écologique, les solidarités, autrefois uniquement associées aux communautés humaines, deviennent alors un impératif intégrant de nouveaux acteurs. En induisant une posture active pour parer ces risques à venir, les différentes natures de solidarités sont amenées à converger.

Or cette communauté d'intérêts partagés divise aussi bien qu'elle fédère. En effet, lorsque les systèmes de solidarités s'expérimentent de manière asymétrique ou bien sont défaillants dans l'accomplissement de leurs missions, ses composantes se désolidarisent. De ce fait, bien que les engagements solidaires soient entérinés par leur institutionnalisation locale ou internationale, les solidarités peuvent être amenées à se remodeler pour correspondre aux nouveaux besoins, accroître leur légitimité ou bien répondre aux élans contestataires.

Ce manuel vise à couvrir l'ensemble des champs disciplinaires et approches des solidarités, à l'image des attentes du concours commun des instituts d'études politiques (IEP).

CHAPITRE 9

D'un fait naturel à une construction sociale, les solidarités dans tous leurs états

SOMMAIRE

1 La solidarité de fait, ou la solidarité comme un état naturel

1.1 Le cosmos antique : un univers solidaire

Pour progresser dans ce que le terme de « *solidarité* » veut dire, l'on peut s'appuyer sur son étymologie, qui provient du latin « *solidus* » et qui recoupe trois sens distincts. Le premier désigne un état matériel : ce qui est solide, qui se tient en un seul bloc. Le deuxième sens signifie le lien entre la personne qui contracte une dette, le débiteur, et celle qui lui a fourni le capital, le créancier. L'idée sous-jacente est la même : ces deux personnes sont dépendantes l'une de l'autre, elles forment un tout. Enfin, durant de l'Antiquité, le terme « *solidus* » recouvrait un troisième sens : l'état de dépendance mutuelle entre les êtres vivants, qui existe de façon spontanée, immédiate – et c'est ce sens-là qu'il nous importe d'approfondir tout particulièrement.

Cette idée est affirmée avec force chez les philosophes stoïciens, qui ont une conception du monde fondée sur la notion de *cosmos* : l'univers forme un monde clos et cohérent. Tous les êtres sont dépendants les uns des autres et participent d'un même « *souffle vital* » – la « *psuché* », soit l'« *âme* » en grec ancien. L'empereur et philosophe **Marc-Aurèle**, dans ses *Pensées pour moi-même*, investit cette idée de la solidarité du monde. Il invite ainsi à

« se représenter continuellement le monde comme un seul être animé, qui ne renferme qu'une seule substance et qu'une seule âme [...] tout s'enchaîne et tout est solidaire dans l'ensemble de l'univers ». Le stoïcien y développe une conception de l'univers comme un ensemble cohérent : il n'y a aucun hasard, chaque chose a une raison d'être et forme un cosmos solidaire. **Marc-Aurèle** tire de cette conception du monde une véritable éthique : parce que chaque être vivant participe d'un même monde solidaire, alors tous doivent être respectés. Il ne faut pas trop s'attarder sur les hiérarchies qu'ont créées les êtres humains car elles sont illusoires et nous font oublier la solidarité du monde. Ainsi, un végétal a finalement autant de raisons d'être qu'un roi. **Marc-Aurèle**, qui était pourtant l'empereur d'un territoire immense et l'un des hommes les plus puissants de son siècle, cultive ainsi une certaine humilité : dans son œuvre, il rappelle n'être qu'une partie du *cosmos*, au même titre que chaque autre être vivant animé par un même souffle vital – la *psyché*. Dans la pensée stoïcienne, la solidarité apparaît ainsi comme naturelle, innée.

Selon l'historien des sciences **Alexandre Koyré**, cette vision du monde organisée autour de la notion de cosmos est le propre des sociétés antérieures aux révolutions scientifiques. Dans *Du monde clos à l'univers infini* (1957), il soutient en effet la thèse suivante : l'histoire de la perception du monde peut être divisée en deux grands moments.

Au fondement, les conceptions du monde s'organisaient autour du concept de cosmos. **Koyré** démontre cela en mobilisant plusieurs textes d'auteurs grecs tels qu'**Aristote**, mais cette conception du monde se retrouve dans d'autres civilisations. Pour sortir du cadre européen, l'on peut ainsi citer la conception cosmologique de la civilisation mésoaméricaine des Mexicas. L'exposition « Mexicas » (Quai Branly, 2024) met en lumière la cosmologie mexicas : le monde est constitué par trois strates interdépendantes. La strate supérieure est associée à la chaleur, au ciel, au masculin. La strate médiane est celle de la terre, des êtres humains et des animaux. Enfin, l'inframonde est associé à l'humidité, à l'obscurité et au féminin. L'un des principaux dieux du panthéon mexicas, Quetzalcóatl, mi-serpent mi-oiseau, réalise la synthèse entre ces trois strates. Dans cette conception cosmologique, chaque chose a ainsi une place, une raison d'être et participe de la constitution d'un monde solidaire.

Avec les révolutions scientifiques de la Renaissance, ces conceptions cosmologiques du monde sont entrées en crise. Les travaux de **Copernic** et de **Galilée** montrent en effet combien l'univers est méconnu, et combien la Terre n'en est qu'une partie insignifiante. À la certitude que le monde forme un ensemble solidaire et organisé succède l'impression que l'univers est un ensemble désagrégé aux contours incertains. C'est toute une conception du monde qui s'effondre, aussi les contemporains de ces découvertes ressentent-ils une profonde angoisse. **Koyré**, pour en attester, cite cette pensée de **Pascal** à propos de l'univers : « *le silence éternel de ces espaces infinis m'effraie* ». Une conception nouvelle du monde, dépourvue de cette idée de solidarité originelle qui était propre aux cosmologies, se fait jour.

Dans les conceptions cosmologiques du monde, la solidarité est ainsi perçue comme un état de fait. À ces visions s'en opposent d'autres, influencées par les découvertes scientifiques, qui considèrent qu'au contraire le monde est un agrégat désolidarisé.

1.2 Le vivant, entre concurrences et solidarités

La solidarité de tous les êtres vivants est un concept qui est tombé en désuétude au cours du temps. La nature a en effet de plus en plus été perçue comme le lieu de toutes les concurrences et non d'une solidarité – confère l'expression familière de la « *loi de la jungle* » soit la loi du plus fort. À la racine de cette perception nouvelle de la nature se trouvent le naturaliste anglais **Charles Darwin** et son ouvrage *De l'origine des espèces* (1859). Alors qu'il observe différentes espèces d'oiseaux au large de l'archipel des Galapagos dans le Pacifique, le naturaliste constate que dans les îles où se trouvent des noix, les oiseaux ont de larges becs, et que là où il y a davantage de graines, les oiseaux possèdent des becs plus fins. Darwin en conclut que les oiseaux au bec large l'ont emporté sur les oiseaux au bec fin, là où ils étaient favorisés et vice-versa : c'est le concept de sélection naturelle. Selon lui, les êtres les plus adaptés survivent et sont à l'origine d'une descendance qui leur ressemble, et les moins adaptés meurent et faillissent à engendrer une lignée. Plus tard, le « dodo » devint malgré lui l'incarnation du principe de la sélection naturelle : ce gros oiseau, un peu pataud et incapable de voler, fut alors perçu comme responsable de sa propre extinction – pas assez intelligent, pas assez fort, il n'avait plus qu'à s'éteindre. Cette pensée darwinienne de la nature, comme étant le théâtre d'une concurrence acerbe entre les êtres vivants, a été appliquée aux êtres humains avec le courant dit du darwinisme social. Cette pensée s'oppose avec véhémence à la notion de solidarité : la solidarité, en protégeant les êtres les moins adaptés, freine la sélection naturelle et empêche l'amélioration continue de l'humanité.

Cette perception de la nature comme étant un monde sans solidarité est à nuancer. Ainsi, dans *L'Entraide, l'autre loi de la jungle* (2017), **Gauthier Chapelle** et **Pablo Servigne** soulignent que le concept de solidarité n'est pas étranger à la nature, bien au contraire. En recueillant des études comportementales sur différents êtres vivants – du plancton aux pins en passant par les poissons-clowns – les auteurs dégagent la thèse suivante : les êtres « *qui survivent le mieux aux conditions difficiles ne sont pas forcément les plus forts, mais ceux qui s'entraident le plus* ». Là où le milieu est difficile, où il existe des pénuries, les êtres vivants ont tendance à être solidaires les uns des autres en mettant en œuvre des stratégies de coopération. En revanche, là où il y a une abondance de biens, les êtres vivants ont tendance à entrer en concurrence les uns avec les autres. Cette thèse vient ainsi nuancer une vision très concurrentielle de la nature. Elle peut s'appliquer aux êtres humains également : **Chapelle** et **Servigne** montrent qu'à l'occasion d'évènements catastrophiques (inondation, attentat, accident d'avion…), un réflexe de solidarité tend à s'activer entre les victimes. De nombreux témoignages de rescapés mettent en exergue cet élan de solidarité en temps de crise. Dans *V13* (2022), un récit du procès des attentats du 13 novembre 2015, l'écrivain et journaliste **Emmanuel Carrère** n'a de cesse de souligner combien les victimes ont vécu un élan collectif de solidarité au cœur du chaos.

1.3 La solidarité humaine, une solidarité à part

Nous l'avons vu, il existe une forme de solidarité universelle entre tous les êtres vivants. Au sein de cette solidarité, il en existe une qui paraît unique : la solidarité entre les êtres humains – et c'est ce versant-là de la solidarité que nous nous proposons maintenant d'explorer. Selon **Aristote**, l'homme est naturellement solidaire : l'isolement ne lui sied guère, et il cherche spontanément à constituer autour de lui une société – ou en grec, une *polis,* une cité. C'est en ce sens qu'il faut comprendre cette célèbre formule issue des *Politiques* « *l'homme est un animal politique* ». Tous les êtres vivants ont tendance à vivre en société, mais c'est tout particulièrement le cas de l'homme, parce qu'il est doué du *logos* – le langage rationnel, qui lui permet de mettre en œuvre une solidarité plus avancée que les autres êtres vivants. Ainsi **Aristote** écrit qu'« *il est évident que l'homme est un animal politique plus que n'importe quelle abeille et que n'importe quel animal grégaire. Car, comme nous le disons, la nature ne fait rien en vain ; or seul parmi les animaux l'homme a un langage.* » Selon **Aristote**, la solidarité des êtres humains a vocation à aboutir à la constitution de systèmes politiques avancés. Grâce au *logos*, les organisations humaines sont plus diverses, plus complexes qu'une simple meute ou ruche.

Fort de son *logos*, l'être humain a ainsi bâti des solidarités diverses. Nous ne sommes plus ici dans le cadre d'une solidarité universelle indifférenciée ; les premières solidarités humaines sont d'abord une allégeance à une cité en particulier, et ces cités peuvent être bien différentes, voire entrer en concurrence les unes avec les autres. **Homère**, dans les récits mythiques de l'*Iliade* et de l'*Odyssée*, dépeint divers types de sociétés humaines croisées par Ulysse : Ithaque, Troie, Schérie… Chacune de ces cités a des coutumes, des traditions, des organisations politiques qui leur sont propres, et elles peuvent se concurrencer voire se déclarer la guerre. Toutefois, la compétition entre ces différents groupes solidaires est contrebalancée par un principe éthique primordial dans la Grèce antique : celui de l'hospitalité. N'importe quel étranger peut se présenter aux portes d'une cité, et cette dernière lui doit l'hospitalité. Par exemple, dans le chant IX de l'*Odyssée,* Ulysse supplie le cyclope de respecter la loi des Dieux et de lui accorder, à lui et son équipage, le droit d'hospitalité. Le cyclope refuse et en sera pour la peine puni : il a enfreint le principe fondateur de la solidarité humaine. L'imaginaire grec est ainsi dual : il reconnaît à la fois une forme de solidarité universelle – tous les hommes se doivent une certaine entraide – et des solidarités particulières, la solidarité d'un homme à sa *polis*. C'est là le propre de l'homme, qui, grâce au *logos*, tisse spontanément un réseau de solidarités complexes.

1.4 La solidarité universelle, une notion à retrouver

La solidarité universelle entre les êtres humains peut être progressivement effacée et remplacée par des solidarités particulières – solidarité à sa famille, à son pays, à sa religion… Dans les *Deux sources de la morale et de la religion* (1932), le philosophe **Henri Bergson** souligne cette difficulté : « *nous aimons naturellement et directement nos parents et nos concitoyens, tandis que l'amour de l'humanité est indirect et acquis* ». Pire encore, la solidarité d'un groupe se construit d'abord contre d'autres groupes, ce qui peut empêcher l'avènement d'une solidarité universelle : la « *cohésion sociale est due, en grande partie, à la nécessité pour la société de se protéger contre d'autres, et c'est d'abord contre tous les autres hommes que l'on aime les hommes avec lesquels l'on vit* ». Ainsi, la solidarité universelle de l'humanité entière peut être oubliée au profit de solidarités particulières, vers lesquelles les êtres humains se tournent plus spontanément. Selon le philosophe, l'un des enjeux majeurs pour l'être humain est alors d'apprendre à dépasser ces cercles restreints de la solidarité, pour éprouver une solidarité envers l'ensemble de l'humanité. Pour ce faire, **Bergson** souligne qu'il faut cultiver notre « *moi social* », cette part de nous-même qui nous rattache à l'ensemble de l'humanité. Il y a donc besoin d'un véritable travail pour aboutir à la solidarité universelle : celle-ci n'est pas spontanée.

L'idée d'un apprentissage de la solidarité universelle se retrouve chez le romancier et pilote **Antoine de Saint Exupéry**. Selon son adage « *chacun est responsable de tous* », autrement dit, chaque personne a le devoir d'être solidaire les autres. Un individu ne peut pas s'isoler du reste de l'humanité, il doit de lui demeurer lié et la défendre tout entière. Dans *Terre des Hommes* (1939), **Saint Exupéry** fait le récit de cette prise de conscience. Dans un contexte de marche vers la guerre – nous sommes alors en 1939 – il prend progressivement conscience de l'unité de l'humanité alors qu'il survole la terre : « *pourquoi nous haïr ? Nous sommes solidaires, emportés par la même planète, équipage d'un même navire.* » Vus du ciel, les frontières et les conflits humains lui paraissent absurdes. Son œuvre littéraire cherche à transmettre ce message, et son originalité réside dans le fait qu'il ne s'adresse pas uniquement aux adultes. Ainsi, dans *Le Petit Prince* (1943), **Saint Exupéry** imagine un monde atomisé, où les personnages vivent seuls sur différentes planètes. Dans ce conte, la quête du Petit prince réside alors dans la construction de liens avec ces différents personnages. Progressivement, il dépasse son état premier d'isolement pour bâtir un univers plus solidaire. Ainsi, chez le philosophe **Bergson** tout comme chez l'écrivain **Saint Exupéry**, la solidarité universelle est l'aboutissement d'un travail sur soi, d'une quête.

1.5 La solidarité universelle, un idéal à défendre

Cette quête de la solidarité universelle ne se fait pas sans heurt – elle est même, dans certains cas, le résultat d'un véritable combat. En effet, certaines solidarités particulières ont un pouvoir excluant, et aboutissent à la domination d'autres groupes – ce qui rend impossible la constitution d'une solidarité globale. L'enjeu est alors de rendre solidaires les groupes qui sont opprimés, et de les mobiliser pour mettre en place une véritable solidarité universelle. C'est par exemple le projet porté par le courant philosophique de l'écoféminisme. Selon la philosophe **Catherine Larrère** (*L'écoféminisme*, 2023), les sociétés humaines sont aujourd'hui structurées par des idéologies capitalistes et patriarcales, ce qui obère la constitution d'une véritable solidarité entre tous les êtres vivants. L'idéologie capitaliste, d'une part, empêche une solidarité des êtres humains avec la nature : dans une logique productiviste, l'objectif est d'exploiter au maximum les milieux naturels pour en tirer le plus grand bénéfice. L'idéologie patriarcale, d'autre part, entrave l'avènement d'une véritable solidarité entre les genres, les femmes étant, à des degrés divers, mises au ban des sociétés dominées par les hommes. **Catherine Larrère** suggère qu'un parallèle peut être établi entre la domination exercée sur la nature et la domination exercée sur les femmes. L'enjeu de l'écoféminisme est alors double : d'abord, faire prendre conscience de ce rapport de domination, ensuite, de le renverser pour aboutir à une véritable solidarité entre les genres et les êtres vivants.

D'autres exemples d'engagement pour l'avènement d'une solidarité universelle peuvent être avancés. Dans son œuvre littéraire, **Annie Ernaux** s'engage pour promouvoir une solidarité plus globale, qui inclut les femmes et les classes populaires. Dans son roman *La honte* (1997), elle s'attache à décrire les hontes diverses qui consolident les rapports de domination au sein d'une société : honte de sa pauvreté, honte de sa sexualité… Ce sentiment, en ce qu'il empêche de s'exprimer, isole les êtres humains et contraint la constitution d'une solidarité plus globale. En écrivant les non-dits, **Annie Ernaux** cherche à briser les isolements et les rapports de domination pour faire émerger une véritable solidarité de la société. Dans *Les années* (2008), elle relate ainsi son choc en lisant le Manifeste des 343. Alors qu'elle était isolée et qu'elle cachait non sans honte son recours à un avortement clandestin, elle prend connaissance de cette lettre ouverte de 343 femmes menées par **Simone de Beauvoir**, qui affirment avoir avorté et réclament la légalisation de l'IVG. **Annie Ernaux** prend alors conscience qu'elle n'est pas la seule à avoir vécu ce traumatisme – « *elles étaient donc si nombreuses et on avait été si seule avec la sonde et le sang en jet sur les draps* ». Dès lors, son travail d'écriture cherche à mettre à jour les hontes pour rompre les isolements, et permettre une plus grande solidarité de la société.

Pour sa part, le psychiatre **Frantz Fanon** incarne une autre lutte, celle de l'antiracisme. Dans *Peaux noires, masques blancs* (1952), il dénonce le rapport de domination exercé par les blancs sur les noirs dans le monde colonial. Non seulement le système colonial a exclu les colonisés en les déshumanisant, mais les colonisés ont intériorisé ce rapport de domination et ne cherchent plus à le contester. L'objectif de **Frantz Fanon** est alors de mettre en place une mobilisation contre le système colonial et le racisme, et de fédérer tous les colonisés autour de cette lutte : « *chaque fois qu'un homme a fait triompher la dignité de l'esprit, chaque fois qu'un homme a dit non à une tentative d'asservissement de son semblable, je me suis senti solidaire de son acte* ». La finalité de cette entreprise est de permettre l'avènement d'une solidarité universelle et la fin d'une partition du monde entre colonisateurs et colonisés.

La solidarité universelle est ainsi, pour certains auteurs, le fruit d'un combat. Au travers de luttes antiracistes, féministes ou encore écologistes, ils cherchent à dénoncer des rapports de domination, pour mieux les dépasser et ainsi permettre l'apparition d'une solidarité véritablement universelle.

Pour conclure, la solidarité universelle est un concept prégnant dans de nombreuses visions du monde – quantité de philosophes, d'artistes et de politiques lui sont attachés. Pourtant, nous voyons que cette solidarité universelle peine parfois à se faire jour. La solidarité, plus qu'un état de fait, ne serait-elle pas aussi le résultat d'un travail constant ?

2 La solidarité comme obligation morale

2.1 Une aversion à la solidarité qu'il faut refréner

La solidarité n'est pas toujours spontanée – l'être humain peut avoir un réflexe égoïste, ou bien n'être solidaire que d'un petit groupe et non de la totalité des êtres vivants. Selon le philosophe **Arthur Schopenhauer**, les êtres humains sont pris dans une tension permanente, entre d'une part leur envie d'être solidaires les uns des autres, et d'autre part leur aversion pour la vie en société, de peur d'être blessés par leurs pairs. Dans son ouvrage *Parerga et Paralipomena* (1851), **Schopenhauer** use d'une métaphore, le « *dilemme du hérisson* » pour expliquer cette idée. Un groupe de hérissons subit les rigueurs de l'hiver, et pour mieux y faire face, ils décident de se resserrer pour se réchauffer ; en raison de leurs pics, ils se blessent et doivent se résoudre à s'éloigner à nouveau. **Schopenhauer** tire de cette fable la leçon suivante : « *le besoin de société, né du vide et de la monotonie de leur vie intérieure, pousse les hommes les uns vers les autres ; mais leurs nombreuses manières d'être antipathiques et leurs insupportables défauts les dispersent de nouveau* ». Fidèle à sa vision pessimiste de l'humanité, le philosophe allemand affirme que la solidarité des hommes ne peut être totale, car ils auront toujours en eux un penchant misanthrope, une aversion au groupe. L'enjeu, pour l'être humain, est alors de trouver un équilibre : ne supportant ni la solitude totale, ni la solidarité absolue, il est condamné à naviguer entre ces deux extrêmes.

Dans cette perspective, certains penseurs ont voulu rompre avec leur communauté pour ne plus être solidaire de rien. Las de la vie en société, **Henry David Thoreau** décida à 28 ans de quitter la ville et d'aller vivre seul dans une cabane de la campagne américaine. Il relate son expérience dans *Walden ou la vie dans les bois* (1854). Cette expérience lui paraissait indispensable pour mener une véritable réflexion sur le monde : « *je suis parti vivre dans les bois parce que je voulais vivre en toute intentionnalité ; me confronter aux données essentielles de la vie, et voir si je pouvais apprendre ce qu'elles avaient à m'enseigner* ». Il tire de cet apprentissage plusieurs leçons. D'une part, l'isolement total est impossible : même en vivant plus à l'écart des êtres humains, **Thoreau** continue à se sentir solidaire du monde, et notamment de la nature. L'écrivain américain est ainsi considéré comme l'un des pères de l'écologie moderne ; à la suite de cette expérience, il s'est engagé pour la création de réserves naturelles afin de préserver l'environnement. D'autre part, **Thoreau** apprend à tisser des solidarités saines avec ses pairs : depuis sa cabane, il continue à être en contact avec un village avoisinant, où il construit progressivement de véritables amitiés. Il en vient à la conclusion qu'une vie en société est possible, mais que cette dernière doit pour ce faire être réformée. Il mena en conséquence plusieurs combats pour rendre la vie en société meilleure, notamment au sein du mouvement abolitionniste.

Ainsi, plus que de céder à un penchant misanthrope, l'enjeu est de s'essayer à une certaine solidarité avec ses pairs, et de construire des sociétés qui permettent l'épanouissement de ce penchant pour la solidarité. Comme nous l'allons voir, diverses figures – religieuses, artistiques, politiques… – ont exhorté à dépasser ce réflexe misanthrope et à faire montre de solidarité.

2.2 La religion et les solidarités, une relation ambivalente

Selon **Lactance**, l'étymologie de religion provient du latin « *religare* », c'est-à-dire ce qui lie. La religion relie l'être humain à Dieu, et par extension à une communauté de croyants et à l'univers tout entier. Nous le voyons ainsi, une religion est vectrice de solidarités. Certaines enjoignent expressément leurs fidèles à faire preuve de solidarité ; celle-ci est ici ni spontanée, ni naturelle, elle résulte d'un effort du croyant. Dans la religion chrétienne, la parabole du bon Samaritain, tirée de l'Évangile selon **Saint Luc**, illustre l'impératif « *d'aimer son prochain* ». Un homme est laissé pour mort par des bandits au bord d'une route, et plusieurs passants le dépassent en faisant mine de ne pas l'avoir vu. Un Samaritain, enfin, décide de lui porter secours et le soigne. D'après **Saint Luc**, Jésus, après avoir raconté cette parabole, invita son auditoire à agir comme le bon Samaritain. Cet impératif de solidarité se retrouve dans d'autres religions, comme dans l'islam. Ainsi, de nombreux versets du Coran sont consacrés à la *zakât*, l'un des cinq piliers de l'islam. Il s'agit d'une aumône que chaque croyant doit aux plus pauvres – ici aussi, on perçoit que la solidarité n'est pas spontanée, mais le résultat d'un effort : le bon croyant est celui qui s'efforce d'être solidaire. Concrètement, cette exigence religieuse de solidarité s'est traduite par la mise en place de structures pour prendre en charge les personnes marginalisées. Par exemple, des hôpitaux accessibles à tous étaient tenus par des religieux : les « *hôtels-Dieu* » dans le monde chrétien, « *bîmâristâns* » dans le monde musulman.

Bien que les religions soient prescriptrices de solidarité, elles peuvent aussi être à la racine de désolidarisations, comme ce fut le cas au XVIe siècle durant les guerres de religions en Europe. L'unité du royaume français fut ainsi mise à rude épreuve par une série de guerres civiles entre protestants et catholiques. Pour certains auteurs, comme le philosophe **Michel de Montaigne**, les religions ne sont pas la cause de cette violence – c'est du côté des hommes qui les instrumentalisent qu'il faut se pencher pour trouver les coupables. Comme l'a rapporté l'un de ses contemporains dans ses mémoires, **Montaigne** avait ouvertement dénoncé un détournement de la religion par les belligérants : « *pour la religion dont tous les deux font parade, c'est un beau prétexte pour se faire suivre par ceux de leur parti ; mais la religion ne les touche ni l'un ni l'autre* » (**Montaigne**, déclaration faite en 1588).

Pour d'autres auteurs en revanche, les religions sont nécessairement porteuses d'un risque de désolidarisation des sociétés – leur pluralité conduit fatalement à des affrontements au sein de l'État. **Jean-Jacques Rousseau** propose un nouveau système religieux pour résoudre ce problème : une articulation entre la religion naturelle et une religion civique. La religion naturelle est universelle : en fournissant un effort d'introspection, nous pourrions tous la retrouver au fond de nous-mêmes. Dans le chapitre dit de la « *Profession de foi du Vicaire savoyard* », un célèbre passage de l'*Émile* (1762), **Rousseau** imagine un dialogue avec un religieux qui explique comment il a progressivement abandonné le dogme catholique pour retrouver, en lui, les fondements de cette religion naturelle. Selon le vicaire, chacun, par un effort d'introspection, peut retrouver la religion naturelle en lui. Toutefois,

Rousseau souligne que cette religion ne suffit pas pour rendre la vie au sein d'un État possible, et qu'il faut la doubler d'une seconde : la religion civique. Contrairement à la religion naturelle, la religion civique n'est pas universelle : chaque organisation politique doit avoir sa propre religion civique. C'est au chef de l'État d'en édicter les règles, et à l'ensemble des citoyens d'en adopter le culte : « *il y a donc une profession de foi purement civile dont il appartient au Souverain de fixer les articles [...] comme sentiments de sociabilité, sans lesquels il est impossible d'être bon Citoyen ni sujet fidèle* ». En somme, la religion civique est la condition de la solidarité des citoyens au sein d'un même État ; la religion naturelle est la condition de la solidarité de l'ensemble des êtres humains.

La religion a ainsi un rôle ambivalent : elle est à la fois édificatrice de solidarités et potentielle cause de désolidarisations.

2.3 L'humanisme, un projet de solidarité d'un nouveau genre

En parallèle de l'obligation de solidarité prescrite par les religions, plusieurs penseurs ont commencé à envisager un devoir de solidarité envers tous les êtres humains indépendamment des injonctions religieuses. C'est le propos du courant dit de l'humanisme. Apparu au XVe siècle, au cœur de la Renaissance, il résulte de la redécouverte des textes de l'Antiquité et de la diffusion massive des savoirs du fait de l'invention de l'imprimerie. Les humanistes s'intéressent à toutes les œuvres humaines, et non plus aux seules œuvres des religieux. En tissant un réseau d'universités à travers l'Europe, ils dépassent également les frontières nationales. Une solidarité nouvelle se forme ainsi en Europe, indépendamment des religions et des États – comme l'écrit **Érasme**, « *le monde entier est notre patrie à tous* » : ce qui compte, c'est seulement d'être humain. Celui que l'on surnomme le Prince des humanistes défend une solidarité des hommes entre eux, indépendamment de leur religion (nous sommes alors à l'époque des guerres de religions) et de leur appartenance nationale (qui, au cours des siècles, devient de plus en plus prégnante). **Érasme** est attaché au concept de cosmopolitisme – en des termes plus usités, l'idée selon laquelle nous sommes tous des « *citoyens du monde* ». Il invite ainsi ses contemporains à être solidaires les uns des autres, sans prêter attention à leur religion et à leur nationalité. Toutefois, cette ambition d'**Érasme** s'est d'abord heurtée aux guerres de religions puis à la progressive montée des nationalismes, qui ont tous deux fracturé la solidarité européenne naissante. En dépit de ces difficultés, ses théories sont restées au cœur de l'idée d'Europe ; et ce n'est pas un hasard qu'il ait donné son nom au programme européen d'échange universitaire.

L'écrivain **Stefan Zweig**, qui a écrit une biographie d'Érasme, a tenté de raviver cette pensée humaniste pour endiguer les menaces d'un conflit mondial au XXe siècle. À contre-courant des marches à la guerre, **Zweig** appelle à la construction d'une Europe unie. Dans *Le Monde d'hier* (1944), il décrit avec nostalgie la progressive disparition d'une Europe solidaire à cause de la Première, puis de la Seconde Guerre mondiale. Au sentiment de sidération face à la Première Guerre mondiale – « *quant aux rechutes dans la barbarie telles que les guerres entre peuples européens, on y croyait aussi peu qu'aux sorcières et aux fantômes* » succède un désespoir profond face à la Seconde Guerre mondiale. **Zweig**, ne supportant pas la désolidarisation de l'Europe et le génocide dont sont victimes les juifs, décide de suicider. Dans sa lettre d'adieux, il écrit ainsi que « *[sa] patrie spirituelle, l'Europe, s'est détruite elle-même* ». Depuis le XVIe siècle, la pensée humaniste enjoint ainsi tous les êtres humains à faire preuve de solidarité les uns envers les autres. Elle repose sur un fondement qui n'est plus religieux, et conserve une dimension profondément européenne.

2.4 L'appel à la solidarité des intellectuels

Outre les religieux et le courant humaniste, un nouveau type d'acteurs a fait de la solidarité un impératif moral : les intellectuels. Il s'agit de personnes exerçant une profession intellectuelle (écrivain, artiste, professeur...), et qui en tirent une certaine légitimité dont ils usent pour peser dans les débats publics. Selon l'historien **Jean-François Sirinelli** (« Les quatre saisons des clercs », 1998), la fin du XIXe siècle est le « *printemps* » des intellectuels, qui commencent alors à s'imposer comme des figures structurantes des débats publics. L'affaire Dreyfus (1894-1906) est l'exemple canonique de mobilisation des intellectuels au nom d'idéaux universalistes. Rappelons les faits : un jeune officier juif est condamné à tort pour espionnage par l'armée française, dans un contexte d'antisémitisme grandissant. Un groupe d'artistes, de politiques et de journalistes décident alors de se mobiliser en faveur d'Alfred Dreyfus en publiant une série de tribunes dans la presse. Tandis qu'une partie de l'opinion publique française considère que le sort de Dreyfus ne les concerne pas, en particulier parce qu'il est juif, les intellectuels font campagne pour que leurs contemporains se sentent solidaires du sort du jeune officier. **Émile Zola**, perçu comme le chef de file du mouvement dreyfusard en raison de son article « J'accuse... ! », voit dans cette affaire une question sociétale majeure, et non un simple fait divers. Lorsque Dreyfus est *in fine* gracié, il lui adresse ainsi une lettre dans laquelle il se félicite de ce « *triomphe de la solidarité humaine* ». **Émile Zola** devient ainsi l'archétype de l'intellectuel universaliste, un artiste qui s'engage pour la solidarité universelle. À compter de « l'Affaire », les intellectuels n'ont de cesse de gagner en importance au sein du débat public.

Au sortir de la Seconde Guerre mondiale s'ouvre ainsi ce que **Sirinelli** surnomme « *l'été* » des intellectuels. L'icône de cette génération d'intellectuels est sans conteste **Jean-Paul Sartre**, qui a théorisé un véritable devoir moral des intellectuels. Dans un article de 1945 paru dans la revue *Les temps modernes*, **Sartre** explique que l'intellectuel a le devoir de s'engager pour des causes qui ne le concernent de prime abord pas : parce qu'il a une place particulière dans la société, il doit s'en servir pour faire avancer des idéaux universalistes. Il condamne ainsi les artistes qui maintiennent un certain isolement vis-à-vis des affaires du monde, et loue ceux qui s'engagent : « *le procès de Calas, était-ce l'affaire de Voltaire ? La condamnation de Dreyfus, était-ce l'affaire de Zola ? L'administration du Congo, était-ce l'affaire de Gide ? Chacun de ces auteurs, en une circonstance particulière de sa vie, a mesuré sa responsabilité d'écrivain.* » Après la mort de **Jean-Paul Sartre** toutefois, la place des intellectuels dans le débat public devient moins structurante – comme l'écrit **Jean-François Sirinelli**, à « *l'été* » des intellectuels a succédé un long automne à compter de la fin des années 1970.

Selon **Michel Foucault**, les intellectuels continuent néanmoins à jouer un rôle dans l'injonction à davantage de solidarité. Simplement, les modalités de cette injonction ont changé. Au modèle de « *l'intellectuel universaliste* », qui s'empare de causes diverses et variées au nom d'idéaux universels, a succédé le modèle des « *intellectuels spécifiques* ». Ces intellectuels sont spécialisés dans un domaine – santé publique, psychiatrie… et s'y tiennent. Les appels à la solidarité envers des populations exclues se structurent désormais de plus en plus autour d'experts et d'organismes spécialisés. Auteur prolifique, **Foucault** a beaucoup écrit sur le thème de l'exclusion. Dans l'*Histoire de la folie à l'âge classique* (1961), il écrit ainsi sur l'exclusion des malades psychiatriques du reste de la société et dans *Surveiller et punir : Naissance de la prison* (1975), il se penche sur la marginalisation des détenus. Par-delà ces ouvrages théoriques, **Foucault** a cherché à agir pour ces personnes en situation d'exclusion. En France, les détenus étaient alors très isolés – la société ignorait à peu près tout de leur quotidien, et ils ne pouvaient quasiment pas communiquer avec le monde extérieur. Pour rompre cette exclusion, et promouvoir une plus grande solidarité entre les détenus et le reste de la société, **Foucault** crée le Groupe d'information sur les prisons (GIP). Cet organisme regroupait divers intellectuels qui avaient une spécialisation sur le monde carcéral – magistrats, avocats, médecins… Leur but était d'influencer le débat public, pour réformer l'administration des établissements pénitentiaires. Le GIP est l'incarnation de cette nouvelle forme d'injonction à la solidarité, faite par des « *intellectuels spécifiques* », des spécialistes.

Ainsi, parmi les acteurs qui font de la solidarité un enjeu moral, on retrouve les intellectuels – dans toute la diversité que recouvre ce terme, des universalistes aux intellectuels spécifiques.

2.5 Les limites de la solidarité comme simple obligation morale

La solidarité, perçue comme le résultat d'une injonction morale, est-elle suffisante pour créer une véritable cohésion au sein des sociétés ? Nous allons voir qu'à la disparition des formes traditionnelles de solidarité, la seule injonction morale à une plus grande solidarité ne suffit pas pour constituer une société unie.

Selon **Dominique Giorgi** et **Valérie Saintoyant** (*La solidarité en quête de sens*, 2018), l'histoire des solidarités européennes s'est longtemps structurée autour de trois institutions : la famille, l'Église et la profession. L'individu pouvait ainsi compter sur son inscription au sein d'une famille, qui était elle-même inscrite depuis plusieurs générations au sein d'un village. L'individu pouvait ensuite s'appuyer sur l'Église. D'un point de vue très local d'abord, l'individu était rattaché à une paroisse, qui pouvait jouer un rôle d'assistance. D'un point de vue plus global, une série d'institutions chrétiennes spécialisées (hôtels-Dieu, léproseries…) participaient ensuite de l'organisation des solidarités. Dernièrement, l'individu s'inscrivait dans un réseau professionnel à travers son métier. Il en existait de divers types : confréries, corporations, compagnonnages… Ces associations avaient en commun de structurer une certaine solidarité, par exemple en prenant en charge les funérailles de leurs membres, ou encore en organisant des caisses communes dans l'éventualité où certains travailleurs laisseraient derrière eux des orphelins.

Comme le relatent **D. Giorgi** et **V. Saintoyant**, chacune des composantes de ce modèle de solidarité est devenue caduque au XIXe siècle. Pour les familles d'abord, ces dernières ont perdu de leur importance. Les révolutions industrielles ont entraîné des exodes ruraux vers les villes, et les familles ont de moins en moins été réunies en un seul lieu. Les révolutions industrielles répartissent aussi le travail différemment : au modèle de l'exploitation agricole, où chaque membre de la famille (élargie) se voit attribuer des tâches précises succède le modèle de l'usine, qui ne fait plus appel à une structuration familiale. Ainsi, la famille perd de son importance dans l'organisation des solidarités. Ensuite, l'Église revêt un rôle moindre en raison d'un recul global du christianisme et de l'avènement de régimes laïques voire anticléricaux. En ce qui concerne les associations professionnelles enfin, ces dernières sont affaiblies par des législations libérales qui sont hostiles à toute forme de syndicalisation. En France par exemple, la loi Le Chapelier, adoptée à la fin du XVIIIe siècle, a mis fin à toutes les corporations.

Dans ce contexte d'effondrement des solidarités traditionnelles propre au XIXe siècle, les seuls appels et injonctions morales à la solidarité n'ont pas suffi à recréer des solidarités durables. On retrouve l'écho de cette situation d'entre-deux – disparition des solidarités traditionnelles et difficulté à en mettre de nouvelles en place – dans l'œuvre de **Charles Dickens**. Au travers de ses romans et articles de presse, l'écrivain anglais a dénoncé les dysfonctionnements profonds de l'Angleterre victorienne et les dommages causés par la disparition des solidarités traditionnelles. Dans *Oliver Twist* (1838), l'écrivain anglais décrit ainsi la misère qui règne dans les nouveaux quartiers industriels des villes, les errements auxquels sont condamnés les orphelins et les conséquences sociales de la suppression des *Poor Laws* – un système qui permettait notamment d'organiser la prise en charge les mendiants et des vagabonds. Dans *Un chant de Noël* (1843), il imagine le personnage de Scrooge : caricature de son siècle, ce vieillard avare ne se préoccupe que des enjeux matériels. Des esprits vont alors le tourmenter, et lui faire prendre conscience de l'importance de la solidarité. La solidarité prônée par **Dickens** est d'ordre traditionnel : c'est un retour à la charité, valeur prônée par le christianisme, que l'auteur propose. L'écrivain invite ainsi à revenir vers la morale chrétienne, pour pallier les bouleversements sociétaux causés par l'industrialisation. En parallèle de son œuvre littéraire, **Dickens** investit le débat public au travers d'articles de presse (par exemple, sur la reconnaissance des accidents du travail ou encore sur l'insalubrité des pensionnats) et participe à des œuvres charitables (notamment pour aider les prostitués). **Dickens** illustre ainsi cette période charnière qu'est le XIXe sur la question des solidarités, en montrant les conséquences de la fin des solidarités traditionnelles, et les difficultés à recréer de nouvelles solidarités.

Pour conclure, la solidarité peut ne pas être perçue comme un phénomène naturel, mais comme le résultat d'un effort, en vertu d'un devoir moral. La typologie des acteurs ayant appelé à la solidarité est variée ; religieux, philosophes, écrivains, intellectuels ont chacun, à leur façon, rappelé leurs contemporains à un devoir de solidarité. Mais est-ce suffisant ? Il existe en effet un risque : que ces appels à la solidarité restent des vœux pieux. Dès lors, une solution est à chercher du côté de la construction des systèmes politiques : l'État pourrait permettre la mise en place de solidarités plus pérennes.

3 La solidarité comme construction politique

3.1 Sans État, pas de solidarité ?

Dans *Le Léviathan* (1651), le philosophe **Thomas Hobbes** s'est interrogé sur la constitution des États – pourquoi les sociétés humaines se sont-elles fédérées autour de cette construction politique ? Pour répondre à cette question, il imagine ce que serait « *l'état de nature* », c'est-à-dire la condition de l'homme avant tout système politique. Selon **Hobbes**, cet état de nature se caractérise par une grande violence. Les êtres humains sont d'une part égaux (ils ont globalement la même force physique et la même intelligence) et d'autre part, ils désirent les mêmes choses (des biens matériels et le respect de leurs semblables). En conséquence, ils n'entretiennent pas spontanément une relation solidaire les uns avec les autres ; bien au contraire, ils sont dans une logique d'affrontement continu pour satisfaire leurs désirs. Cet état de nature est une situation de guerre permanente, la « *bellum omnium contra omnes* » (soit la « *guerre de tous contre tous* ») selon la célèbre formule du philosophe anglais. Les individus, pour sortir de cette situation instable et dangereuse, décident alors de passer entre eux un contrat. Ils renoncent à une liberté totale, en échange de quoi ils obtiennent plus de sécurité. Ce contrat, pour être effectif, se traduit par la mise en place d'une organisation politique : c'est la naissance de l'État. Selon **Hobbes**, l'État ne parvient à imposer une certaine concorde qu'au prix de la peur. Il compare l'État à un monstre mythique, le Léviathan. C'est grâce à la crainte qu'il inspire que l'État parvient à mettre en place une société solidaire, unie.

Il ne s'agit certes pas d'une solution optimale car l'État effraie les individus et les prive d'une partie de leur liberté. Mais c'est un moindre mal : sans État, aucune solidarité pérenne n'est possible.

D'autres penseurs ont pourtant essayé de créer une solidarité dans un cadre extra-étatique. C'est notamment le grand projet de plusieurs socialistes utopistes du XIXe siècle, tels que **Charles Fourier**. Selon lui, l'État réprime les passions des individus, et l'économie capitaliste divise la société. Pour remédier à ces dysfonctionnements, il invente une nouvelle organisation politique : le phalanstère. Ce mot est la contraction de « *phalange* » (parce que les membres d'un phalanstère sont solidaires les uns des autres comme les doigts d'une main) et de « *monastère* » (qui traduit l'idée d'une vie au sein d'une communauté autosuffisante). L'objectif du phalanstère est de créer une société parfaitement solidaire et libre à la fois. Pour ce faire, **Fourier** établit, sur plusieurs centaines de pages, son exact fonctionnement : nombre d'hommes, de femmes et d'enfants qui doivent vivre dans chaque phalanstère, organisation du travail, vie maritale, architecture, régime alimentaire… Ces règles doivent aboutir à une communauté autosuffisante, solidaire et où les individus sont libres de suivre leurs passions. Dans un phalanstère, chaque individu occupe plusieurs rôles indispensables, il y a donc une codépendance économique. Mais cette solidarité n'est pas qu'économique : **Fourier** imagine toute une vie sociale au sein du phalanstère, pour créer une solidarité morale, un sentiment d'attachement entre tous les membres.

Cette solidarité véritable est possible parce que les individus, tout en dépendant les uns des autres, sont libres de suivre leurs passions. Les membres du phalanstère peuvent ainsi exercer plusieurs métiers, ne pas être monogames *etc.* De la sorte, selon **Fourier**, aucune frustration n'advient au sein du phalanstère et une vraie solidarité se tisse entre ses membres. Ce modèle du phalanstère, s'il permet de conjuguer solidarité et disparition de l'État, est toutefois peu opérant. Ainsi, ses rares tentatives d'exécution ont échoué et le terme « *d'utopie* » a vite été accolé à l'œuvre de **Charles Fourier**. Sa pensée reste toutefois une source d'inspiration pour les mouvements qui contestent la place de l'État tout en voulant une société plus solidaire, comme le courant altermondialiste.

Ainsi, il apparaît que la mise en œuvre d'une solidarité pérenne au sein de la société ne peut pas complètement faire l'économie de l'État. La question est désormais de savoir comment l'État peut promouvoir une certaine solidarité, sans pour autant entraver les libertés individuelles.

3.2 La démocratie représentative, entre solidarité et liberté

Comment l'État peut-il garantir la solidarité de la société, sans pour autant écraser les libertés individuelles ? Contrairement à **Hobbes**, **John Stuart Mill** envisage un État capable d'organiser les solidarités, sans que cela se fasse au prix d'une perte de liberté. Dans *Considérations sur le gouvernement représentatif* (1861), **Mill** propose en effet de mettre en place un système politique qui permette à la fois de créer une solidarité au sein de la société, tout en respectant les libertés individuelles : la démocratie représentative. L'État, dans ces conditions, n'est alors plus une sorte de monstre tyrannique – comme l'est le Léviathan.

Premièrement, cette conception de l'État permet de garantir une certaine liberté. En effet, **Mill** fixe des limites au pouvoir de l'État : « *la seule raison légitime que puisse avoir une communauté pour user de la force contre un de ses membres est de l'empêcher de nuire aux autres* ». Il s'agit du principe dit de « *non-nuisance* » : la liberté d'un individu ne doit pas être limitée tant qu'il ne nuit pas aux autres. L'État que propose **Mill** ne dispose ainsi pas d'un pouvoir d'intervention absolu, il a un champ d'action restreint.

Deuxièmement, cette conception de l'État permet de constituer une certaine solidarité. D'une part parce que l'État y conserve un rôle de maintien de l'ordre : **Mill** considère qu'il est autorisé à contraindre les individus pour les empêcher de se nuire mutuellement. De fait, la société est en paix – condition *sine qua non* à l'établissement de solidarités pérennes. D'autre part, ce système politique représentatif reflète les aspirations des citoyens. Son but est de poursuivre les « *intérêts agrégés de la société* », les politiques mises en place répondent à la volonté des citoyens. Ce système politique permet ainsi à la société d'être plus unie ; l'État n'est plus un corps étranger qui impose des mesures décidées par un tyran. Il reflète les aspirations de la société, ce qui permet de créer une plus grande cohésion.

Le philosophe **Alexis de Tocqueville** a été l'observateur de l'une des premières démocraties représentatives du monde : les États-Unis d'Amérique. Convaincu que ce système politique allait progressivement être adopté par tous les pays européens, il a tâché d'en livrer une analyse dans *De la démocratie en Amérique* (1840). Si la démocratie représentative lui paraît vertueuse à bien des égards, il en pointe toutefois quelques dangers, notamment en matière de solidarité.

Selon **Tocqueville**, la démocratie se caractérise par une situation d'égalité entre les citoyens : il y a une égalité en considération (chacun doit être respecté de la même façon, il n'y a pas de castes) et une égalité en droit (fin des privilèges de l'aristocratie). En raison de cette importance de l'égalité, une mobilité sociale peut se mettre en place : la société d'ordres s'est dissipée, et chacun peut exercer la profession qu'il souhaite. La solidarité qui avait cours sous l'Ancien Régime – le paysan est dépendant de l'aristocrate pour être protégé, l'aristocrate est dépendant du paysan pour se nourrir *etc.* disparaît donc. En conséquence, il y a moins d'interdépendances. Comme **Tocqueville** l'écrit, « *l'aristocratie avait fait de tous les citoyens une longue chaîne qui remontait du paysan au roi ; la démocratie brise la chaîne et met chaque anneau à part* ». Dès lors, il existe un risque pour la solidarité du pays. Forts de cette autonomie nouvelle, les individus peuvent en effet s'isoler progressivement les uns des autres. Dans l'observation qu'il fait des États-Unis, **Tocqueville** dénonce ainsi l'essor de « *petites sociétés* » : de modestes groupements d'individus, qui sont solidaires entre eux – et seulement entre eux. Tocqueville écrit ainsi qu'en démocratie, les citoyens risquent de céder à « *un sentiment réfléchi et paisible qui dispose chaque citoyen à s'isoler de la masse de ses semblables et à se retirer à l'écart avec sa famille et ses amis ; de telle sorte que, après s'être ainsi créé une petite société à son usage, il abandonne volontiers la grande société à elle-même* ». Dans l'Ancien Régime, l'individu était contraint d'être solidaire de la « *grande société* », en démocratie il gagne une autonomie nouvelle qui lui permet de s'y soustraire. L'enjeu, pour l'État démocratique, est alors de mettre en place des garde-fous pour limiter cette menace à la solidarité nationale.

Ainsi, il est possible d'imaginer un État qui permette une certaine solidarité, sans pour autant faire disparaître les libertés individuelles. Mais quelle pondération l'État doit-il déterminer entre protection des libertés et promotion des solidarités ? Sur ce point, les grandes idéologies politiques, du libéralisme au socialisme, ont des conceptions différentes.

3.3 Fraternité ou solidarisme ?

L'État est ainsi amené à jouer un rôle important dans la structuration des solidarités, l'enjeu est ensuite de déterminer quel degré de solidarité doit être mis en œuvre. Dans quelle mesure l'État doit-il rendre ses citoyens responsables les uns des autres ?

Selon **François Guizot**, qui fut l'idéologue de la monarchie de Juillet (1830-1848), l'État doit jouer un rôle minimal dans la structuration des solidarités. Inspiré par les doctrines du libéralisme, Guizot estimait en effet que chaque individu devait être responsable de lui-même, mais pas d'autrui car cela limiterait sa liberté. **Guizot** considère que l'action de l'État doit être réduite à quelques fonctions régaliennes (en l'espèce, la police et la justice). En revanche, il n'est par exemple pas question de taxer les citoyens dotés d'un emploi pour soutenir ceux qui n'en ont pas. Selon lui, le but de la monarchie de Juillet est d'assurer aux citoyens deux choses : la paix et la sécurité. Cette base assurée, la société avait atteint un degré suffisant de cohésion. Tout au plus l'État pouvait-il promouvoir une certaine fraternité entre les citoyens, un terme qu'il faut distinguer de la solidarité. La fraternité désigne en effet un sentiment (considérer une autre personne comme étant son propre frère). Il s'agit donc d'une notion moins contraignante que la solidarité, qui implique une véritable communauté de destin, une codépendance qui dépasse un simple sentiment d'affection. Comme le note l'historien du droit **Michel Borgetto** (*La notion de fraternité en droit public français*, 1993), l'usage fréquent du terme de fraternité à cette époque ne s'est pas traduit par la mise en place de politiques concrètes pour créer de la solidarité. Sous la monarchie de Juillet, l'action de l'État était cantonnée à un rôle très régalien, et n'investissait pas le champ social. Dans son acception libérale, le terme de fraternité est ainsi moins engageant que celui de solidarité. **Borgetto** conteste toutefois cette conception-là du terme de fraternité : selon lui, réduire la fraternité à un simple sentiment serait la vider de sa substance. Pour être effective, la fraternité doit passer par la mise en œuvre de politiques de solidarité (retraites, assurance chômage…).

D'autres penseurs ont, au contraire, souhaité que l'État joue un rôle plus important en matière de solidarité. **Léon Bourgeois**, père de l'idéologie dite du « *solidarisme* », jugeait le rôle de l'État peu satisfaisant dans les idéologies majeures du XIXe siècle. L'État tel qu'il est pensé par les libéraux lui paraissait vertueux du point de vue du respect des libertés individuelles (notamment en matière de droit à la propriété privée), mais délétère en matière de solidarités. *A contrario*, le rôle de l'État dans les modèles socialistes collectivistes lui paraissait bénéfique en matière de solidarités, mais néfaste en ce qui concerne les libertés individuelles. Élu influent de la Troisième République, il a cherché, avec d'autres membres du Parti radical, à créer un « *socialisme libéral* ».

Il en jette les bases dans son ouvrage *La Solidarité* (1896). Le point de départ de la réflexion de **Bourgeois** est l'interdépendance absolue de tous les individus ; il écrit ainsi qu'« *un homme ne peut se soustraire matériellement ou moralement à l'association humaine* ». L'existence de chacun dépend en effet des autres. Que ce soit d'un point de vue matériel (son corps, ses biens…) ou bien culturel (son langage, ses arts…), chaque individu doit tout au reste de l'humanité. Selon **Bourgeois**, l'individu contracte donc dès sa naissance une « *dette sociale* » envers le reste de la société. Il a par conséquent un « *devoir social* » envers les autres êtres humains, dont il doit être solidaire. En contrepartie, chaque être humain peut exiger de la société un certain nombre de droits : droit à l'éducation, droit à une retraite… Dans ce contexte, le rôle de l'État est de rendre possible cette forte solidarité tout en garantissant des libertés. **Bourgeois** a ainsi fait campagne pour diverses politiques : impôt sur le revenu, repos hebdomadaire, organisation des retraites… Bien que le solidarisme soit un courant de pensée tombé en désuétude, cette idéologie conserve une certaine actualité. On en retrouve la trace dans les courants dits sociaux-démocrates, qui cherchent à ménager un compromis entre respect des libertés individuelles et promotion d'une véritable solidarité.

Ainsi, d'un penseur à l'autre, le rôle que doit jouer l'État dans la structuration des solidarités humaines varie. L'arbitrage majeur se joue entre la nécessité de respecter les libertés individuelles d'une part, et le besoin de créer une société fédérée d'autre part.

3.4 Les totalitarismes et l'illusion de solidarité

Pourrait-on aller plus loin dans la solidarité, et envisager une société absolument solidaire grâce à l'intervention de l'État ? Selon **Hannah Arendt**, les États totalitaires ont donné l'illusion de constituer une solidarité absolue. Par « *État totalitaire* », elle entend un nouveau type d'organisation politique, un phénomène propre au XXe siècle : seules l'Allemagne nazie et l'URSS, et dans une moindre mesure l'Italie mussolinienne, peuvent être qualifiées de régimes totalitaires. Dans *Les origines du totalitarisme* (1951), **Arendt** explique que les régimes totalitaires ont pu apparaître parce que les sociétés étaient désagrégées. À cause de la disparition des solidarités traditionnelles, du traumatisme de la Première Guerre mondiale et de fortes inégalités, les liens sociaux se sont en effet dissolus. Dans ce contexte, les systèmes politiques, hérités du XIXe siècle, ne sont plus parvenus à fédérer leurs citoyens. De plus en plus d'individus se trouvent alors exclus du fonctionnement de la sphère politique, et dans cet état de crise, c'est la possibilité même d'un « *monde commun* » qui disparaît. Selon **Arendt**, ces individus marginalisés commencent alors à ressentir un sentiment de « *désolation* », ce qui est beaucoup plus grave qu'un simple sentiment de solitude. La solitude a en effet un versant positif : elle permet de se retrouver, de se ressourcer. La désolation, en revanche, décrit un état de désespoir et d'isolement absolu : l'individu s'est désolidarisé de lui-même. Cette situation aboutit à la création de ce que Arendt appelle les « *masses* » : un groupement d'individus esseulés, pleins de ressentiment et qui ont perdu leur faculté de réflexion. Les mouvements totalitaires capitalisent sur ces masses pour gagner le pouvoir. En effet, les individus cèdent à « *une solidarité négative : déçus et désespérés ils se tournent vers le nouveau parti.* » La « *solidarité négative* » décrite par Arendt est une solidarité inversée : une union autour de valeurs non-solidaires, qui s'attache à détruire tout ce qui crée du commun (art, religion, partis politiques, communautés…).

Une fois le régime totalitaire installé, il donne une illusion d'unité car toute individualité, toute particularité, a été effacée. **Arendt** écrit ainsi que « *dans un régime totalitaire parfait, les hommes sont devenus Un Homme* ». La masse s'identifie entièrement au chef du régime totalitaire, elle pense et agit d'un seul bloc. Cette situation crée une profonde illusion de solidarité mais derrière cette uniformité, il n'y a en réalité aucune cohésion véritable. Les individus continuent à ressentir ce sentiment de désolation, que le régime totalitaire entretient. De surcroît, le principe même d'humanité est remis en question car les régimes totalitaires se caractérisent par une violence et des meurtres de masse. Contrairement aux dictatures, qui utilisent la violence pour soumettre les opposants, le régime totalitaire fait un usage arbitraire de la violence pour terroriser. Cette violence pour la violence est tolérée, car le lien social a tellement été dissolu que plus personne ne sent solidaire du sort d'autrui. Ainsi, l'unité et l'uniformité donnent une illusion de solidarité, mais en réalité l'État totalitaire est un État qui a opéré une destruction absolue des solidarités.

Cette disparition profonde des solidarités, causée par un État totalitaire, se retrouve dans l'œuvre dystopique de **George Orwell**. Dans *1984* (publié en 1948), **Orwell** imagine la vie de Winston Smith, le citoyen d'une Angleterre tombée sous le joug d'un régime totalitaire. Sous la houlette d'un chef d'État qui paraît omniscient et omnipotent – *Big Brother* – les citoyens y vivent privés de liberté. Vivant en permanence en groupe, ils doivent, conformément à la logique totalitaire, former une masse : « *En principe, un membre du Parti n'avait pas de temps libre et n'était jamais seul, sauf au lit. Il était entendu que lorsqu'il ne travaillait pas, ne mangeait pas, ne dormait pas, il participait à telle ou telle distraction collective. Toute activité qui suggérait un goût de la solitude, fût-ce une simple promenade, présentait toujours quelque danger. Il existait en novlangue un mot pour exprimer cela : seulisme, qui signifiait individualisme et excentricité.* » L'État force ses citoyens à vivre en groupe, non pas pour créer une solidarité, mais pour mieux asseoir son contrôle. En effet, les citoyens sont incités à se surveiller entre eux et à commettre des délations – ils ne sont donc pas solidaires les uns des autres.

Dans le roman, Winston Smith essaie de construire de véritables solidarités. D'une part, en entamant une relation amoureuse à l'insu du Parti. D'autres part, en rejoignant un groupe de résistance nommé « *Fraternité* », qui aspire à renverser le régime totalitaire. Le héros est finalement découvert, et le régime le torture physiquement et psychologiquement jusqu'à ce qu'il renie à la fois son amante et son engagement politique. À travers cette dystopie, **Orwell** montre ainsi ce paradoxe des régimes totalitaires : sous couvert d'une unité parfaite, il s'agit en réalité de régimes qui rendent toute solidarité humaine impossible.

Ainsi, si l'État cherche à unifier les citoyens sans respecter leurs libertés individuelles, il opère une destruction des solidarités : la liberté est l'une des conditions de la solidarité.

3.5 Des États solidaires les uns des autres

Nous avons vu que les États avaient un rôle à jouer dans la structuration des solidarités. Mais qu'en est-il du rapport des États entre eux ?

Dans *Le projet de paix perpétuelle* (1795), **Emmanuel Kant** souligne qu'il existe une menace permanente de guerre entre les États. Ainsi, si les États ont un rôle bénéfique dans la structuration des solidarités nationales, ils sont en revanche délétères pour la construction de solidarités supranationales. Pour résoudre ce problème, **Kant** décide d'établir une liste de règles qui contraindrait les États à respecter la paix. Son approche est ainsi juridique : il propose une série d'articles qui permettraient de réguler les rapports interétatiques. Parmi les articles majeurs, on peut citer ceux qui défendent la souveraineté des États (section I, art.2 et 5). **Kant** ne cherche ainsi pas à détruire la notion d'État, il en accepte complètement le principe et avance l'idée que chaque État doit être respecté dans sa forme d'origine. En revanche, il estime nécessaire de désarmer les États pour les empêcher de s'engager dans une surenchère aux armements, qui selon lui mène fatalement à la guerre (section I, art. 3).

Kant qualifie cette série d'articles de « *droit cosmopolitique* » dont le but est de permettre une « *fédération des peuples* ». Son objectif est ainsi de créer une vaste solidarité interétatique, commune à toute l'humanité. On retrouve ici cet idéal de solidarité universelle, toujours sous-jacente dans la notion de cosmopolitisme. Ainsi, si les États se plient à ce droit cosmopolitique, une conciliation paraît possible entre promotion de solidarités nationales et promotion d'une solidarité interétatique.

Outre le droit international, la tentation guerrière des États peut être réfrénée par le commerce. C'est la thèse que développe **Montesquieu** dans *De l'Esprit des lois* (1748) avec le concept de « *doux commerce* ». Selon lui, il est souhaitable que le commerce interétatique se développe : plus il sera développé, moins le risque d'une guerre sera fort. D'une part parce que le commerce est naturellement « *doux* » – c'est-à-dire pacifique, non-violent. **Montesquieu** l'oppose ainsi à l'autre mode d'acquisition des biens, le « *brigandage* » qui lui se caractérise par la violence. Ainsi, plus les États commercent entre eux, plus ils sont habitués à entretenir des relations pacifiques. Mais le bénéfice du commerce est plus grand encore : parce qu'il crée une relation d'interdépendance, il contraint progressivement les États à la solidarité. Ainsi, il note que « *l'effet naturel du commerce est de porter à la paix. Deux nations qui négocient ensemble se rendent réciproquement dépendantes : si l'une a intérêt d'acheter, l'autre a intérêt de vendre ; et toutes les unions sont fondées sur des besoins mutuels.* »

Montesquieu apporte toutefois des nuances à cette conception positive du commerce : s'il est souhaitable entre les États, il doit être tempéré entre les individus. En effet, « *l'esprit du commerce* », s'il régit entièrement les relations interhumaines, est dangereux. Il donne un prix à toute chose, alors que certaines actions doivent être guidées par un autre motif que le profit. En vertu d'un principe d'humanité, les individus doivent être capables d'aider leurs semblables sans chercher à en tirer un avantage matériel. Ainsi, « *l'esprit du commerce* » s'avère corrupteur pour les solidarités humaines. **Montesquieu** conclut ainsi que « *si l'esprit de commerce unit les nations, il n'unit pas de même les particuliers* ». Les solidarités interhumaines et les solidarités interétatiques n'obéissent pas aux mêmes lois.

Ainsi, les États ont un rôle ambivalent : ils permettent, à l'échelle nationale, de consolider et d'organiser les solidarités. À l'échelle internationale, ils peuvent toutefois représenter une menace pour la solidarité universelle. Dès lors, il s'agit de mettre en place un cadre, *via* le droit et l'économie, qui les incite à entretenir des relations solidaires et non belliqueuses.

Pour conclure, les solidarités peuvent se voir à travers trois prismes : comme un état de fait qui engage l'ensemble des êtres vivants, comme un devoir moral qui oblige les êtres humains, et comme une construction politique qui implique l'État. Par-delà cette première approche philosophique et politiste, il importe désormais d'explorer les solidarités sous la lumière de l'Histoire.

CHAPITRE 10

Histoire des solidarités

SOMMAIRE

1 Des solidarités mécaniques...

1.1 Les solidarités, vectrices d'intégration de l'Homme en communauté

L'Homme s'organise en communauté dans le but de survivre et de subvenir à ses besoins tant vitaux que sociaux. Ainsi, la communauté renvoie à un groupe dont les membres vivent ensemble et sont liés par des intérêts communs qui induisent une coopération et une cohésion. La notion de communauté est, par conséquent, intrinsèquement liée à celle de solidarité : pour qu'il y ait société, il est indispensable que ses membres fassent corps. Les solidarités se révèlent alors comme la pièce maîtresse de l'édification des premières sociétés humaines.

À ce propos, **Lewis Henry Morgan** développe une théorie évolutionniste des sociétés humaines. Dans son ouvrage *Ancient Society* publié en 1877, il analyse les différents stades de développement de ces dernières, qu'il associe parallèlement aux formes de solidarité existantes dans les communautés qu'il étudie. L'anthropologue décrit ainsi une progression de l'humanité à travers trois paliers : le modèle des chasseurs-cueilleurs qu'il qualifie de « *Sauvagerie* », la « *Barbarie* », qu'il attribue aux sociétés agricoles et pastorales et enfin les sociétés plus organisées et avancées, affectées au terme de « *Civilisation* ». Il expose plus précisément les caractéristiques et le fonctionnement des sociétés tribales. Pour **Morgan**, elles s'incarnent dans une communauté de subsistance : les individus dépendent les uns des autres pour la survie collective du groupe par le partage des ressources et la protection mutuelle. La notion d'entraide constituait le cœur de ces sociétés primitives non seulement par l'impératif de survie, mais aussi par le fait que les solidarités étaient structurées autour des liens du sang : les individus se trouvaient unis au regard de la parenté et de la similarité. De ce fait, **Morgan** identifie « *la gens* » (ou clan) comme l'unité primaire de l'organisation et de la cohésion chez les tribus. Chaque « *gens* » était composé d'individus qui se considéraient réciproquement en raison de leur ascendance commune, généralement matrilinéaire. Ces liens ancestraux impliquaient tacitement des responsabilités collectives d'entraide et d'assistance mutuelle. Par exemple, cette dimension se matérialisait notamment dans la manière dont les clans se réunissaient pour accomplir des pratiques communes, partageaient des ressources et prenaient des décisions collectives guidées par des normes, valeurs et croyances transmises par la descendance. Ces liens de proximité et de similarité entre les individus permettaient non seulement leur permanence en tant que groupe mais aussi l'implantation progressive de valeurs et pratiques porteuses de cohésion et de stabilité. L'auteur analyse par la suite l'évolution des formes de solidarité dans les sociétés agricoles et pastorales puis dans les sociétés étatistes et modernisées. Ainsi, la solidarité se révèle indispensable à la construction puis à la pérennité des communautés humaines, reflétant dans le même temps, leur modèle d'organisation.

Émile Durkheim, pionnier de la sociologie française, a par ailleurs théorisé les formes de solidarité dans les sociétés. Son ouvrage *De la division du travail* (1893) introduit plus particulièrement le concept de « *solidarité mécanique* » pour caractériser la façon dont les mécanismes d'entraide se matérialisent au sein des sociétés primitives et traditionnelles. En s'interrogeant sur la solidarité comme un lien qui rattache les individus les uns aux autres, leur permettant de faire corps en société, il affirme que cette dernière, loin d'être figée, évolue au cours du temps. En effet, **Durkheim** soutient que les formes de solidarités découlent du degré de division du travail, qu'il définit comme la répartition des tâches socio-professionnelles entre les individus au sein de la communauté. Il observe que dans les sociétés anciennes et traditionnelles, la division du travail est faible : chaque individu réalise un éventail de tâches non spécialisées. L'auteur parle alors de solidarité « *mécanique* » pour décrire les liens entre les individus des sociétés dont les membres sont similaires et interchangeables dans la réalisation de leurs activités : ils se substituent facilement les uns aux autres. Par cette similarité, les individus se confondent dans des croyances, valeurs et des normes unanimes. Cette forme de solidarité dite « *mécanique* » repose donc sur la ressemblance et la conformité des membres du groupe et conduit au développement d'une forte conscience collective qui régit les comportements individuels. Cette solidarité mécanique perdure, toujours selon **Durkheim**, jusqu'au processus d'industrialisation des sociétés, qui engendre une division du travail accrue, spécialisant les individus dans une activité donnée, et les rendant d'une part interdépendants mais dans le même temps, de plus en plus autonomes vis-à-vis de valeurs et croyances et usages. Dans ces sociétés modernes, les formes de solidarité se décèlent dans la complémentarité des individus et s'apparentent à ce que le sociologue qualifie de solidarité « *organique* ».

Ainsi, la solidarité mécanique a été un pilier des sociétés pendant une vaste période et a, en partie, façonné notre histoire. Si, dans les premières sociétés, elles reposent sur la similitude, elles sont intimement liées à la recherche de cohésion et de paix sociale, omniprésente dans les pratiques des communautés ancestrales.

1.2 Les solidarités dans l'échange : garantes d'ordre et de paix sociale

Les sociétés primitives ont plus particulièrement tissé des liens et réseaux de solidarité afin d'assurer la paix par les échanges culturels et économiques. C'est précisément le sujet qu'explore **Bronislaw Malinowski** dans son étude *Les Argonautes du Pacifique occidental* (1922). Dans cet ouvrage, l'anthropologue décortique le système d'échange solidaire des îles Trobriand, un archipel situé au large de la côte est de la Nouvelle-Guinée, dans l'actuelle Papouasie-Nouvelle-Guinée. Il offre une exploration complexe du système de la « *Kula* », en mettant en lumière le fonctionnement de cette pratique rituelle qui s'apparentait à une forme d'institution sociale primitive, transcendant les simples échanges matériels pour renforcer les solidarités communautaires, leur interdépendance économique et leurs normes culturelles. **Malinowski** décrit la « *Kula* » comme un parcours de transaction hautement structuré entre les différentes îles, guidé par des règles de régulation précises des échanges : quoi, quand et comment. Les objets échangés comme des bijoux, à savoir les « *Mwali* » et « *Soulava* », suivaient des routes spécifiques autour de l'archipel, et chaque participant devait respecter les coutumes établies de réciprocité. Au-delà des objets échangés, les Trobriandais impliqués dans la « *Kula* » étaient liés par des obligations rituelles et économiques mutuelles, dans l'ambition d'ancrer une solidarité durable entre les individus et plus largement entre les communautés. Recevoir un « *Mwali* » impliquait l'engagement de rendre un « *Soulava* » dans un délai précis à un partenaire spécifique : tout était question de réciprocité et de confiance partagée. La « *Kula* » incorporait également des cérémonies religieuses servant à légitimer les normes culturelles, dans le but de maintenir l'ordre social et de signifier la pérennité des usages ancestraux. De plus, cette matérialisation des solidarités par la « *Kula* » revêtait une dimension de recherche d'équilibre économique entre les différentes communautés de l'archipel : elle contribuait à la circulation et à la répartition des ressources, autant qu'à l'intégration des groupes dans les réseaux d'échanges d'autres types de biens, comme des denrées. Enfin, **Malinowski** met l'accent sur le fait que cette pratique jouait un rôle essentiel dans la médiation et dans l'apaisement des tensions intercommunautaires. Cet ouvrage permet ainsi d'entrevoir la manière dont les solidarités se sont peu à peu ritualisées pour devenir le noyau du maintien de la paix et de la stabilité sociale.

En s'inspirant des travaux de **Malinowski**, **Marcel Mauss** poursuit cette analyse des mécanismes solidaires et de leur rôle dans les sociétés primitives avec son *Essai sur le don : Forme et raison de l'échange dans les sociétés archaïques* (1925). À travers cette étude, l'auteur met l'accent sur les dynamiques de solidarités sociales et économiques des sociétés traditionnelles polynésiennes, maliennes et amérindiennes dans leurs pratiques du don et du contre-don. Il avance ainsi l'idée selon laquelle le don n'est pas simplement un acte économique, mais plutôt une réalisation sociale et complexe qui implique des attentes de réciprocité. Dans les sociétés primitives qu'il étudie, le don était régi par une triple obligation : donner, recevoir et rendre. Il s'accompagnait d'un contre-don attendu, ce qui façonnait un lien mutuel et solidaire, de sorte à consolider l'intégration communautaire. En effet, dans les sociétés polynésiennes et maliennes, les échanges de biens ou de services tels que décrits par **Mauss** étaient pratiqués dans l'ambition d'établir des alliances entre clans ou groupes sociaux, en créant des impératifs partagés qui transcendaient les relations individuelles ou familiales. Les échanges de dons ne se limitaient pas qu'aux biens matériels, mais impliquaient également des prestations symboliques autour de valeurs aussi bien culturelles que spirituelles, comme l'abondance et la générosité. **Mauss** observe que ces pratiques ont forgé les prémices d'une justice redistributive dans laquelle les biens étaient répartis au sein de la communauté en fonction des besoins et mérites préalablement déterminés. L'auteur élabore simultanément une description de la « *Potlatch* », une cérémonie s'articulant autour du don chez les Amérindiens de la côte nord-ouest du Pacifique. La « *Potlatch* » est structurée autour d'échanges ostentatoires de biens à la fois matériels et symboliques entre groupes rivaux ou alliés. Mauss la décrit comme un rituel dual : d'une part, il symbolisait un mécanisme solidaire et durable autour de la paix en célébrant les alliances ; d'autre part, il pouvait mener au conflit, voire à la violence en raison de la compétition prestigieuse et des revendications qui pouvaient en découler. Toutefois, la « *Potlatch* » permettait, par la solidarité dans sa dimension allégorique, de réguler les relations sociales, de réaffirmer les alliances et de négocier les revendications communautaires.

Ainsi, les solidarités s'incarnent de diverses manières dans les premières sociétés et portent une forte dimension culturelle et symbolique. Cela leur confère un rôle de premier plan dans l'élaboration d'une culture commune qui se dévoile particulièrement sous les traits de l'art.

1.3 Les solidarités dans l'art

L'art s'impose à la fois comme miroir des liens communautaires mais également comme une manière de les fortifier, de les rappeler et d'assurer leur perméabilité dans le temps.

Dans *La pensée sauvage* (1962), **Claude Lévi-Strauss** parcourt, entre autres, les fonctions de l'art et des mythes dans les sociétés aborigènes d'Australie ainsi que dans les communautés primitives d'Afrique de l'Ouest. Pour **Lévi-Strauss**, l'art remplit des fonctions sociales : de la cohésion du groupe à la transmission des valeurs, des connaissances et des compétences aux membres. Son étude sur l'art totémique des aborigènes d'Australie le pousse à constater que cette expression artistique est vouée à renforcer la solidarité communautaire. En effet, les totems évoquent des ancêtres mystifiés, des esprits associés à des groupes familiaux ou à des tribus spécifiques. Cet art ainsi que les pratiques qui succèdent à sa création se révèlent être, au-delà de la dimension esthétique, une réaffirmation des liens de parenté, qui, rappelons-le, sont les murs porteurs des formes de solidarité des premières sociétés. L'auteur aborde ensuite l'art du masque cérémoniel dans les communautés d'Afrique de l'Ouest. Derrière ces masques se dessine l'incarnation des esprits ancestraux par les membres du groupe autour de la musique, de la danse et du chant. Lévi-Strauss souligne alors que l'art primitif rappelle et fait perdurer l'unité culturelle dans la diversité de ses formes souvent par la sacralisation des ancêtres et par extension, de la communauté.

Enfin, il s'agit également de mettre en évidence le fait que l'art sert la transmission de connaissances propres aux groupes et à leur durabilité, avec par exemple les peintures rupestres qui étaient souvent composées de scènes de chasse, de cycles de migration du bétail ou encore de représentations sacralisées de la communauté. Dans cette expression artistique ancestrale, il convient de déceler une forme de solidarité intergénérationnelle qui tendait à assurer la pérennité tant vitale que culturelle des groupes.

Dans cette perspective, **Franz Boas** nourrit une réflexion similaire autour des significations de l'art des sociétés ancestrales. Son œuvre *Primitive Art* (1927) retrace par ailleurs les formes d'art des peuples autochtones d'Amérique du nord, cette fois-ci au cours du XIXe siècle, mais rappelons que les sociétés étudiées étaient encore organisées de manière traditionnelle autour d'une solidarité mécanique. Boas met en lumière le fait que l'art autochtone s'incarnait comme une expression tangible des valeurs et liens communautaires, reflétant non seulement l'identité culturelle des groupes mais aussi leurs modes d'organisation fondés sur l'entraide. Par l'analyse des sculptures, en passant par les arts textiles comme les tissages, jusqu'aux artéfacts d'ustensiles ornés, l'auteur souligne la permanence d'une cohésion symbolisée. Chaque thème, chaque motif tels que les cercles ou les entrelacements étaient chargés d'une dimension unitaire dans la signification des interconnexions entre les individus. Plus largement, les œuvres artistiques des peuples autochtones représentaient parallèlement la nature, la faune et la flore qui les entouraient, évoquant la symbiose entre la communauté et leur environnement.

À titre d'exemple d'art dans les communautés traditionnelles, les fresques de **Michel-Ange**, **Raphaël** ou bien **Botticelli** ont été vectrices d'une solidarité morale dans la société de la Renaissance. Ces œuvres, par la matérialisation de scènes mythologiques, religieuses et historiques permettaient de rappeler l'unité des groupes sous les traits d'un passé et d'un avenir commun. Par conséquent, si l'art des sociétés traditionnelles est un procédé qui entretient les liens solidaires entre les individus, il sert en outre le développement d'une véritable identité culturelle et collective.

1.4 Les solidarités, facteur d'identité culturelle et religieuse

Les solidarités participent donc non seulement de la formation des premières sociétés mais sont aussi exploitées par ces dernières de différentes manières et pour diverses finalités. Elles sont ainsi intégrées dans leurs usages tant concrets qu'intangibles et participent à façonner leur identité culturelle et collective, au rythme de la systematization des religions.

Dans *Greek Religion* (1985), **Walter Burkert** met en avant le poids des solidarités dans les croyances religieuses polythéistes de la Grèce antique et, par conséquent, dans le développement d'une identité culturelle. En effet, **Burkert** souligne que les croyances et coutumes religieuses justifient les normes sociales et morales, en tissant un narratif sur l'origine et le destin commun de la société grecque, liant ainsi les individus les uns aux autres, particulièrement autour de la similarité des Hommes, les poussant ainsi à l'entraide. L'auteur évoque de nombreux rituels qui façonnaient, par leur dimension solidaire, l'identité collective de la Grèce antique. **Burkert** mentionne notamment le rite de la « *Thesmophorie* » qui était une fête célébrée par les femmes en l'honneur de Déméter, la déesse de l'agriculture et de la fertilité, et de sa fille Perséphone. Cet évènement avait lieu pendant trois jours à l'automne et était rythmé par des pratiques de purification, des sacrifices, des offrandes, et des chants auxquels seules les femmes mariées de la cité participaient. Cela renforçait la conscience de l'identité culturelle et collective des épouses grecques, en les associant ici à des déesses.

Au-delà de ce rituel, les offrandes faites aux dieux de manière générale, souvent sous forme de sacrifices d'animaux, étaient conceptualisées comme une célébration de la relation privilégiée entre la société et les dieux. Par ailleurs, les sacrifices étaient généralement suivis de banquets où la viande était partagée entre tous les participants, sans tenir compte de leur statut social. La religion grecque projetait ainsi l'idée d'une communauté unie sous la protection des dieux et assurait par les pratiques, que les ressources étaient réparties de manière à maintenir la cohésion du groupe. L'entraide et la solidarité s'inscrivent alors au cœur de la religion grecque et induisent une forte conscience de l'identité collective.

Au-delà de lier les individus autour de divinités, la religion structure également les mécanismes solidaires concrets qu'ils soient économiques, sociaux ou politiques, en particulier dans les sociétés médiévales. **Marc Bloch** dans *La société féodale* (1939), propose une vaste étude historique des sociétés européennes entre les IXe et XIIIe siècles. L'historien insiste sur la manière dont les formes de solidarité persistent et évoluent dans la transition vers les sociétés « féodales », qui reposent sur des relations de dépendance et de soutien mutuel structurées ici par le christianisme et l'Église. En effet, **Bloch** évoque la religion chrétienne comme une institution cristallisant l'identité collective par la solidarité d'abord économique. Il souligne que les sociétés féodales reposaient en grande partie sur les relations entre seigneurs et vassaux ou même paysans, fondées sur des engagements mutuels de protection et d'allégeance. Ces rapports étaient formalisés et garantis par des rituels tels que l'hommage suivi de l'investiture qui signifiait : *« être l'homme d'un autre homme »*. Le lien établi par cette cérémonie était perpétuel et entraînait, pour les deux partenaires l'obligation de se comporter loyalement l'un envers l'autre ; pour le vassal le devoir de servir et d'aider, et pour le seigneur, le devoir de protéger et d'allouer des terres. Ces liens féodaux étaient structurés par l'Église qui, à travers les monastères, jouait un rôle économique de gestion des terres, de redistribution des ressources en temps de crise et s'imposait aussi comme une institution sociale et solidaire. En effet, le christianisme médiéval plaçait la vertu de charité au cœur de ses valeurs et se faisait un point d'honneur à la mettre en œuvre de manière tangible. Ainsi, l'Église imprégnait la société de charité par les hospices et les léproseries qui étaient des institutions de soin ou même par la pratique de l'aumône. De plus, les cérémonies telles que les sacrements évoqués par **Bloch** rappelaient l'unité communautaire sous l'œil de Dieu, condamnant les péchés au profit de l'entraide et de la bonté, forgeant une identité collective autour de ces croyances. Enfin, l'ouvrage met l'accent sur l'imbrication des cercles politiques et religieux à cette époque, qui fonctionnaient également sur des bases de coopération. L'Église légitimait le pouvoir des seigneurs jusqu'aux rois et en contrepartie, les dirigeants protégeaient et soutenaient le clergé. Enfin, par la « *Paix de Dieu* » puis la « *Trêve de Dieu* », la religion régulait les conflits et violences qui surgissaient dans les sociétés médiévales en garantissant la sécurité des lieux de culte, des clercs, des pèlerins, des paysans et de leurs outils de travail. Ainsi, la religion structure les sociétés anciennes et traditionnelles et projette les solidarités dans des réalisations concrètes, pérennisant une identité culturelle et collective.

1.5 Les solidarités dans l'adversité

Toutefois, l'identité d'une communauté, par sa spécificité, se différencie des autres.

Et lorsque plusieurs identités culturelles ou religieuses coexistent, la volonté de domination de l'une sur l'autre apparaît comme une affaire inévitable. Cela mène donc à des conflits ou encore à la répression et stigmatisation de certaines communautés. Les solidarités, ici encore, sont essentielles à la résilience des groupes dans l'adversité.

C'est précisément le thème étudié par l'universitaire **Emmanuel Le Roy Ladurie** dans son ouvrage de la micro-histoire de *Montaillou, village occitan de 1294 à 1324* (1975). Afin de contextualiser son œuvre et d'en saisir les idées, il convient de rappeler qu'au début du XIVe siècle, l'Inquisition opérait dans la région des Pyrénées et cherchait à éradiquer l'hérésie cathare et les autres formes de non-conformité religieuse. Le village de Montaillou a donc fait l'objet d'une enquête inquisitoriale menée par Jacques Fournier, futur pape Benoît XII, permettant ainsi à **Ladurie** d'explorer la matérialisation des solidarités communautaires de ce village dans l'adversité religieuse et la répression. Ainsi, le chercheur souligne l'importance du collectif dans la résistance à l'inquisition et la protection mutuelle des membres. En effet, il mentionne les différentes stratégies solidaires des habitants, s'incarnant dans la protection des individus soupçonnés ou accusés d'hérésie, comme la famille Benet qui cachait leur voisin Pierre Maury, un berger accusé de non conformité religieuse, dans leur grange des semaines durant. La solidarité des habitants du village se décelait également dans des mécanismes de défense collective, en intercédant, par exemple, en faveur des accusés auprès des autorités ecclésiastiques ou en négociant officieusement avec ces dernières. L'une des matérialisations des solidarités développée par **Ladurie** est celle des interrogatoires, durant lesquels la communauté soutenait les accusés d'hérésie par des témoignages visant à minimiser leur implication voire à affirmer leur orthodoxie. Enfin, le maintien des traditions religieuses et culturelles de la communauté dans son expression la plus solidaire a ancré un peu plus la dimension d'identité collective du village a permis sa résilience.

Cette question des solidarités dans l'adversité a également été au cœur de la résistance des groupes discriminés, notamment les communautés ethniques ayant subies l'esclavage. **Eugène D. Genovese** décrit la vie des esclaves afro-américains dans le sud des États-Unis dans son livre *Roll, Jordan, Roll : The World the Slaves Made* (1974). L'auteur retrace dans un premier temps, la culture commune qui unissait esclaves autour de leur réinterprétation du christianisme par l'appropriation des écrits comme celui de « *L'Éxode* », en le faisant résonner avec leurs souffrances mêlées à l'espoir et la quête de liberté, mais aussi par les « *Brush arbors* », des réunions religieuses nocturnes rythmées par des chants. **Genovese** s'engage également dans une analyse des solidarités communautaires, d'abord sociales, dans son portrait des structures familiales étendues à cause des ventes et des séparations faisant des enfants une responsabilité commune au groupe, mais aussi économique, dans sa description des jardins partagés et des pratiques systématiques de troc. Enfin, l'auteur évoque les solidarités non seulement dans la résilience avec les soins donnés aux individus réprimés mais surtout dans la résistance. Il souligne en effet que les esclaves utilisaient des chants codés pour organiser les évasions ou avertir d'un potentiel danger, comme l'arrivée des maîtres. **Genovese** cite notamment le chant « *Follow the drinking gourd* » qui servait à donner des indications pour rejoindre le nord du pays, et par conséquent, arracher sa liberté. Les révoltes collectives, bien que rares et violemment réprimées, comme la rébellion de Nat Turner en 1831, qui, malgré son échec, était l'expression d'une solidarité poussée à son paroxysme. Enfin, l'ouvrage mentionne les réseaux de l'« *Underground Railroad* » qui offraient aux esclaves en fuite des points de chute chez d'autres anciens esclaves ou abolitionnistes, telle que la célèbre Harriet Tubman, une cheffe de file de ce réseau.

À titre d'exemple, le film *12 years a slave* (2014) de **Steve McQueen** dépeint la force des solidarités au sein de ces communautés opprimées à travers les mémoires de Solomon Northup, un homme noir libre kidnappé puis vendu en esclavage.

Enfin, en temps de guerre, les solidarités se révèlent déterminantes pour emporter la victoire. **Thucydide** dans *La guerre du Péloponnèse (fin du* V*e siècle av. J.-C.),* analyse les causes, le déroulement et les conséquences de la guerre entre Athènes et Sparte qui s'est déroulée entre l'an 431 et 404 av. J.-C. Au-delà des causes immédiates du conflit, l'ouvrage retrace l'évolution des solidarités à plusieurs échelles et leur rôle dans le déroulement des affrontements. Premièrement, **Thucydide** évoque le poids de la solidarité entre les cités organisées en ligues dans la guerre ; à savoir la ligue de Délos, menée par Athènes et la ligue du Péloponnèse, conduite par Sparte. Ces alliances étaient le nœud d'une défense réciproque, d'une coordination des campagnes militaires, d'un partage des ressources matérielles, humaines et logistiques. De plus, l'auteur insiste sur le rôle des solidarités à une autre échelle : celle des individus. À Athènes, la cohésion et l'unité politique autour de Périclès ont forgé une conscience accrue de l'impératif de défendre la ville et les citoyens : c'est par ailleurs cette dimension d'entraide qui a permis la résilience athénienne pendant la peste de l'an 430 à 426 av. J.-C. De plus, **Thucydide** insiste sur le fait que la mort des citoyens athéniens était vécue comme une expérience commune, les poussant à se projeter en tant que collectif, et non en tant qu'individus. L'ouvrage met également l'accent sur l'autre versant du rôle des solidarités dans la guerre, en montrant notamment le fait que l'érosion de la cohésion est au premier plan dans les causes de la chute d'Athènes. La trahison de Lesbos qui désigne le complot de citoyens athéniens avec Sparte contre leur propre camp, ainsi que la défection progressive des alliés de la ligue de Délos mettent en lumière le fait que sans la solidarité, une cité est vouée à l'effondrement, surtout dans les conflits.

À titre d'exemple plus contemporain, la guerre d'indépendance de la Grèce l'Empire ottoman (1821-1829) a de nouveau souligné l'importance des solidarités dans la victoire. Ainsi, le soutien international, notamment des Philhellènes et des puissances qu'étaient la Grande-Bretagne, la France et la Russie, a été décisif, culminant avec la victoire navale de Navarin en 1827. L'aspiration commune à l'indépendance des différentes factions grecques les a incitées à être solidaires et à dépasser leurs divisions internes. C'est ainsi ce cumul des solidarités – solidarité des puissances étrangères avec les Grecs et solidarités des Grecs entre eux – qui a permis d'aboutir à l'indépendance en 1830.

2 Aux solidarités organiques

2.1 Le rôle des solidarités dans la construction de l'État

Si la solidarité est un facteur déterminant de succès ou d'échec dans la guerre, elle l'est symétriquement dans la construction des États, construction qui s'est elle-même réalisée par la conquête militaire.

Charles Tilly déclarait à ce sujet que « *La guerre a fait l'État et l'État a fait la guerre* ». Le sociologue, dans *Coercition, Capital et États européens, 1990-1992 après J.-C. (1992)*, s'interroge sur les processus qui ont fait aboutir la longue et fluctuante construction des États en Europe. Il souligne dans un premier temps que la centralisation du pouvoir, et par conséquent, la formation progressive des États, s'est faite par la guerre. Mais nous l'avons vu, pour faire la guerre et surtout pour la gagner, les solidarités sont indispensables, et ce, à toutes les échelles. En effet, les conflits militaires ont contraint les dirigeants à mobiliser des ressources économiques pour financer les campagnes, mais aussi à organiser, voire à contraindre les communautés dans l'ambition de lever les armées. Dans cette perspective, **Tilly** démontre que cela a été rendu possible par l'interaction des dynamiques de coercition, c'est-à-dire la force militaire, et d'accumulation de capital, débouchant sur une graduelle centralisation du pouvoir. L'auteur distingue deux idéaux-types d'État : l'État marchand, tel que les cités-États italiennes qui se sont développées grâce à la concentration de capital et la coopération des élites économiques, et l'État coercitif, qui s'est implanté par les conquêtes militaires et l'entraide des milieux politiques. Toutefois, dans les deux cas de figure, pour que l'accumulation de capital et la coercition pour la guerre aboutissent, il était primordial que toutes les fractions des sociétés locales y adhèrent et coopèrent avec les dirigeants : ainsi, les forces étatistes montantes, par une série de compromis, ont exploité les solidarités à la fois économiques et politiques de la haute société, mais aussi sociales et communautaires, des milieux populaires et ruraux. En France par exemple, la levée de fonds pour la guerre de Cent Ans, s'est dessinée sous les traits de négociations entre les rois et les seigneurs locaux : en échange du financement et de la mise en place de taxes comme la « *Taille* » de Charles VII, les élites ont obtenu plus de poids dans la gouvernance du pays.

Mais au-delà de ces solidarités entre les élites politiques et économiques, une guerre et un État ne sont rien sans la cohésion interne de tous les pans des sociétés. Ainsi, il était requis de légitimer l'autorité, en étendant les solidarités locales à l'échelle nationale. En France, la création des conseils généraux qui donnait aux trois ordres du clergé, de la noblesse et du tiers-état un poids dans les choix de portée collective, permettait de légitimer les politiques royales en s'appuyant sur les solidarités existantes au sein des différents segments de la population tout en les élevant à un niveau plus large. L'auteur insiste donc sur l'importance de la coopération populaire qui a largement contribué à ce double processus de construction et de légitimation étatique. *A contrario*, ces liens communautaires ont également joué dans les vicissitudes de la construction étatique par l'opposition à la centralisation du pouvoir. En guise d'illustration, **Tilly** mentionne la Fronde, une série de révoltes mobilisant tous les pans de la société entre 1648 et 1653 qui, par le rejet de la manière dont Louis XIV exerçait le pouvoir notamment fiscal, a conduit au développement d'un système administratif plus verrouillé et donc à la consolidation de l'État, cette fois-ci dans la répression. Ainsi, la solidarité n'est pas une conséquence de la construction de l'État mais une condition préalable.

De ce fait, tant par la coopération que dans l'opposition, les solidarités ont été le principal moteur de la transformation des communautés en État. Mais l'État, en s'implantant durablement, transforme symétriquement les sociétés et leurs liens de solidarité. C'est d'ailleurs le propos de **Norbert Elias** dans ses réflexions *Sur le processus de civilisation (1939)*. À travers cette vaste recherche sociologique et historique, l'auteur retrace l'évolution des normes sociales et des comportements individuels au rythme de l'étatisation des sociétés. **Elias** développe l'idée selon laquelle l'implantation durable des États s'est réalisée en grande partie par le monopole de la violence légitime, c'est-à-dire le renoncement des individus à exercer leur violence personnelle au profit de l'exclusivité étatique de cette dernière. En effet, dans les sociétés féodales, le pouvoir était fragmenté entre les différentes communautés ou seigneuries : chacune d'entre elles faisait régner l'ordre et la paix sociale à sa manière. Avec l'émergence de l'État décrite précédemment par Tilly, le maintien de l'ordre s'est inscrit dans un cadre plus large que celui d'un groupe social ou d'une petite communauté. L'implantation d'un pouvoir centralisé a donc encastré les conflits dans la loi, avec une mainmise de l'État sur la violence, d'une part dans la nécessité de préserver le pouvoir en place et d'autre part dans l'ambition de régulariser et de stimuler une cohésion sociale étendue à l'ensemble du territoire concerné. C'est par ailleurs à travers cette volonté que se sont développées, toujours selon **Elias**, les normes de civilité et la maîtrise émotionnelle chez les individus. L'auteur souligne par ailleurs que ces nouvelles normes liées à l'étatisation des sociétés ont conduit à leur pacification, notamment avec la transformation des solidarités locales en solidarités nationales. Au demeurant, l'uniformisation de la loi, de l'administration et la rationalisation des rapports sociaux et économiques ont mené les individus à se considérer en tant que nation et non plus uniquement en tant que groupe restreint, façonnant une conscience collective fondée sur des rapports humains pacifiés et régulés par l'État. De plus, le développement des institutions éducatives et militaires a également mené à la diffusion de pratiques culturelles, religieuses et linguistiques communes à l'ensemble de la société. Le processus de civilisation par l'étatisation recouvre donc un triple mouvement de différenciation des fonctions sociales, d'interdépendance des groupes sociaux, et de transformations profondes des mécanismes solidaires.

À titre d'exemple, le mouvement « *Risorgimento* », s'étendant de 1815 à 1871, a permis d'unifier l'Italie sous un gouvernement central, changeant les divisions régionales en institutions nationales, avec une langue et des lois communes. Cette centralisation a transcendé les solidarités locales pour faire jaillir l'idée d'une nation unifiée, à travers une pacification sociale à l'échelle du pays.

2.2 De la communauté à l'individu : l'avènement de sociétés modernes

Ainsi, l'État qui organise la société dans son ensemble, permet à l'industrialisation et à l'urbanisation, qui suivent son avènement, de prospérer et de s'établir. La somme de ces mécanismes tant tangibles que symboliques rebat les cartes des liens qui unissaient les individus des sociétés traditionnelles. C'est justement sur cette question que Ferdinand Tönnies, sociologue allemand, a consacré son ouvrage *Gemeinschaft und Gesellschaft (Communauté et société)* (1926). Dans le même esprit que Durkheim, Tönnies distingue la communauté : « *Gemeinschaft* » de la société : « *Gesellschaft* », au regard des formes de solidarités sur lesquelles elles se fondent. Ainsi, la communauté se caractérise par une solidarité liée à la similitude des individus. L'auteur analyse l'entrecroisement des processus qui ont mené à l'avènement des sociétés modernes (entendons ici « *moderne* » au sens du fort degré d'organisation des sociétés et non de la période), fondées sur une solidarité par complémentarité, c'est-à-dire organique. L'ouvrage dépeint d'abord cette transition, à travers l'étatisation qui, nous l'avons mentionné, engendre une perte d'autonomie des communautés locales, une uniformisation d'un droit ainsi qu'une extension des enjeux économiques, militaires et sociaux à l'ensemble du territoire en tant qu'affaires générales. De plus, cette étatisation ouvre la voie à la seconde dynamique qu'évoque Tönnies : celle de l'industrialisation qui s'est développée progressivement entre la fin du XVIIIe et au cours du XIXe siècle en Europe. Cette dernière a modifié non seulement les modes de production mais aussi de travail : les réseaux agricoles et artisanaux ont peu à peu laissé place aux industries manufacturières centralisées. Les innovations techniques et l'intensification de la production ont transformé tant l'économie que les structures sociales, conduisant à un exode rural vers les villes industrialisées. L'industrialisation conduit donc à une autre dynamique qui a transformé les liens solidaires traditionnels, celle de l'urbanisation. La croissance des villes et leur complexification ont peu à peu transformé les liens sociaux en relations impersonnelles et anonymisées pour aboutir à l'individualisation des comportements. Ces trois dynamiques ont conjointement changé la forme mécanique de la solidarité en aspect organique. Avec l'avènement de ces sociétés, les individus se différencient fortement les uns des autres et réalisent des fonctions et des taches hautement spécialisées. Ils ne sont plus similaires mais complémentaires et de ce fait, interdépendants : les solidarités résident dans le fait que chaque membre est indispensable à la société car il est spécialisé dans une tâche ou dans un domaine que les autres membres ne maîtrisent pas, maintenant une cohésion sociale malgré le déclin de la conscience collective au profit de la perception individuelle.

Par conséquent, l'interdépendance des individus conduit à l'idée selon laquelle la solidarité s'articule autour de normes rationnelles plutôt qu'affectives. C'est d'ailleurs, cette notion de rationalisation des liens sociaux qui est particulièrement développée dans l'ouvrage *Économie et société* (1921) de Max Weber. Dans ce volume, l'auteur analyse les rapports interactifs de l'économie sur l'évolution des sociétés anciennes vers la modernité : il étudie la manière dont l'interdépendance fonctionnelle des individus conduit à la rationalisation des rapports humains. Weber décrit ainsi la rationalisation comme le processus par lequel les sociétés modernes organisent leurs activités de manière systématisée et efficace par le biais de règles formelles et de structures bureaucratiques. Cette rationalisation des relations sociales, et, par extension des solidarités, se matérialise dans l'avènement des administrations publiques hiérarchisées et procédurales, régies par des règles formelles. Ce phénomène marque les débuts de la bureaucratisation des sociétés, que Weber observe plus spécifiquement en Prusse où il remarque par exemple que les fonctionnaires évoluent professionnellement selon leurs qualifications et leurs performances, et non selon des croyances ou normes communautaires. Cette rationalisation de la sphère publique met en exergue le fait que l'autorité est fondée sur une forme qu'il appelle « *légale-rationnelle* » plutôt que sur des liens personnels ou traditionnels. Toujours dans cet ouvrage, le sociologue introduit le concept de « *Stand* » (classes sociales) pour qualifier la généralisation de groupes de divers statuts socio-professionnels, partageant des expériences et normes communes pour créer des formes de solidarité stratifiées dans les sociétés rationalisées.

Dans un autre ouvrage intitulé *L'Éthique protestante et l'esprit du capitalisme (1904)*, Weber poursuit son analyse de l'évolution des solidarités dans les sociétés modernes, cette fois sous le prisme du rôle des valeurs religieuses dans la structuration économique. Il soutient l'idée selon laquelle le protestantisme des sociétés modernes, loin d'être une croyance abstraite, légitime la mise en œuvre d'une rationalité de l'action orientée vers la réussite économique comme l'expression de l'élection par Dieu. En prônant les valeurs de responsabilité individuelle, de travail diligent et d'ascétisme, cette croyance tend à libérer le capitalisme des contraintes morales qui empêchaient son développement. Il donne ainsi l'exemple des entrepreneurs protestants aux Pays-Bas, dont l'éthique de travail et la frugalité les ont poussés à l'accumulation de capital et le réinvestissement, éléments constitutifs du capitalisme. Enfin, ces valeurs structurent concrètement la solidarité organique autour de l'économie capitaliste qui est fondée sur la dépendance mutuelle. À titre d'exemple le développement des grandes entreprises industrielles telles que la société allemande « *Krupp* » qui produisait de l'acier et des armes selon un modèle de division du travail accru, ont ancré le fait que chaque travailleur dépend des autres dans la réalisation des ses tâches, et donc dans la perception de son salaire.

Ainsi, les sociétés s'organisent autour d'une autorité centralisée, se densifient et se complexifient à tous les niveaux. Toutefois, l'intégration de groupes dissemblables dans un ordre unique mène inévitablement à des revendications, et donc à la question des mobilisations politiques.

2.3 Les solidarités motrices de la mobilisation politique

Si l'avènement des sociétés modernes implique une solidarité par complémentarité fonctionnelle, il n'en reste pas moins qu'elle ne se limite pas à cette conception. L'entraide reste une caractéristique fondamentale des relations sociales et prend des formes variées, se révélant instigatrices des mobilisations politiques.

À ce propos, **Georges Lefebvre** se penche sur l'articulation des différentes solidarités à travers les mouvements populaires de l'été 1789 dans son ouvrage sur *La Grande Peur de*

1789 (1932). L'historien analyse les forces solidaires qui transparaissent dans l'organisation, à la fois communautaire mais aussi sociétale, des fractions populaires dans la révolution naissante. Il décrit ainsi l'extension des réseaux de communication qui reliaient les campagnes françaises, où les nouvelles et rumeurs de complot aristocratique se propageaient d'un village à l'autre par l'intermédiaire d'itinérants, de voyageurs ou de marchands. Les habitants se réunissaient, animés par un sentiment de devoir collectif dans l'idéologie de changement naissante, pour discuter de ces rumeurs, qui ont en partie mené à la coordination des révoltes qui suivront. À la suite de cette circulation de rumeurs, **Lefebvre** retrace la formation de milices de volontaires par ces mêmes communautés rurales. Ces milices, à tour de garde, se sont mises à surveiller les routes et les alentours des villages dans la volonté de défendre le groupe face à ces menaces tant réelles qu'imaginées. Dans certaines régions, comme en Normandie et en Lorraine, les paysans se sont armés et ont formé des groupes de défense en contrôlant les étrangers qu'ils soupçonnaient d'être au service des aristocrates. À mesure que les revendications d'abolition des privilèges grandissaient et que la peur montait, cette mobilisation s'est incarnée progressivement dans l'action, par l'attaque des symboles du pouvoir féodal : les groupes ont assiégé collectivement les demeures seigneuriales. Par exemple, dans le Dauphiné, des paysans ont pris d'assaut le château de La Balme, détruisant les archives qui contenaient les titres de propriété et les obligations féodales dans le but de symboliser la fin de la subordination populaire à la noblesse. Enfin, **Lefebvre** décrit l'intégration ascendante des communautés rurales dans le mouvement révolutionnaire sociétal qui s'est matérialisée par l'apparition des cahiers de doléances qui transmettaient les revendications paysannes aux États généraux. Son ouvrage met donc l'accent sur le rôle des solidarités dans la coopération et la coordination des actions des communautés pour la mobilisation politique, aboutissant sur un mouvement plus vaste qui conduira à la révolution.

De plus, la mobilisation peut se cristalliser dans divers enjeux et dans différents contextes. **Benedict Anderson** interroge ainsi le rôle des solidarités dans la création de « sentiments nationaux », qui ont débouché sur des mobilisations pour l'indépendance et l'anticolonialisme. Dans *L'imaginaire national – réflexions sur l'origine et l'essor du nationalisme* (1983), l'auteur revient sur les fondements du sentiment national, qu'il dépeint comme moteur des mouvements indépendantistes en Asie et en Inde. **Anderson** introduit le concept de « *communauté imaginée* » pour définir le sentiment national : ici, les individus ne se connaissaient pas personnellement, ne se rencontrent pas, mais imaginent leur communion en tant que partie d'un même groupe. Et c'est ce sentiment, cette force qui, selon lui, permet l'aboutissement des mouvements anti-coloniaux. L'historien explore d'abord les processus qui ont mené à l'ancrage de cette « *communauté imaginée* ». Il souligne plus précisément le rôle de l'imprimerie : l'accroissement et la démocratisation de la diffusion de l'imprimé ont permis aux langues vernaculaires, c'est-à-dire locales ou régionales, de se généraliser pour former des communautés linguistiques qui vont progressivement devenir nationales, permettant à des individus éloignés géographiquement de se comprendre. Mais parler la même langue signifie aussi pouvoir partager de mêmes idées. **Anderson** insiste encore une fois sur le rôle de l'imprimé, plus particulièrement au regard de l'avènement du capitalisme d'imprimerie dans la diffusion d'opinions et de perspectives, reliant ainsi des individus dispersés autour de concepts. La superposition de ces dynamiques à la fois tangibles et intellectuelles a, toujours selon l'auteur, forgé une conscience nationale sur le principe d'une condition et d'un combat partagé. L'ancrage de cette solidarité immatérielle s'est concrétisé dans la mobilisation nationaliste anti-coloniale, durant laquelle les individus se sont coordonnés autour de la notion de souveraineté. **Anderson** soutient que les élites éduquées des colonies ont initié ces mouvements en s'inspirant des conceptions européennes de la nation. Ce fut, à titre d'exemple, le cas de Simón Bolívar en Amérique latine au début du XIXe, qui a, grâce à la création d'une solidarité nationale, déclenché des campagnes militaires indépendantistes, libérant les territoires en « *Grande Colombie* » (aujourd'hui Colombie, Venezuela, Équateur, et Panama), conduisant à la fin de la domination espagnole sur une grande partie de l'Amérique latine.

Au-delà du cadre national, les solidarités comme force de contestation politique est une idée largement développée par **Karl Marx** et **Friedrich Engels** dans leur *Manifeste du Parti Communiste* (1848). Dans ce manifeste, les auteurs mettent en lumière l'idée d'une force solidaire de classe, ici celle des travailleurs, comme motrice de la lutte contre le capitalisme dans une quête de métamorphose des racines de la société. En effet, ils soutiennent que la condition d'exploitation des travailleurs dans les sociétés capitalistes façonne une véritable conscience collective fondée sur une solidarité de fait. Pour **Marx** et **Engels**, le prolétariat est pressuré par la bourgeoisie qui possède les moyens de production, créant une expérience d'oppression de classe partagée, qui forge un intérêt commun : celui de se libérer de ce système. Les auteurs insistent sur la dépendance mutuelle des travailleurs qui excède les différends individuels pour servir la mobilisation collective contre le capital pour une transformation sociétale et l'abolition des classes. **Marx** et **Engels** appellent à cultiver cette solidarité de classe et de condition afin qu'elle se mue en force révolutionnaire libératrice menant à l'utopie d'égalité pure où les moyens de production sont détenus collectivement. Ainsi, sous le prisme de l'idéologie communiste, les auteurs cherchent à révéler la conscience collective comme étant non seulement comme le produit de cette condition de classe, mais aussi comme la seule issue pour s'en extraire. Cet ouvrage a ainsi mené à la concrétisation de nombreux mouvements et organisations populaires à travers l'Europe au XIXe siècle. La matérialisation de ces idées se retrouve particulièrement dans l'avènement de l'Association Internationale des Travailleurs (AIT), fondée en 1864 à Londres, qui a réuni des syndicats et des groupes d'ouvriers de divers pays dans l'ambition de coordonner leurs actions politiques et économiques et de diffuser les idées socialistes et communistes. **Marx** a par ailleurs été très actif dans cette organisation, puisqu'il affirmait que les travailleurs devaient s'unir au-delà des frontières nationales pour combattre le capitalisme.

Si les solidarités peuvent impacter la réalité politique d'un État, elle est également une force de progrès dans une multitude de domaines.

2.4 Les solidarités et le progrès

Les solidarités ont ainsi permis, à travers des mouvements de grande ampleur, la réalisation d'importantes avancées politiques et sociales. C'est en tout cas ce que démontre **Gerda Lerner** dans son travail retraçant l'histoire du féminisme : *The Creation of Feminist*

Consciousness : From the Middle Ages to Eighteen-seventy (1993). Dans cet ouvrage, l'historienne souligne le rôle prépondérant des formes de solidarité entre les femmes dans le développement de la conscience féministe puis la revendication de leurs droits. L'autrice décrit alors la manière dont les femmes ont, à travers les époques, formé progressivement des communautés et des cercles dans le but d'échanger des idées et quêtes, leur permettant ainsi de conscientiser les inégalités systémiques qu'elles subissent. **Lerner** évoque plus particulièrement l'avènement des cercles de discussion féministes en Grande-Bretagne, en France et dans les États-Unis du XVIIIe siècle qui se sont étendus par la suite pour tisser des réseaux transnationaux d'échange d'idées et de revendications. Ces cercles et réseaux solidaires, qu'ils soient communautaires ou internationaux ont non seulement conduit à l'identification de ces femmes les unes aux autres dans une condition collective mais également à leur mobilisation dans des mouvements de grande portée. Par exemple, la conférence internationale des femmes à Seneca Falls en 1848 organisée par **Elizabeth Cady Stanton** et **Lucretia Mott**, a été inspirée par ces échanges transnationaux et influencée par les idées des féministes britanniques. De plus, **Lerner** retrace la naissance des organisations collectives féministes et les campagnes menées, notamment pour le droit de vote. Solidarisées autour de cette cause, les suffragettes anglaises et américaines ont coordonné des manifestations, des pétitions et articulé leurs revendications autour d'associations telle que la *Women's Social and Political Union* (WSPU) en Grande-Bretagne. La WSPU a par ailleurs mobilisé des milliers de femmes dans le militantisme et la désobéissance civile. L'autrice explique que c'est en grande partie cette pression exercée par les suffragettes qui a contribué à placer la question du vote des femmes au centre du débat politique national. Ainsi, ces solidarités qui liaient les femmes de cette époque ont été essentielles à la poursuite et à l'aboutissement de ces revendications dans le XXe siècle.

À titre d'exemple, dans *Le Deuxième Sexe* (1949), **Simone de Beauvoir** explore la condition des femmes, façonnée par des structures patriarcales et soutient que leur émancipation exige une solidarité féminine au niveau sociétal. Ainsi, elle souligne que le progrès politique vers l'égalité des sexes passe par une prise de conscience collective et une action concertée pour renverser les inégalités systémiques.

De surcroît, les solidarités prennent également une dimension fondamentale dans le progrès économique et social. Dans sa *Théorie des sentiments moraux* (1759), **Adam Smith** développe une thèse sous le prisme d'une conception des solidarités comme cercle vertueux. En effet, dans cet ouvrage, il systématise le concept de « Sympathie » qu'il décrit comme une capacité naturelle des individus à ressentir les émotions des autres, constituant ainsi le cœur d'une moralité qui les conduit à agir collectivement les uns pour les autres. Pour Smith, la coopération sociale et les mécanismes solidaires ne sont donc pas une construction rationnelle et intéressée, mais enracinés dans la moralité humaine : les individus sont naturellement poussés à agir pour le bien commun. Pour le philosophe, cette caractéristique innée entraîne une stabilité sociale qui est propice au développement économique, reposant sur une coopération naturelle des individus dans l'organisation et dans la répartition du travail ainsi que dans la pérennisation des échanges commerciaux et dans la fluidité des transactions. Ces dynamiques entraînent progressivement une croissance économique qui conduit elle-même à l'avènement d'une justice sociale par la redistribution, puisque cette croissance, toujours selon Smith, n'est pas uniquement fondée sur la compétition économique mais repose surtout sur cette moralité humaine qui tend à l'équité et qui s'articule autour de la notion de bien collectif, dépassant ainsi la valeur des bénéfices individuels. Par conséquent, sa théorie met en avant le fait que la solidarité permet la prospérité économique et par extension sociale des sociétés.

À titre d'exemple, les mutuelles de travailleurs qui apparaissent au XVIIIe siècle, illustrent les idées d'**Adam Smith** sur le rôle des solidarités et de la coopération dans le développement économique. Ces associations, au début actives en Grande-Bretagne sous le nom de « *Friendly Societies* » étaient formées par les ouvriers pour se soutenir mutuellement en cas de maladie, d'accident, de chômage ou de décès et apportaient des aides financières aux travailleurs dans le besoin, leur permettant de se maintenir en activité, conduisant à l'augmentation de la productivité et par conséquent, de la stabilité économique.

Enfin, si les solidarités stimulent le progrès économique, elles ont la même vertu s'agissant du progrès technique et scientifique. C'est d'ailleurs l'une des idées d'**Herbert Spencer** dans ses *Principes de sociologie* (1878). Dans ses écrits, l'auteur souligne que la spécialisation des fonctions individuelles engendre quasi-automatiquement la coopération, indispensable à l'innovation. En effet, Spencer met en lumière le fait que plus les individus se différencient dans des tâches ou domaines spécifiques, plus leurs connaissances et compétences s'aiguisent, conduisant à leur coopération. Ce phénomène explique en partie le bond technique et scientifique qui a jailli principalement au XIXe siècle. À titre d'exemple, l'invention du télégraphe, grande avancée technique, a été rendue possible par une collaboration entre les chercheurs, les ingénieurs, qui ont conçu les circuits et les systèmes de transmission, les techniciens ayant élaboré les équipements, et les opérateurs.

Les solidarités, indispensables à la pérennité des sociétés modernes et à leur développement et à leurs progrès dans tous les domaines, vont donc être incorporées dans les institutions et dans le droit.

2.5 Des solidarités institutionnalisées

John Locke, dans ses *Deux traités du gouvernement civil (1689)*, aborde cette institutionnalisation des solidarités dans la formation des sociétés politiques. Le philosophe débute son argumentation par la description de ce qu'il appelle « *l'état de nature* », désignant une condition hypothétique où les individus évoluent sans autorité gouvernementale mais sous la loi naturelle qui implique le respect des droits innés des autres. Pour sortir de cet état de nature, les individus s'organisent en société politique par une forme de contrat social : autrement dit, ils consentent à exister sous l'égide d'une autorité gouvernementale dans le but de protéger collectivement leurs droits naturels, qui se dessinent alors sous les traits de lois communes. **Locke** affirme néanmoins que dans l'éventualité où un gouvernement ne protégerait pas les droits naturels des individus, comme la liberté, ou abuserait de son pouvoir, les membres de la société auraient le droit légitime à la révolution comme incarnation d'une solidarité dans la préservation des droits fondamentaux. Cependant, **Locke**

dépeint dans le même temps les institutions comme des forces tangibles, garantes des solidarités puisqu'elles les formalisent. Cela se matérialise notamment dans la complexification des systèmes judiciaires qui offrent des structures et des mécanismes assurant le respect des droits et la résolution pacifique des conflits. Cet ouvrage met donc en avant l'idée selon laquelle l'institutionnalisation des solidarités s'est faite par elles et pour elles, sous le prisme d'une forme de contrat social visant à protéger des droits communs et systématiser leur exercice.

De plus, et à titre d'exemple, le concept même de solidarité a progressivement été intégré au droit formel : ainsi, l'article 1202 du Code civil de 1804 définit la solidarité comme « *un engagement par lequel les personnes s'obligent les unes pour les autres et chacune pour tous* ».

Cependant, les solidarités se sont institutionnalisées plus concrètement, du moins en France, principalement sous la IIIe République. Mais cette place donnée à la notion de coopération a été rendue possible en partie grâce à l'événement de la Commune de Paris qui a été une expérience fondatrice au regard de l'incorporation de l'entraide dans la vie publique. Pour contextualiser, rappelons que la Commune de Paris fut un gouvernement insurrectionnel qui a dirigé la ville du 18 mars au 28 mai 1871. Il a émergé à la suite de la défaite de la France lors de la guerre contre la Prusse, doublée des tensions poussées à leur paroxysme entre les Parisiens et le gouvernement monarchiste installé à Versailles. Dans son œuvre *Histoire de la Commune de 1871* (1876), **Prosper-Olivier Lissagaray,** un journaliste lui-même membre actif de la Commune, offre une chronique détaillée des événements, des origines à la répression de cette dernière. À travers la description qu'il fait de l'organisation communale, se dessine une véritable institutionnalisation des solidarités. En effet, **Lissagaray** insiste sur la généralisation de la mobilisation des ressources publiques pour fournir des services sociaux, avec par exemple la systématisation de la distribution de denrées, de vêtements, la mise en place de services de santé gratuits, d'ateliers communs pour l'éducation des enfants, ainsi que l'annulation pour tous des dettes de loyer non payés. De plus, l'ouvrage permet d'entrevoir le développement des institutions de la Commune, fondées sur le principe de solidarité par la participation active et collective des citoyens dans la gestion des affaires publiques, autour d'un idéal de démocratie directe. Ainsi, les conseils de quartiers, les commissions spécialisées et la garde nationale assurent la survie et la défense de la ville par la coopération de toutes les couches parisiennes. Malgré sa chute dans la semaine sanglante et dans ses dernières heures au Père Lachaise (aujourd'hui le mur des fédérés), ces institutions fondées sur l'entraide ont inspiré de nombreuses réformes sous la IIIe République. Par exemple, le modèle éducatif gratuit, laïque et accessible à tous s'est incarné dans les lois Ferry de 1881 et 1882, et la coopération citoyenne s'est matérialisée quant à elle dans la création des Conseils municipaux en 1884.

Toutefois, la rationalisation des rapports sociaux et l'institutionnalisation des solidarités se révèlent être à double tranchant. D'une part, si une autorité centralisée est en mesure d'impacter la cohésion sociale et les liens d'entraide qui unissent les individus dans un collectif toujours plus vaste, elle peut également les instrumentaliser à des fins politiques.

3 Des solidarités limitées

3.1 Des solidarités instrumentalisées

Ainsi, l'accaparement des solidarités par les autorités politiques étatisées permet aux dirigeants de les instrumentaliser et de les orienter de sorte à garder le pouvoir, maintenir l'ordre ou encore justifier des projets politiques contraignants pour le peuple. C'est en tout cas l'idée qui ressort des réflexions de **David Hume** dans ses *Essais moraux, littéraires et politiques* (1758). Dans ses travaux, le philosophe fait apparaître les mécanismes par lesquels les dirigeants manipulent les passions et les croyances collectives des groupes sociaux pour façonner des solidarités artificielles et mener à bien leurs ambitions politiques. Plus précisément, son *Essai sur la superstition et l'enthousiasme* (1741) met en lumière l'instrumentalisation politique des liens qui unissent les individus dans la foi. Ici, **Hume** distingue la superstition de l'enthousiasme. Selon lui, la superstition, qu'il définit comme une croyance et une adhésion aveugle aux dogmes prescrits par les autorités religieuses, fait naître une forme de solidarité fondée sur l'obéissance et la soumission des masses dans l'espoir d'une récompense spirituelle commune après la mort. L'auteur souligne que puisque les milieux politiques et religieux sont imbriqués, ils orientent de concert la solidarité religieuse vers l'impératif de conformité, la transformant ainsi en une norme collective de fidélité et de subordination à ces dernières. Cela permet aux pouvoirs politiques et religieux de se maintenir et de se légitimer mutuellement car les individus se soudent autour de croyances se situant au-delà de l'existence humaine. D'autre part, l'auteur aborde l'enthousiasme qui, contrairement à la superstition est une expression religieuse individuelle qui se matérialise par l'inspiration et la ferveur exaltée : l'enthousiasme n'est pas fondé sur des pratiques rigides, mais plutôt sur une connexion personnelle, spirituelle et intense avec le divin. Encore une fois, **Hume** avance que cette croyance peut servir les intérêts des élites et des dirigeants dans la mobilisation des individus dans un collectif autour d'une quête. En évoquant une « *mission divine* » pour un avenir meilleur, ils façonnent ainsi une solidarité aussi puissante que temporaire pour légitimer leurs choix surtout en période de crise ou de guerre.

Au-delà de cette analyse sur l'instrumentalisation de la solidarité religieuse et de manière plus générale, les essais d'**Hume** mettent l'accent sur la manière dont les gouvernements confectionnent des solidarités artificielles telles que le patriotisme, selon lui, fondées sur les passions humaines que sont la peur et l'espoir. De ce fait, la peur de l'ennemi, de la perte ou d'un danger potentiel mêlés à l'espoir d'une pérennité de la communauté sont exploités politiquement pour exalter le concept de nation et légitimer le sacrifice collectif de la guerre ou même la taxation au nom de sa grandeur. Par conséquent, les individus se sentent liés les uns aux autres dans un devoir national exploité par les dirigeants, permettant à ces derniers de mener à bien leurs projets politiques ou militaires.

Cette stratégie d'instrumentalisation ou de création de solidarités par les autorités se matérialise de manière récurrente dans notre histoire. En effet, **Tite-Live**, célèbre historien du

Ier siècle av. J.-C., retrace l'histoire romaine depuis sa fondation en 753 av. J.-C. jusqu'à l'an 9 av. J.-C. Par une approche historique dans sa vaste œuvre *Ab Urbe Condita (Histoire de Rome depuis sa fondation)* (Ier siècle av. J.-C.), il évoque la façon dont les empereurs romains et les autorités ont manié, par différents processus, les solidarités pour justifier les expansions et conquêtes romaines et pour cultiver la loyauté et la dévotion des citoyens envers leur Empire. Ainsi, **Tite-Live** évoque de manière indirecte l'instrumentalisation des cultes des figures héroïques qui trouvent leur place aux côtés de mythes fondateurs. Ces figures incarnées par Romulus, fondateur de Rome, Horatius Cocles, un soldat mythique, ou encore Mucius Scaevola, jeune héros du début de la République romaine, portent en elles les vertus de dévotion au bien commun, de devoir de loyauté à l'État et de sacrifice de soi au profit de la défense communautaire. À travers cette description historique, l'ouvrage amène à déceler l'exploitation politique de ces mythes fondateurs qui unissent non seulement les citoyens par une origine commune mais aussi dans une injonction plus ou moins tacite de se montrer à la hauteur des exploits de dévotion de leurs prédécesseurs dans le devoir civique de loyauté à Rome. De plus, l'œuvre offre une description de l'idéologie et des réalisations conquérantes de l'Empire, reposant sur ce que l'on appellerait aujourd'hui une « *mission civilisatrice* ». En effet, dans le but de justifier les expansions militaires, les empereurs romains ont cultivé et répandu l'idée d'un peuple romain supérieur et bienfaiteur qui aurait le devoir d'apporter la paix, l'ordre et la civilisation à travers le monde. Cette conception particulière a créé une forme de solidarité nouvelle autour d'une responsabilité collective de propagation de leur culture et de leurs institutions comme un bienfait pour les peuples qu'ils dominaient, dans une dimension encore plus forte : celle d'extraire l'humanité de son état primitif et violent.

Toujours sous le prisme de la guerre, les dirigeants romains faisaient de la peur de l'ennemi un instrument d'unité face au danger qui permettait de justifier les efforts militaires. Par exemple, dans le livre VIII, **Tite-Live** décrit la manière dont la menace gauloise a été instrumentalisée pour solidariser les romains autour de la défense de l'État. Ainsi, le traumatisme de l'invasion gauloise menée par Brennus en 390 av. J.-C. ayant détruit Rome, a conduit à l'édification d'une narrative où les Romains, doivent s'unir et s'imposer comme les défenseurs d'une civilisation menacée par des forces extérieures. Cela illustrant la façon dont la peur externe a servi à renforcer, voire fabriquer des formes de solidarité pour servir des objectifs politiques et militaires internes. Cette multitude de mécanismes que l'on retrouve dans les récits historiques de Tite-Live, est une permanence dans les stratégies politiques des autorités étatiques et résonne de manière plus contemporaine, en particulier dans le règne de Napoléon Bonaparte. À titre d'exemple, pour mener à bien ses conquêtes entre 1803 et 1815, Napoléon s'est servi de la force des solidarités en cultivant la peur et la haine de l'ennemi tout en exaltant le concept de devoir civique des Français envers la vocation de grandeur de la nation.

Ainsi, si les solidarités peuvent être manipulées voire construites par des autorités politiques ou religieuses, se pose la question de leur solidité. Si les solidarités sont chargés d'une force qui transcende les individus au-delà de leur propre existence, elles se peuvent se révéler également volatiles et fragiles.

3.2 Pathologies des solidarités

Les solidarités, qu'elles soient traditionnelles ou bien modernes, ont donc des failles. C'est en tout cas ce que dépeint **Friedrich Nietzsche** dans *La Généalogie de la morale* (1887). Cet ouvrage, composé de trois dissertations, tend à déconstruire les origines et les implications des valeurs morales et de la solidarité traditionnelle en mettant en lumière ses limites.

Dans sa première dissertation intitulée *Bien et Mal, Bon et Méchant*, **Nietzsche** distingue tout d'abord métaphoriquement la « *morale des maîtres* » de celle des « *esclaves* ». Selon lui, la morale des maîtres s'incarne dans des valeurs de supériorité, de courage et de fierté. Ainsi, les individus puissants, seraient capables de forger leurs propres valeurs dans une affirmation de soi et un éloge de la conscience individuelle.

A contrario, la morale des esclaves serait fondée sur la compassion, l'humilité et la solidarité. Il critique ce système de valeur comme une révolte des « *faibles* » contre les « *forts* », la solidarité étant perçue comme le moyen par lequel les premiers se protégeraient des seconds en inversant les lois naturelles de la puissance. Ainsi, les solidarités seraient une tentative façonnée de toutes pièces par les « *faibles* » pour pallier à la puissance individuelle des « *forts* ». Dans sa deuxième dissertation *La faute et la mauvaise conscience et ce qui leur ressemble*, le philosophe associe le concept de solidarité à la mauvaise conscience imposée par la morale chrétienne. Il introduit ainsi le concept de mauvaise conscience comme le résultat de la répression des instincts naturels et des désirs personnels au profit des valeurs morales et collectives imposées par la religion. Pour **Nietzsche**, les solidarités sont un instrument de contrôle social ayant pour but de maintenir les individus dans une logique de soumission permanente et de culpabilité collective de leur propre existence de manière à contraindre la volonté naturelle de puissance et de pouvoir ainsi que l'autonomie et le libre arbitre individuel. Ici, les solidarités sont dépeintes comme l'expression du contrôle social des masses. Enfin, sa troisième dissertation, **Nietzsche** se questionne sur le « *sens de tout idéal ascétique* ». Selon lui, l'idéal ascétique valorise l'humilité et le renoncement à soi au profit de la solidarité. Il en fait une critique en affirmant qu'il tend à une forme de négation de la vie et de l'épanouissement individuel dans son plein potentiel. La solidarité est perçue comme un obstacle à l'expression individuelle, par la répression des désirs et le sacrifice contre-nature, étouffant par conséquent la vitalité et la créativité humaine. Ainsi, son œuvre s'apparente à une critique virulente des solidarités qui sont, pour l'auteur, un concept servant à contraindre les individus dans un état allant contre leur nature profonde et nuisant à leur existence.

Si **Nietzsche** prône l'individualisme dans sa critique sur les solidarités plus traditionnelles encadrées par les communautés ou autorités religieuses, le développement des formes de solidarités organiques et donc plus individuelles, sont elles aussi faillibles et font par ailleurs l'objet d'une critique de **Jean-Jacques Rousseau** dans son ouvrage *Du contrat social* et dans son *Discours sur l'origine et les fondements de l'inégalité parmi les hommes*. Dans son *Discours sur l'origine et les fondements de l'inégalité parmi les hommes* (1755), Rousseau fait l'apologie des sociétés primitives, en mettant l'accent sur le fait que dans l'état de nature, avant l'avènement de la propriété privée et de la complexification des institutions, les hommes vivaient dans un état d'égalité relative et de solidarité instinctive. Selon lui, ces communautés étaient l'expression de l'harmonie avec la nature, où les relations sociales étaient fondées sur des valeurs, normes et objectifs partagés dans une conscience collective. Ainsi, l'avènement des institutions et de la rationalisation des rapports sociaux a conduit à la fragmentation des solidarités naturelles. Enfin, ces processus ont, toujours selon l'auteur, éloigné les individus de leur instinct primaire d'entraide pour les projeter dans la systématisation des inégalités. Il identifie par ailleurs la propriété privée comme le point de départ des inégalités et du déclin des solidarités avec la primauté croissante des intérêts personnels : les riches cherchant à préserver et à multiplier leurs possessions, et les pauvres tentant de survivre, ce qui exacerbe les divisions entre les segments de la société et érode la coopération pure. En outre, dans *Du contrat social* (1762), **Rousseau** fustige l'accroissement de l'individualisme des sociétés modernes qui réside dans la quête de l'intérêt personnel au détriment du bien commun. En effet, les solidarités organiques n'ont rien de naturel et sont même une façade pour le philosophe. Les individus, en gagnant en autonomie, se préoccupent plus de leurs propres besoins que de ceux de la communauté, empêchant ainsi la réalisation de la volonté générale, concept central de l'œuvre, qui représente le véritable fondement de la légitimité politique. De plus, la montée de l'individualisme des sociétés modernes exacerbe la compétition entre les individus en affaiblissant les liens de solidarité, pour les remplacer par une lutte incessante pour des ressources limitées.

À titre d'exemple, **Edmund Burke** dans ses *Réflexions sur la révolution en France* (1790), ouvrage rédigé en réaction directe à cet événement, fait part de ses préoccupations quant aux effets de ce revers politique sur le maintien des liens solidaires garantis par les institutions traditionnelles qu'était entre autres l'Église. En effet, il met en lumière l'idée selon laquelle les idéaux d'individualisme portés par ce mouvement détruisent les liens communautaires qui assurent la stabilité et la prospérité des sociétés.

Ainsi, les solidarités se révèlent imparfaites et peuvent d'une part, sous leur forme traditionnelle, limiter les aspirations individuelles et d'autre part, dans leur aspect moderne, éroder les liens qui unissent les sociétés et conduire à des solidarités stratifiées, c'est-à-dire se matérialisant uniquement au sein de mêmes groupes sociaux-professionnels.

3.3 Des solidarités segmentées

L'analyse de **Rousseau** sur le développement exponentiel des inégalités pose une autre question : celle de l'inscription des solidarités, qui se cantonne dans des groupes d'intérêts partagés de ces sociétés stratifiées. Dans cette perspective, **Jeremy Bentham**, dans son *Introduction aux principes de la morale et de la législation* (1789), développe une théorie utilitariste de l'incarnation des liens solidaires dans les sociétés modernes. Selon lui, l'intérêt individuel prime, menant à la segmentation des solidarités dans les groupes socio-professionnels. En effet, Bentham souligne le fait que chaque individu agit par un calcul de conséquences de ses actions (plaisir ou peine) dans l'ambition de maximiser son propre bonheur. Les intérêts de l'individu sont donc généralement grandement liés à ceux de son groupe socio-professionnel, débouchant sur une solidarité rationnelle fondée sur une stratégie d'optimisation des plaisirs communs de ce groupe, c'est-à-dire la défense des profits et avancées professionnelles et économiques doublé du soutien social. Ainsi, les membres de ces groupes se solidarisent pour former un entre-soi de classe ou de profession dans une forme d'égoïsme éclairé. En effet, le philosophe introduit ce concept pour mettre en avant le fait que les individus d'un même groupe coopèrent et s'entraident car ils sont guidés par leur propre intérêt. De ce fait, les solidarités des sociétés modernes sont limitées dans leur portée puisque loin d'être sociétales, elles sont encastrées dans des groupes sociaux. Cela s'explique notamment par le fait que ces différents groupes ont des intérêts divergents en raison de leur statut social et s'entraident dans le but de conserver ou de maximiser leurs intérêts dans la société. De plus, **Bentham** soutient que les institutions sociales et économiques ancrent un peu plus ces solidarités intra-groupes, avec par exemple le développement des syndicats au XIXe qui structurent les liens et les intérêts de ces groupes.

Pour illustrer cette idée et à titre d'exemple, les loges maçonniques, qui trouvent leur origine au Moyen Âge, projettent cette idée de solidarité encastrée dans des groupes socio-professionnels dans la réalité. En effet, elles se matérialisent en structures associatives et fraternelles qui s'articulent autour de solidarités surtout professionnelles en organisant l'entraide, le réseautage, les rituels communs et l'engagement communautaire au niveau local. Elles s'incarnent dans toutes les strates comme dans l'artisanat français du XIXe en structurant un réseau de soutien professionnel, économique et social à leurs membres notamment par le partage des connaissances et compétences artisanales et l'engagement mutuel.

Cette segmentation des solidarités dans les groupes sociaux est par ailleurs largement évoquée par **Pierre-Joseph Proudhon** dans son ouvrage *Du principe fédératif* (1863). Sous le prisme de la critique des sociétés capitalistes, il analyse l'érosion des solidarités au regard du conflit des classes sociales. Selon lui, le capitalisme conduit à une concentration du pouvoir tant économique que politique dans les mains des classes dites « dominantes ». De ce fait, les solidarités se morcellent et se limitent dans les frontières des classes et des groupes spécifiques au détriment de la société dans son ensemble puisque les intérêts de ces différentes communautés sont antagonistes. Cela débouche, toujours selon **Proudhon**, sur l'avènement d'une concurrence pour le pouvoir et les ressources entre les différents groupes qui tendent à développer des solidarités reflétant leurs propres revendications et aspirations. Ainsi, les travailleurs luttent contre la condition d'exploitation qui leur est spécifique, paralysant toute possibilité de créer des ponts avec les autres groupes sociaux. **Proudhon** insiste également sur l'effet de la répartition inégale des ressources qui exacerbe les divisions, même entre les différents groupes d'une même classe. De ce fait, il prône le fédéralisme comme dénouement qui organiserait la société en décentralisant le pouvoir afin que les groupes socio-professionnels s'autonomisent et s'associent librement entre eux pour former des fédérations plus vastes. Selon lui, cette alternative revitaliserait et étendrait les solidarités qui transcenderaient les classes pour ouvrir la voie à une coopération mutuelle des différentes unités fédératives. Ainsi, l'œuvre de Proudhon met en lumière que les formes de solidarité, enserrées dans les groupes sociaux, creusent un peu plus le fossé existant entre elles, paralysant l'entraide à l'échelle sociale.

Enfin, au-delà des divergences d'intérêts entre les classes, il s'agit de se questionner sur les limites de ces solidarités face aux défis de l'explosion démographique qu'ont connu les XVIIIe et XIXe siècles. C'est par ailleurs ce qu'étudie l'économiste **Thomas Malthus** dans son *Essai sur le principe de population* (1798). Dans cet ouvrage, l'auteur met l'accent sur le caractère fragile des solidarités, se restreignant à des groupes extrêmement restreints, surtout en période de crise. En effet, il souligne que la croissance exponentielle de la population rentre en tension avec l'évolution linéaire, voire stagnante des ressources disponibles. Malthus soutient que cette friction entre le nombre d'individus à nourrir et les possibilités réelles de le faire conduit à une compétition croissante entre les individus. Ainsi, les solidarités se cantonnent dans des groupes de plus en plus proches tels que la famille ou la communauté locale. Cette tendance à l'entraide au niveau restreint renforce les divisions et les inégalités, notamment entre les groupes ayant un accès plus privilégié aux ressources et ceux qui n'ont pas cette possibilité. Ainsi, si les solidarités sont encastrées dans des groupes, que ce soit en raison des crises, des inégalités ou de la stratification des sociétés, ce phénomène conduit nécessairement à des concurrences et des conflits de solidarités entre ces mêmes groupes.

3.4 Confrontations des solidarités

À ce sujet, l'historien **Eric Hobsbawm** a étudié, à travers deux ouvrages, la manière dont ces solidarités de strates, menant à des conflits et des concurrences de classes se sont matérialisées au rythme des transformations économiques, politiques et sociales des XVIIIe et XIXe siècles.

Dans *L'ère des révolutions* (1962), œuvre qui couvre la période de la fin du XVIIIe siècle jusqu'à la première moitié du XIXe siècle, **Hobsbawm** met en perspective l'émergence du mouvement ouvrier en réaction au double phénomène d'industrialisation de d'urbanisation des sociétés. Il souligne que c'est notamment ces dynamiques qui ont contribué au durcissement des conditions de travail contraignantes, poussant les ouvriers à se structurer solidairement et à s'imposer progressivement en tant que groupe de pression dans la revendication collective de droits et d'amélioration des conditions de vie.

L'auteur indique que l'avènement de cette entraide ouvrière généralisée rentre en concurrence avec la solidarisation des élites économiques et politiques ainsi que du patronat qui s'organisent parallèlement dans le maintien de leur pouvoir et de leur monopole économique face aux revendications des travailleurs. Ainsi, deux grandes forces solidaires entrent en concurrence : l'une s'articule autour de la requête de justice sociale et l'autre émerge au cœur de la préservation des privilèges et intérêts économiques.

Dans son second ouvrage *L'ère du capital* (1975) qui couvre cette fois-ci la seconde partie du XIXe siècle, **Hobsbawm** décrit l'intensification de ces confrontations de solidarité. À mesure que les alliances des élites se structurent et s'implantent, le mouvement ouvrier prend de l'ampleur pour déboucher sur ce que **Marx** appelait la « *lutte des classes* ». En effet, ce conflit s'incorpore progressivement dans la réalité de l'époque avec l'apparition des grandes grèves et de larges mouvements des travailleurs portant des revendications de réformes. Face à l'organisation ouvrière autour de syndicats et d'association, les grandes entreprises ont symétriquement formé des cartels industriels et des syndicats patronaux : Cela reflète un conflit de solidarité qui s'institutionnalise. De plus, **Hobsbawm** met en lumière le fait qu'au sein même d'un groupe à premier abord solidarisé autour d'une même cause, les conflits d'intérêts apparaissent au fil de sa structuration avec par exemple, les confrontations internes au sein des mouvements ouvriers avec notamment les divergences entre les syndicats radicaux et modérés, fondés sur des idéologies différentes.

À titre d'exemple, dans la France des années 1880 et 1890, le mouvement ouvrier se fractionne en plusieurs branches, notamment entre les anarchistes, divisés entre ceux influencés par **Proudhon** et prônant l'autogestion des travailleurs, et ceux influencés par Bakounine, qui soutenaient la création de fédérations de syndicats. Parallèlement, les syndicalistes révolutionnaires s'organisent autour de la Confédération Générale du Travail (CGT), appelant à la grève générale.

Par ailleurs, l'anarchisme du XIXe siècle est révélateur du morcellement des solidarités dans divers groupes. Ainsi, dans leur étude *Black Flame : The Revolutionary Class Politics of Anarchism and Syndicalism* (2009), **Lucien Van der Walt** et **Michael Schmidt** retracent l'histoire de l'anarchisme à travers le monde, en remettant en perspective la manière dont il a émergé, se dessinant comme une réponse radicale aux fragmentations sociales. Les auteurs soulignent que cette conception politique qui tend à supprimer l'État se développe sous l'influence de penseurs tels que Bakounine ou **Proudhon** pour détonner dans la fin du XIXe siècle. L'anarchisme prend ainsi sa source dans la contestation du pouvoir centralisé et des inégalités sociétales en prenant l'auto-organisation des travailleurs fondée sur une égalité et une coopération mutuelle de ces derniers. **Walt** et **Schmidt** décrivent le développement de l'apologie de la pratique d'« *action directe* » comme la désobéissance civile, dépeinte par les anarchistes comme le moyen le plus au fait de s'opposer aux structures de pouvoir. Cette idéologie se radicalise notamment en France dans les années 1890 avec la généralisation de la « *propagande par le fait* ». Dans l'espoir de provoquer une prise de conscience populaire, elle englobe les attentats, le sabotage et le boycott. L'anarchisme repose donc sur une solidarité qui prend racine dans l'opposition aux institutions d'abord étatiques mais aussi civiles, c'est-à-dire les syndicats ou les partis qui sont perçus comme des outils de compromission qui ne remettent pas en cause les fondements du pouvoir. Or, une fois encore, cela témoigne de la confrontation des solidarités puisque ces mêmes institutions sont solidaires en leur sein et avec leurs membres dans des revendications ou idéologies partagées.

De plus, les formes d'anarchisme radicalisées se désolidarisent d'une part de la société. À ce titre, l'attentat d'Émile Henry au Café Terminus le 12 février 1894, faisant une vingtaine de blessés et causant la mort d'un d'entre eux en fut l'illustration. Lors de son procès, Émile Henry déclamait d'ailleurs : « *Il me suffira de dire que je devins l'ennemi d'une société que je jugeais criminelle [...] Dans cette guerre sans pitié que nous avons déclarée à la bourgeoisie, nous ne demandons aucune pitié.* »

Enfin, d'un point de vue plus large, **Ranajit Guha** dans *Elementary Aspects of Peasant Insurgency in Colonial India (1983)*, met en lumière le fait que ces confrontations de solidarités peuvent freiner voire éteindre les lueurs de résistances populaires dans la société coloniale indienne. **Guha** décrit ainsi la somme des tensions entre élites traditionnelles qui cherchent à se maintenir, classes moyennes émergentes qui aspirent à de nouveaux rôles socio-économiques, paysans et travailleurs urbains. Il rappelle également que ces divisions sont, dans ce contexte, étroitement liées au système de caste et de diversité religieuse. L'historien dépeint la manière dont ces divisions de groupes sociaux affaiblissent les mouvements et ambitions de résistances, notamment des paysans, les empêchant de se solidariser de manière suffisamment vaste. De plus, **Guha** souligne que les élites locales exploitent les divisions au sein des travailleurs à leur profit et dans la préservation de leur pouvoir, révélant une véritable concurrence des solidarités de ces dernières face à la communauté rurale.

Ainsi, si les conflits entre solidarités peuvent faire obstacle à la révolte dans un contexte colonial, que devient l'entraide face aux crises ? Si elles peuvent se révéler limitées et fragiles dans divers contextes, quels effets produisent les menaces sur ces dernières : leur délitement ou leur élargissement ?

3.5 L'ambivalence des solidarités dans les crises

Dans notre histoire, les crises produisent des effets ambivalents sur les solidarités. C'est précisément le sujet que traite **Fernand Braudel** dans son ouvrage sur *La Méditerranée et le Monde Méditerranéen à l'époque de Philippe II* (1949). Dans cet ouvrage, l'historien se questionne sur les doubles conséquences des crises, notamment des famines et pénuries alimentaires, ainsi que sur les mécanismes d'entraide dans la période allant de 1556 à 1598. D'une part, il remarque que ces crises de subsistance ont la faculté de renforcer les solidarités communautaires où les membres, par instinct de survie collectif s'entraident et partagent les ressources dans une résilience commune. Dans les régions d'Italie du sud par exemple, les paysans organisaient des distributions collectives de grains. Mais d'autre part, **Braudel** souligne que ces crises peuvent simultanément exacerber les tensions et divisions sociales. Il évoque premièrement les pratiques de monopole des ressources. En effet, dans certaines villes italiennes, les riches marchands accumulaient des stocks de grains et attendaient que les prix augmentent pour les vendre. Cela a mené à des conflits virulents, allant par exemple, jusqu'à des émeutes à Gênes. **Braudel** observe aussi que ces crises érodent les liens de solidarité traditionnels entre les autorités locales et les paysans, comme pendant la famine de 1570 en Espagne qui a conduit au soulèvement d'une partie des paysans contre les autorités. Enfin, ces pénuries peuvent menacer l'ordre social et politique en révélant des solidarités d'entre-soi entre les cercles politiques et économiques, comme avec le cas des politiques d'importation de grains en Castille qui bénéficiaient surtout aux grands propriétaires et marchands en mesure de payer. Ici, les liens solidaires semblent s'inscrire dans une logique économique plutôt que dans la volonté de résilience collective.

À titre d'exemple l'ouvrage *The Great Irish Famine: Impact, Ideology and Rebellion* (2001) de **Christine Kinealy** permet de mettre la lumière cette dimension de manière plus contemporaine. L'historienne retrace la manière dont a famine a affecté les solidarités locales en Irlande. D'une part, elle soutient que la perte de récoltes et le manque de nourriture ont exacerbé les divisions et tensions par des compétitions pour l'accès aux rares ressources disponibles, mais d'autre part, la famine a servi de catalyseur pour l'émergence du nationalisme irlandais et des mouvements de rébellion contre la domination britannique. L'ouvrage met l'accent sur la façon dont la mémoire collective de ce traumatisme a été un vecteur servant à solidariser les individus à la cause autonomiste.

Outre la question de la famine, **Frank M. Snowden** s'interroge sur le double impact des épidémies sur les solidarités dans son étude sur *L'épidémie et la société : De la peste noire à nos jours* (2019). **Snowden** affirme que d'un côté, elles consolident les mécanismes de coopération, et ce, à l'échelle tant communautaire que nationale. Au niveau local, à travers la peste noire du XIVe siècle, il décrit le développement d'institutions charitables de soin des malades, tenus par des ordres religieux et des bénévoles, comme étant l'expression d'une forte conscience collective de la nécessité de la survie de tous. À l'échelle nationale, l'épidémie de choléra du XIXe siècle a conduit à l'amélioration et à la modernisation des infrastructures sanitaires dans de nombreuses villes européennes, notamment par la mise en place de systèmes d'égouts et de grande distribution d'eau potable. Ici encore, **Snowden** met l'accent sur la matérialisation de solidarités comme garantes de la survie et de la résilience des sociétés. Toutefois, l'auteur montre également l'autre versant des épidémies : celui de la fragmentation sociale. En effet, la peste noire a conduit à la stigmatisation et l'exclusion d'individus, en l'occurrence de la communauté juive qui était considérée comme responsable de cette contagion. Ce phénomène a débouché sur des persécutions violentes, telles que les pogroms qui ont exacerbé les tensions entre groupes sociaux et religieux. Enfin, l'auteur insiste sur le fait que les épidémies ont parfois creusé les inégalités économiques et ont participé à la méfiance envers les autorités et institutions. En effet, la peste de Marseille en 1720, a vu l'avènement des quarantaines qui ont eu pour conséquences la fermeture des ports et les restrictions sur les déplacements, paralysant le commerce. De ce fait, une grande partie des marchands et travailleurs ayant subi ces mesures se sont montrés de plus en plus défiants vis-à-vis de l'État, intensifiant ainsi les divisions sociétales. L'ouvrage de **Snowden** en dépeignant la complexité des impacts des crises à dimension vitales sur les solidarités, témoigne de leurs limites à toutes les échelles.

Ainsi, dans l'adversité, les solidarités se sont révélées fluctuantes et ambivalentes. Est-ce toujours le cas dans les sociétés contemporaines ? Constituent-elles toujours le cœur du lien social ou sont-elles seulement mobilisées opportunément à des fins intéressées ?

CHAPITRE 11

Les solidarités en crise(s) ?

SOMMAIRE

1 Une crise de l'État-providence ?

1.1 Clivages dans la conception des solidarités : un État ou des États-providence ?

Les solidarités ont été éprouvées par les guerres mondiales, induisant d'une part la désolidarisation des sphères politiques, économiques et sociales de la société ; d'autre part, la formation de structures sociales et solidaires en réaction. Si les solidarités s'avèrent constitutives de l'organisation des sociétés humaines, l'avènement des États tend à les incorporer dans leurs considérations. Les États-providence naissent alors du ferment des guerres dans l'objectif de garantir un accompagnement des individus face aux risques de la vie. Pour autant, au sortir de la Seconde Guerre mondiale, les conceptions de l'État-providence se heurtent aux convenances particulières, et une multitude d'interprétations des solidarités en découle.

L'ouvrage *Les trois mondes de l'État-providence* (1990) suggère qu'il existe des États-providence dont la portée des actions ne se limite pas uniquement aux politiques sociales. Si la définition conventionnelle dispose « *d'assurer un bien-être minimum à ses citoyens* », **Gøsta Esping-Andersen** insiste sur le fait qu'« *il n'existe pas une forme unique d'État-providence, mais trois types ou régimes d'État-providence, dotés chacun de sa propre logique d'organisation, de stratification et d'intégration sociale* ». L'auteur étend alors le champ d'action de l'État-providence et dresse trois catégories. Tout d'abord, le sociologue présente l'État-providence « *libéral* », notamment établi aux États-Unis et au Canada. Les dispositifs de solidarité sont fortement conditionnés et relativement modestes. S'adressant à la proportion de la population la plus vulnérable, « *les limites de la protection sociale équivalent à la propension marginale à opter pour la protection sociale plutôt que pour le travail* ». À cet effet, le système de solidarité « *libéral* » tend à la stigmatisation des bénéficiaires. Ensuite, l'État-providence

« *conservateur* » et fortement « *corporatiste* » se détache des logiques de marché, tout en entretenant la logique de hiérarchie des classes. En d'autres termes, l'importance de statut social prévaut à la dimension libérale qui privilégie la conditionnalité des aides solidaires. Par conséquent, le potentiel de solidarités de ce modèle corporatif est limité : « *la pression de l'État pour maintenir les différences de statut signifie que son impact redistributif est négligeable* ». Enfin, le régime « *social-démocrate* » repose sur les principes d'universalisme et de démarchandisation des droits sociaux. Les programmes de solidarité s'orientent vers une amélioration globale et non pas minimale des niveaux de vie en alliant la protection sociale à la protection du travail. Dès lors, ce régime induit une interdépendance élevée puisqu'« *[il] neutralise le marché et par conséquent établit une solidarité globale en faveur de l'État-providence. Tous en profitent, tous sont dépendants et il est probable que tous se sentent dans l'obligation de payer* ». **Gøsta Esping-Andersen** confronte ainsi les différents « *mondes de l'État-providence* » et atteste des clivages entre les conceptions des réseaux de solidarités. Il est à noter que les modèles théoriques diffèrent des États-providence établis, c'est pourquoi un État n'est jamais providence en son tout.

Au sein d'un même régime d'État-providence, la perception des solidarités diffère également. Dans le mensuel *Regards*, **Didier Blanchet** développe les antagonismes relatifs aux programmes de solidarités à travers le choix du système de retraite. L'article « Individualisme et solidarisme dans le système de retraite : que reste-t-il du débat répartition-capitalisation ? » (2023), compare un système de capitalisation à un système par répartition. Si le premier ne convoque ni solidarités intra, ni intergénérationnelles, le second repose sur une obligation redistributive entre générations. La dimension individualiste par une cotisation unique de chacun rompt avec la perspective solidariste où le financement des pensions des retraités est indexé au travail des actifs. Or les phénomènes de vieillissement démographique et d'augmentation de l'espérance de vie appellent au dépassement de ces clivages : « *ni l'une ni l'autre des deux solutions ne [peuvent] représenter des échappatoires durables* ». C'est pourquoi, face aux divisions relatives à l'intégration de mécanismes solidaires, l'économiste nuance le débat par la proposition d'un apport solidaire au système de capitalisation : l'alternative d'un système de « *capitalisation collective obligatoire laissant place à de la redistribution intragénérationnelle* ».

1.2 Un État-providence inefficace pour garantir les solidarités ou le choix de conserver les inégalités et discriminations ?

Si l'essence de l'État-providence est d'intervenir au-delà des sphères régaliennes en se portant garant de la protection sociale, son efficacité peut se révéler parcellaire, et ce, aux dépens des plus vulnérables.

À ce titre, la crise climatique défie les mécanismes traditionnels de solidarité des États-providence. L'ouvrage *Insoutenables inégalités* (2017) évoque l'inégale exposition aux risques environnementaux, même dans les pays les plus développés. **Lucas Andersen** attire l'attention sur un « *cercle vicieux* » entre les inégalités environnementales et socio-économiques, ainsi que la double asymétrie qu'elles entraînent. En effet, les plus grands pollueurs sont généralement ceux qui sont le moins affectés par leurs externalités, si bien que « *La destruction de l'environnement, généralement considérée comme un préjudice transmis d'une génération à l'autre, aggrave également les inégalités sociales au sein des générations.* » Pour pallier le creusement des inégalités, l'économiste appelle à concilier justice sociale et protection de l'environnement pour un avenir plus équitable et durable. À cette fin, des politiques sociales solidaires peuvent être mises en œuvre, à l'image de la fiscalité écologique avec la taxation du carbone. Il s'agit alors de repenser l'État social en juxtaposant les impératifs de solidarité sociale et environnementale.

Néanmoins, les inégalités dues à une absence de solidarités ne seraient-elles pas un choix de société ? Il s'agit de la thèse défendue par **François Dubet**, dans son ouvrage *La préférence pour l'inégalité.* Si les solidarités se comprennent comme « *l'attachement aux liens sociaux qui nous font désirer l'égalité de tous* », l'auteur remet en cause l'idée selon laquelle les inégalités seraient le produit de l'économie de marché et de l'échec des institutions à garantir l'égalité sociale. « *Ce ne sont pas seulement les inégalités et les crises économiques qui affectent les liens de solidarité ; c'est aussi et peut-être surtout la faiblesse de ces liens qui explique le creusement des inégalités.* » Au-delà de la provocation, le « *choix de l'inégalité* » découlerait d'un ensemble de « *pratiques individuelles* ». Les inégalités sont perçues comme un continuum de situations, si bien que « *les individus sont pris dans des échelles d'inégalités plus fines, plus visibles et surtout plus sensibles que les grandes inégalités qui finissent par être si grandes qu'elles en deviennent abstraites* ». **François Dubet** illustre ses propos relatifs au renforcement des inégalités par l'étude des choix résidentiels qui remettent en question rapports solidaires entre les individus. Ces arbitrages, issus en partie des ressources économiques de chacun, entraînent un séparatisme social traduisible en inégalités. Face aux « *ghettos de riches* », les quartiers en difficulté sont considérés comme des « *classes dangereuses* », ce qui affecte les liens de solidarités entre individus. Cependant, le sociologue insiste sur le fait que « *Les individus ne recherchent pas les inégalités, mais leurs choix les engendrent. Plus les inégalités sociales se creusent, plus les interactions se resserrent entre ceux qui se ressemblent du point de vue économique, culturel et parfois « ethnique ».* » Ainsi, solidarités et inégalités sont intrinsèquement liées et s'auto-alimentent voire s'auto-délitent.

En outre, dans une tribune parue le 4 juillet 2023 dans le journal *Le Monde*, **Éric Fassin** condamne vigoureusement la décision de la Cour suprême des États-Unis arbitrant pour l'interdiction des critères raciaux pour la sélection dans les universités. Mesures qualifiées de « *réactionnaires* » par le professeur, il s'agirait du recul « *d'un acquis décisif de l'histoire des droits civiques américains* ». En d'autres termes, l'arrêt *Students for Fair Admissions v. President of Harvard College et University of North Carolina* du 29 juin 2023, dépeint le délitement des mécanismes de solidarités sous couvert de compenser la discrimination raciale induite par le critère racial. Cette décision renverse la jurisprudence avec l'arrêt *Bakke* (1978), selon laquelle les quotas d'admissions en faveur des minorités ethniques étaient bel et bien suspendus, mais un compromis entre les juges disposait d'une tolérance solidaire rigoureusement limitée et contrôlée pour les universités. En parallèle, Éric Fassin dénonce le maintien concomitant du « *privilège familial* » : un recrutement en faveur des candidats dont les parents sont issus de l'université, des enfants du personnel, voire des généreux donateurs. Selon l'auteur de la tribune, « *parmi les étudiants de Harvard, 43 % des Blancs ont ainsi contourné l'exigence méritocratique* ». Ainsi, le sociologue avance qu'« *en supprimant la discrimination positive, la Cour suprême s'aveugle donc au racisme de la société* ». Si le sociologue affirme que « *l'égalité a une valeur sociale qui dépasse les intérêts particuliers* », l'interdiction de la discrimination positive aux États-Unis par la Cour suprême alimente les débats sur la capacité de l'État à encourager des dispositifs de solidarités au profit des plus vulnérables.

1.3 Un État-providence à la gouvernance paralysée ou l'illusion du développement des politiques solidaires ?

Si nous avons exploré les lacunes de l'État-providence quant à ses moyens pour pallier certaines inégalités et discriminations, cette forme d'impuissance étatique pourrait s'expliquer par une gouvernance enraillée.

Dans le chapitre « La gouvernance de la protection sociale » de l'ouvrage *Refonder les solidarités* (2016), **Dominique Balmary** et **Robert Lafore** soulignent la complexité du modèle de gouvernance solidaire de la protection sociale à travers une étude des systèmes de la Sécurité sociale en France. Les auteurs se heurtent tout d'abord à la définition de gouvernance dans la mesure où « *La volonté originelle d'unité, d'universalité et de gestion par les intéressés a cédé rapidement la place à une mosaïque organique et fonctionnelle où il devient difficile de saisir qui décide. Il en a résulté une tension entre deux mouvements : un processus d'étatisation dans l'espoir d'une meilleure maîtrise de l'évolution par la loi et un recours aux partenaires sociaux et au modèle conventionnel pour organiser la gestion.* » En effet, l'accroissement de la demande de solidarité avec la protection sociale est conditionnée par des motivations économiques. C'est pourquoi un processus « *d'étatisation* » de la protection sociale au nom de la généralisation et l'expansion des solidarités a été remplacé par un système de régulation aux « *dispositifs procéduraux* » afin de maîtriser les dépenses publiques en octroyant plus de responsabilités aux partenaires sociaux. Pour autant, ce « *dispositif polyarchique* » de gouvernance de la protection sociale en France est également entravé par des facteurs de déstabilisation exogènes. Le chapitre témoigne de la pression exercée par l'Europe avec la surveillance budgétaire à partir du traité de Maastricht (1992) pour limiter l'endettement et le déficit budgétaire. Cela entraîne une reconfiguration des modèles de protection sociale telle qu'une indexation des montants des allocations familiales aux revenus des familles, et ce, aux dépens des principes d'universalité des solidarités. La gouvernance de la protection sociale est aussi confrontée à l'élément démographique par l'augmentation de l'espérance de vie et le vieillissement de la population, induisant une crise des solidarités sur le plan des réponses aux besoins des individus en perte d'autonomie. Ainsi, la gouvernance d'un système de solidarités sociales est soumise à de perpétuelles tensions qui complexifient son organisation et la portée de ses actions.

Malgré une gouvernance oscillant entre ambiguïtés et contradictions, les politiques solidaires et notamment sociales, s'inscrivent au cœur de projets politiques. **Pierre Manenti**, dans son ouvrage *Histoire du gaullisme social* (2021), dépeint l'évolution des préoccupations des dispositifs de solidarité à résonances sociales dans les mouvements gaullistes. À l'origine, le projet du Général repose sur son éducation empreinte du catholicisme social, fondé sur une conscientisation de la misère humaine de certains milieux ouvriers, jusqu'à porter un projet utopique d'égale émancipation de tous. S'il a existé diverses influences au gaullisme telles que le gaullisme libéral, seul le gaullisme social semble faire la synthèse de la gauche et de la droite, d'une pensée entre capitalisme et socialisme. Dans un discours le 1er mai 1950 sur la pelouse de Bagatelle, le général de Gaulle affirme d'ailleurs que « *L'épée de Damoclès demeurera suspendue tant que chaque homme ne trouvera pas dans la société sa place, sa part, sa dignité* ». Dès le Gouvernement provisoire de la République française, des ordonnances sociales sont publiées, comme le droit de vote des femmes le 21 avril 1944, le rétablissement de la liberté syndicale le 27 juillet et le relèvement des cotisations de la Sécurité sociale le 30 décembre. Néanmoins, la ligne du gaullisme social promouvant un programme intégrant les solidarités a laborieusement été préservée. En effet, le gaullisme social a été le mouton noir de cette lignée idéologique, si bien que son effacement relatif a été le sujet des critiques de l'aile gauche du gaullisme malgré des mesures sociales sous Chaban-Delmas telles que l'instauration du SMIC en janvier 1970. Fragilisé par un manque de cohésion, l'avènement de Philippe Séguin à la fin des années 1980 a finalement permis d'ancrer à nouveau la pensée du gaullisme social. De fait, au-delà d'une gouvernance pouvant s'avérer paralysée, la mise en œuvre de politiques solidaires est à la croisée des ruptures entre programmes politiques, ce qui reporte *sine die* son application.

1.4 Réformer l'État-providence en crise : d'un État social à l'économie des solidarités ?

L'État-providence est fondé sur un système de solidarités lui permettant de financer des mécanismes de protection, notamment sociales. Toutefois, des facteurs exogènes tels que des crises financières peuvent déstabiliser les équilibres de ce régime providentiel.

À la suite de la crise économique de 1970, **Pierre Rosanvallon** révèle que la crise de l'État-providence est plurielle. Celle-ci ne serait pas uniquement entretenue par des difficultés d'ordre financier. Selon l'auteur, « *le principal blocage de l'État-providence est en effet d'ordre culturel et sociologique* ». D'après la typologie de l'ouvrage *La crise de l'État-providence* (1981), au-delà de la crise financière, une crise d'efficacité et de légitimité menacent les principes de solidarité nationale. L'État échoue à pallier le chômage, les politiques de relance keynésiennes des années 1970 sont vaines, l'augmentation des prélèvements obligatoires pour maintenir les actions solidaires pâtit d'un manque de transparence jusqu'à formuler un « *doute sur l'égalité comme finalité sociale* » et les écarts entre catégories sociales se creusent. Pour cela, **Pierre Rosanvallon** soutient que l'État-providence traditionnel est fragilisé, si bien qu'une alternative de « *société solidaire* » permettrait de le maintenir. Face à l'urgence, l'historien développe l'idée du triptyque « *de la socialisation, de la décentralisation* *et de l'autonomisation* » afin d'encourager la dynamique de « *réduction de la demande d'État, de réencastrement de la solidarité dans la société et de production d'une plus grande visibilité sociale* ». En d'autres termes, la garantie des actions solidaires de l'État-providence est fragilisée sous l'effet d'une triple crise.

À cet effet, les modèles d'États-providence sont amenés à se renouveler, jusqu'à redéfinir le spectre des solidarités, dont les accusations de déconnexion vis-à-vis des besoins de la société s'accumulent. **Alain Bergounioux** défend la thèse selon laquelle la crise des modèles d'États sociaux impose une réforme pour les légitimer à nouveau et garantir un système de protection solidaire en adéquation avec les nouvelles exigences sociétales. Le chapitre « La social-démocratie face à la réforme de l'État-providence » issu de l'ouvrage *Les Solidarités* (2017) sous la direction de **Michel Wieviorka**, met en exergue que « *les politiques menées [par les États sociaux] ne correspondent qu'imparfaitement aux nouvelles réalités sociales* ». Cinq nouveaux défis que les sociétés rencontrent sont identifiés, parmi lesquels la transformation du marché du travail avec notamment le développement du travail précaire qui menace le système de solidarité fondé sur ce modèle, ou encore la transformation des « *besoins familiaux* » tels que la progression des familles monoparentales qui implique une révision des allocations. Pour justifier la crise de légitimité de l'État social, l'historien évoque également la transformation de la considération des risques individuels engendrés en partie par des parcours professionnels plus flexibles et discontinus, l'insuffisance des États à contenir les inégalités, ainsi que la sensible augmentation des dépenses sociales avec un affaiblissement du consentement à contribuer à une solidarité universelle portée par « *la critique de l'assistanat* ». Si les dispositifs de solidarité ont été instaurés à la sortie de la Seconde Guerre mondiale en bénéficiant d'un contexte socio-économique prospère, l'auteur argue que celui-ci est révolu. Par conséquent, une « *réforme inévitable* » émerge. D'après l'auteur, les modèles les plus libéraux qui tendent à alléger voire supprimer les protections menacent la cohésion solidaire des sociétés. Ainsi, cet ouvrage témoigne d'un impératif de réforme de l'État-providence afin de correspondre aux aspirations de la société et de préserver les systèmes de solidarité périclitant.

1.5 Vers une contestation de l'État-providence et de son système de solidarités ?

L'État-providence est considéré comme un acquis malgré le délitement des liens de solidarité et la perfectibilité de certaines politiques publiques. Cependant, le modèle que nous connaissons aujourd'hui est remis en question de manière plus ou moins radicale.

Dans une conception libérale de l'État, **Friedrich Hayek** met en exergue le péril des libertés individuelles dans un État interventionniste. Il met aussi en garde contre les politiques redistributives solidaires et le risque de dérive autoritaire par une concentration des pouvoirs politiques et économiques. Dans son ouvrage *La route de la servitude* (1944), bien qu'il accuse explicitement le socialisme d'être à l'origine du fascisme et du nazisme par l'intermédiaire du collectivisme et du planisme, le théoricien se détache de tout « *laisser-faire dogmatique* ». Par ailleurs, **Hayek** définit le collectivisme comme « *l'organisation des travaux de la société en vue d'un but social déterminé* », ce qui intègre notamment le déploiement accru de politiques solidaires. Considérant le planisme tel « *un système où la volonté de quelques-uns déterminerait pour quelles parts attribuer à chaque personne* », l'économiste admet que ce modèle nie l'individualisme dès lors qu'une minorité arbitre à la place des individus, et ce, même dans la perspective de subvenir à leurs besoins. Si l'individualisme implique de « *reconnaître l'individu comme juge en dernier ressort de ses propres fins, croire que dans la mesure du possible ses propres opinions doivent gouverner ses actes* », le planisme est un danger dont toute politique solidaire et distributive menacerait la liberté des individus. Dans cette vision libérale de l'intervention publique, l'État a néanmoins la responsabilité de dresser un cadre pour limiter la dégradation des liens : « *Chaque fois que la communauté peut agir pour atténuer les conséquences des catastrophes contre lesquelles l'individu est impuissant, elle doit le faire.* ». Ainsi, les formes d'État-providence ou du moins interventionnistes par un système de redistribution solidaire peuvent être perçues comme un danger pouvant conduire à des dérives tyranniques.

L'idée selon laquelle les individus sont dépossédés de leurs droits politiques par la puissance souveraine en échange de dispositions solidaires est reprise dans l'ouvrage *De la France* (2022). **Laetitia Strauch-Bonart** met en évidence une « *asymétrie fondamentale* » entre l'État et les citoyens à travers le concept de « *société de créance* ». Selon elle, ce modèle de société asservirait les individus aux solidarités étatiques. En effet, l'essayiste souligne le paradoxe selon lequel la puissance de l'État s'amenuise à mesure que son interventionnisme s'étend. Pourtant, sur le modèle du contrat social de **Rousseau**, la « *société de créance* » lie les individus « *à leur Léviathan* » en lui octroyant une légitimité certaine. **Laetitia Strauch-Bonart** dénonce alors ce « *pacte faustien* » dont la demande aux citoyens est déséquilibrée par une modeste contrepartie solidaire. En d'autres termes, « *la créance est ce grand tout qui intègre tout en écrasant mais écrase plus qu'il n'intègre* ». Ce modèle engendre alors une dépendance considérable des citoyens envers les services publics qui sont considérés comme acquis et non plus uniquement facultatifs. Ces compensations par l'État-providence l'érigent non plus seulement comme « *protecteur ou serviciel, mais nourricier* ». Dès lors, l'auteure déplore qu'un système de vulnérabilité des droits se soit substitué à un système de solidarité dans la mesure où « *l'extension de l'assistance est allée de pair avec la privation de nos libertés et le rabougrissement d'une société civile digne de ce nom* ». Ainsi, cet ouvrage remet en cause les fondements de l'État-providence tel qu'ils sont établis en France en défendant qu'ils alimentent une atmosphère « *constante d'instabilité et de ressentiment* ».

2 Une crise des liens sociaux ?

2.1 Délitement du lien social et désolidarisation des individus ?

La remise en question des modèles d'États-providence semble être portée par une mutation des relations entre les individus. À cet égard, l'évolution du lien social tendant vers son délitement engendrerait un affaiblissement des solidarités.

Dans le prolongement, si les liens sociaux se dégradent, les mobilisations sociales et solidaires en pâtissent. C'est pourquoi, dans l'ouvrage *Sociologie des mouvements sociaux* (2015), **Érik Neveu** recueille les analyses de ces regroupements solidaires fondés sur « *un agir-ensemble intentionnel, marqué par le projet explicite des protagonistes de se mobiliser de concert* ». À partir des années 1960-1970, de « *nouveaux mouvements sociaux* » émergent à travers le féminisme, l'écologisme ou encore les mouvements régionalistes. L'auteur dresse alors quatre critères qui attestent de la rupture entre ces nouvelles mobilisations et les traditionnels mouvements solidaires d'ordre syndical ou ouvrier. Il soutient notamment qu'« *une deuxième ligne de clivage réside dans les valeurs et revendications qui accompagnent la mobilisation* ». Si les contestations passées s'articulaient autour de considérations générales, il s'agit désormais d'exigences plus resserrées, localisées : « *plus qualitatives* ». Les dynamiques solidaires se concentrent alors sur un unique objet, passant de l'idée de redistribution des richesses à des sujets précis tels que la fermeture d'une centrale nucléaire. De concert, la dimension identitaire influe sur la nature des solidarités de ces nouveaux mouvements. Par exemple, les considérations de classes sont progressivement remplacées par des principes identitaires d'ordre religieux ou encore relatifs à l'orientation sexuelle. En outre, le sociologue met en exergue l'importance de la technologie, jusqu'à prétendre qu'elle « *renouvelle le nouveau des mouvements sociaux* », en alimentant les liens de solidarité, même « à *une distance critique* ». En effet, l'élément technologique « *permet la mobilisation dans un contexte de « fragmentation » des identités sociales* ». L'auteur précise que les réseaux sociaux consacrent « *la force des liens faibles* » dans la mesure où des actions connectées sont rendues possible par ce coordinateur de solidarités. Ainsi, le phénomène d'un engagement militant plus distancé et focalisé autour de l'identité de l'individu défie les mobilisations collectives fondées sur les principes solidaires.

Toutefois, de nouvelles valeurs fondamentales de solidarité voient également le jour dans le domaine professionnel. **Frédérique Barnier** établit d'ailleurs une corrélation entre le « *processus de déstabilisation et déspatialisation de l'emploi* » et l'affaiblissement des solidarités sociales. Dans son article « Solidarités sociales et espaces de travail » (2022), il insiste sur le travail comme « *élément déterminant de l'ordre social et spatial* », si bien que le salariat renforce les solidarités entre individus de manière notoire, tout en garantissant des droits et protections aux employés. Or, à partir des années 1980, le marché de l'emploi se précarise avec la désindustrialisation et le développement des contrats courts, qui tendent « *à contourner le salariat « traditionnel » et ses droits acquis* ». La crise de la Covid-19 a accéléré ce phénomène avec l'augmentation du travail indépendant et du télétravail. Si ces formes de travail concordent avec une « *valorisation de l'autonomie individuelle* » symbolisée par le statut de micro-entrepreneur, l'auteur attire l'attention sur le délitement des solidarités et coopérations entre individus, car « *en les extrayant du collectif de travail, en recentrant les salariés sur leur confort individuel (en priorisant le cadre de vie « hors travail » devenu par défaut celui de l'activité), le télétravail opère une rupture évidente avec ce qui avait permis la constitution même du salariat, une intégration collective* ». Dans le prolongement, **Frédérique Barnier** déplore que le travail devienne aussi un vecteur de désolidarisation avec des critiques « *d'assistanat* » face à l'octroi d'aides solidaires. Ainsi, la transformation du marché du travail traduit aussi une forme de décomposition des solidarités entre des individus par un processus d'isolement professionnel.

2.2 Solidarités face aux replis individualistes ?

L'isolement progressif des individus limite *de facto* les interactions avec autrui. L'absence d'altérité peut alors engendrer une défiance vis-à-vis des individus qui lui sont étrangers.

Dans l'article « Liberté individuelle et solidarités » (2012), **Robert Castel** présente la « *solidarité collective* » comme une condition nécessaire à l'intégration des individus dans la société. Cette disposition leur permet de bénéficier d'un ensemble de ressources paradoxalement essentiel à leur indépendance. L'auteur insiste sur le fait qu'« *un individu, ça ne tient pas debout tout seul* », d'autant plus que l'entrée dans la collectivité est sanctionnée de droits sociaux. « *On voit bien – du moins on aperçoit – que cette consistance de l'individu qui lui assure un minimum d'indépendance ou de liberté n'existe que parce qu'il est pris dans ce système de protections collectives. Autrement dit, même si ça paraît un paradoxe, c'est l'appartenance collective qui protège et qui libère cette majorité d'individus qui ne pouvaient fonder leur indépendance sur la propriété privée.* » Or le sociologue alerte sur la fragilité de cette cohésion sociale, au détriment des libertés individuelles et de la capacité des individus à se détacher de toute « *dictature du besoin* ». À partir des années 1970, sous l'effet de la mondialisation, le système de solidarité est perçu comme une entrave aux logiques de marché. À cet effet, des réformes libérales ont été opérées afin de limiter les dispositifs de solidarité collective, avec pour effet une dynamique de désolidarisation et d'individualisation fragilisant l'édifice collectif des droits et des protections associées. Ainsi, les solidarités collectives, bien qu'assurant la protection des individus, peuvent se trouver menacées et entraîner un développement de l'individualisme néfaste.

La dynamique de repli sur soi est analysée dans l'ouvrage *Fractures françaises* (2010). **Christophe Guilluy** présente une France duale – entre métropoles et périphéries – et démontre la complexité du vivre ensemble par la rupture du lien social et l'absence de réseaux solidaires. L'analyse d'une recomposition territoriale repose sur le diagnostic d'un « *séparatisme social et culturel* » sous l'effet de la mondialisation. Si les métropoles jouissent « *d'une mondialisation heureuse* », les espaces périphériques et ruraux se désolidarisent et souffrent de conditions de vie se dégradant. L'auteur développe dès lors le concept d'« *exil de l'intérieur* » pour illustrer les conséquences de la mise en concurrence des territoires aux dépens des catégories populaires. La concentration des activités à emploi qualifié dans les métropoles éloigne et isole ces catégories précaires. Le géographe insiste par ailleurs sur l'invisibilisation de celles-ci avec la question sociale qui semble être reléguée second plan, « *au profit d'une image d'une société apaisée, consensuelle, avec une classe moyenne majoritaire* ». Néanmoins certains liens sociaux subsistent, notamment avec les préoccupations relatives à la diversité ethnique qui prospèrent. Si certains dispositifs solidaires de discrimination positive ont été instaurés dans les grandes écoles, cela « *n'a ainsi donné lieu à aucune réflexion de fond sur la crise de la mobilité sociale pour l'ensemble des milieux populaires* ». En définitive, tant spatialement que politiquement, les catégories populaires sont mises à l'écart par le phénomène de grégarisme qui vise à éviter les catégories inférieures dans le domaine foncier et scolaire. Pourtant, une rupture sociale et solidaire s'avère également actée au sein des catégories populaires, qui cherchent à se détacher de toute mixité communautaire, voire privilégient désormais la défiance sur des sujets tels que l'immigration. Ainsi, le territoire français se présente aussi divisé que dépourvu d'ancrages solidaires capables à pallier les clivages sociaux.

2.3 Segmentation et concurrence entre solidarités ?

Face aux replis individualistes, la question du reniement des systèmes collectifs et notamment des solidarités demeure. En effet, l'un remplace-t-il l'autre ? Les intérêts individuels et collectifs sont-ils réciproquement hostiles ou bien peuvent-ils converger malgré leur conduite différenciée ?

À ce propos, l'article « *Le conflit des deux modernités et la question de la disparition des solidarités* » (1998) lie la notion d'individualisation avec la sortie progressive de la logique collective engendrée par la segmentation des responsabilités des individus. **Ulrich Beck** présente alors deux types de modernités à l'origine de cette transformation, à travers lesquelles il introduit notamment la « *modernisation réflexive* » remontant à la période post-industrielle. Celle-ci découle d'une « *détraditionalisation* », c'est-à-dire la rationalisation puis l'abolition progressive des fondements socio-culturels hérités de la société industrielle, tels que les classes sociales et l'attribution de rôles par sexes. D'après l'essayiste, cette modernisation opère car les institutions et cadres normatifs traditionnels ne correspondent plus aux besoins du modèle de société désormais individualisé. La notion d'individualisme soutenue par l'auteur fait davantage référence à une « *décomposition* » suivie d'un « *abandon des modes de vie de la société industrielle* », qu'à un isolement strict des individus. L'avènement des modernisations consacre par ailleurs la multiplication des prises de décisions risquées par un unique individu, qui est alors désormais « *éparpillé dans une multitude de dilemmes indécidables* ». Ainsi, les solidarités se heurtent au passage d'une logique sociétale d'« *appartenance collective* » à la conduite de « *sa propre vie* ». En d'autres termes, la société s'établit désormais sur des bases individuelles qui se chevauchent et « *les crises sociétales apparaissent comme des crises individuelles et sont de moins en moins considérées dans leur dimension sociale* ». Alors que les obstacles et combats d'antan résonnaient par la logique de classes car les intérêts étaient communs à tous, les objets de mobilisation sont désormais investis puis résolus par un individu seul. Ainsi, les solidarités se subdivisent à l'échelle des individus qui, tout en continuant à composer une société collective, conduisent leurs propres choix avec les conséquences que ceux-ci impliquent.

Si les solidarités se subdivisent avec l'avènement de la société post-industrielle, elles peuvent également entrer en concurrence de manière préjudiciable pour les liens sociaux. Dans l'article « *Les ONG protectrices des droits humains en concurrence entre elles et avec les organisations intergouvernementales* » (2020), **Kounba Demebele** évoque la concurrence des différentes ONG entre elles ainsi qu'avec les organisations internationales et ce, aux dépens de leurs actions solidaires auprès des populations. Si les organisations internationales sont de nature interétatique avec un rôle de coordination des solidarités humanitaires, les ONG sont quant à elles reconnues pour leur activisme orienté vers la protection des droits humains, leur « *chasse gardée* ». Sous couvert de coopération, leurs relations varient de la concurrence jusqu'au conflit en cas d'entraves à la coopération dans certaines instances par exemple. En effet, chacun tente de mettre en évidence son action par un jeu d'influence. L'auteur mentionne d'une part un affrontement idéologique « *situé historiquement et culturellement* » avec notamment une opposition hégémonique de valeurs entre les ONG du Nord qui promeuvent les droits civils et politiques, tandis que les ONG du Sud orientent leurs actions solidaires vers les droits sociaux, économiques et culturels. D'autre part, l'auteur souligne que la concurrence se cristallise d'autant plus dans les zones d'intervention, avec la recherche du monopole par exemple, mais aussi lors de la recherche de fonds nécessaires à leur déploiement. Ainsi, aussi louables soient les solidarités mobilisées, celles-ci entrent en concurrence et remettent en question les fondements qui unissent la cause défendue. Entre rivalités et segmentation des liens, les solidarités sont bel et bien intrinsèquement liées au maillage de cohésion sociale.

2.4 Solidarités comme fardeau social entraînant la division de la mobilisation solidaire ?

Les liens sociaux se cristallisent en période de crise et les procédés de protection sont alors remis en question. Les solidarités sont ainsi les victimes collatérales, si bien que les systèmes solidaires sont perçus par les plus libéraux comme une charge pour la société.

Les réformes des politiques publiques témoignent de cette fragilisation des solidarités dès lors que les liens sociaux se disloquent. L'ouvrage *Gouverner par les incitations, Les nouvelles politiques sociales en Europe* (2016) précise l'essence des réformes dites « *actives* » visant à réduire les aides sociales pour enjoindre les individus à travailler. Par une étude comparative en France, Espagne et aux Pays-Bas, **Mehdi Arrignon** constate que les allocataires sociaux sont considérés à l'aune de la figure de « *l'assisté* ». Ces derniers sont dépeints tels des individus cherchant à maximiser leurs gains par des calculs coûts/bénéfices, ce qui se traduirait par un effet désincitatif sur l'emploi voire favoriserait une « *trappe à l'inactivité* ». Par la dénonciation d'aides « *généreuse[s], les principes de solidarités envers les plus vulnérables s'avèrent bafoués et suivis d'une crise de la confiance* ». Dressant une corrélation positive entre le taux de chômage et le niveau des allocations, l'OCDE est également favorable à réviser les modèles de solidarités en abaissant les allocations pour relancer l'emploi. Ainsi, l'auteur s'interroge sur la nature des « *réformes actives* » : « *les réformateurs sociaux sont-ils allés jusqu'à penser l'appauvrissement de ceux qui ne travaillent pas comme un moyen de les [allocataires sociaux] inciter davantage au travail ?* ». Pour reprendre l'expression de **Eichhorst** et **Konle-Seidl** (2008), « *les politiques sociales traditionnelles sont vues comme une partie du problème, moins comme une solution* ». En parallèle, le renforcement des dispositifs de contrôles des aides sociales vise à responsabiliser et à favoriser la solidarité. L'aide sociale est ainsi conditionnée par un ensemble de contreparties dites solidaires pour prémunir la communauté de potentiels abus.

La perspective communautaire éveille également certaines tensions entre divers groupes sociaux dont les pratiques solidaires sont ni spontanées ni similaires. La division des interactions est alors intensifiée tandis que les élans solidaires sont plus diffus. Dans le chapitre « Le conflit des solidarités dans le monde arabe » issu de l'ouvrage *Solidarités* (2015) sous la direction d'**Alain Supiot**, **Gilbert Achcar** dresse le panorama des solidarités dans cette région du monde. Les solidarités communautaires s'observent, d'une part, en vertu d'une base régionale dans l'organisation tribale de « *sociétés segmentaires* », et d'autre part, par un ferment religieux autour de la foi et du système de valeur induit. Les printemps arabes ont cependant fait émerger une nouvelle forme de solidarité aux aspirations de justice et droits sociaux. Cette « *solidarité citoyenne* » bénéficie, à la différence des précédentes, d'un ancrage politique visant à renverser le régime en place. Par conséquent, afin de conserver leurs pouvoirs, les gouvernements encouragent la mise en concurrence de certaines solidarités. En Libye, le régime a libéré des intégristes sunnites avec le soutien des monarchies voisines, qui leur étaient pourtant hostiles. L'auteur souligne que cette convergence « *n'est contradictoire qu'en apparence* » dans la mesure où cette solidarité communautaire est considérée comme moins périlleuse que l'horizon d'une révolution démocratique. Ainsi, les solidarités peuvent se chevaucher et entraîner des conflits internes aux dépens des individus.

2.5 Solidarités face à un ébranlement démocratique ?

Le degré d'investissement solidaire des individus témoigne également de l'état du régime politique en place. Ainsi, en cas de fragilisation de la société, la désolidarisation des individus peut annoncer une défaillance démocratique.

Dans son ouvrage *La grande transformation* (1944), **Karl Polanyi** s'intéresse aux nouvelles formes de pouvoir, de dominations et de régulations qui interviennent avec l'extension du marché et la dynamique d'étatisation. L'économiste formule l'hypothèse du libéralisme comme terreau fertile de l'idéologie fasciste. En effet, au lendemain de la Première Guerre mondiale, le libéralisme semble apaiser les tensions voire rétablir des sphères de solidarités. Il conquiert alors progressivement les pays européens. Or, à l'aune de la crise de 1929, la cohésion sociale se cristallise autour de cette logique de marché. Le modèle économique libéral instaure de nouvelles normes, ce qui implique une transformation voire une destruction de la société et de ses institutions : c'est la « *grande transformation* ». Le fascisme allemand se présente alors comme un bouclier protecteur de la société face aux aléas économiques : « *On peut décrire la solution fasciste à l'impasse où s'était mis le capitalisme libéral comme une réforme de l'économie de marché réalisée au prix de l'extirpation de toutes les institutions démocratiques, à la fois dans le domaine des relations industrielles et dans le domaine politique.* » Le fascisme serait alors un effet de crise qui découle de l'effondrement des utopies libérales. À la différence des penseurs libéraux, **Karl Polanyi** suggère que l'absence de planification – c'est-à-dire accepter l'autorégulation du marché – engendre un ordre autoritaire. Par conséquent, l'auteur estime qu'une protection institutionnelle fondée sur les principes solidaires est nécessaire pour un équilibre économique et social. Il énumère alors divers dispositifs pour que les droits des individus soient respectés par les logiques de marché, mais également prémunis de dérives autoritaires. À titre d'exemple, le principe de redistribution suggère qu'une autorité centrale du nom de « *main invisible* » contrôle les actions de l'État pour éviter les abus de position dominante dans une société segmentée. **Karl Polanyi** propose ainsi une intégration partielle de l'économie dans un système institutionnel protégeant les solidarités, le tout, garanti par l'État.

Au-delà du prisme institutionnel, les solidarités entre individus peuvent subsister dans un système délié toute considération des droits humains. L'esprit de corps se substitue alors à toute conscience de dérive démocratique. L'ouvrage *Des hommes ordinaires* (1992) recueille des témoignages du 101e bataillon de réserve de la police allemande responsable de tueries de masses dans la « *chasse aux Juifs* » et l'extermination d'éléments « *indésirables* » sous le régime nazi. **Christopher Browning** pointe la primauté des dynamiques solidaires de groupe dans l'exécution des ordres. En effet, dès sa formation à Jozefow, le commandant de l'unité « *laisse la possibilité à ceux qui le souhaitent d'être dispensés de la mission* ». Pourtant, seuls une douzaine d'hommes sur près de 500, se sont désistés ; les autres acceptant de s'y conformer et de devenir « *tueurs professionnels* ». Le bataillon était composé d'hommes sans expérience dans les méthodes des troupes allemandes, majoritairement issus des classes sociales inférieures. Toutefois, l'auteur précise à leur sujet qu'« *imbus de leur propre supériorité de race autant que persuadés de l'infériorité et de la radicale altérité des Juifs, beaucoup d'entre eux l'étaient, sans aucun doute ; préparés à tuer des Juifs, ils ne l'étaient certainement pas* ». Pour pallier la démoralisation du bataillon, des dispositifs de « so*ulagement psychologique* » étaient nécessaires car « *le ressentiment et l'amertume qui ont accablé le bataillon après Jozefow n'ont épargné pratiquement personne, pas même ceux qui n'avaient cessé de tirer toute la journée* ». La division du travail (de l'évacuation des ghettos et la déportation vers les camps aux massacres), ainsi que l'habitude où « *génocide et train-train quotidien se confondaient* » permettaient de renforcer cette cohésion solidaire de groupe. Si, *a posteriori*, les exécutants justifient leurs actes par l'obéissance aux ordres, aucun cas de punition en cas de refus à tuer n'a été révélé lors du procès. Les individus du 101e bataillon sont bel et bien personnellement responsables bien que l'auteur s'interroge sur l'influence des solidarités de groupe : « *Au sein de tout collectif, le groupe des pairs exerce de formidables pressions sur le comportement de l'individu, et lui impose des normes éthiques. Alors, si les hommes du 101e bataillon de réserve de la police ont pu devenir des tueurs, quel groupe humain ne le pourrait pas ?* » Ainsi l'ébranlement du sentiment d'humanité a été porté par l'élan de solidarité au sein d'un groupe d'individus, leur permettant de dépasser leurs limites morales.

3 Une crise de la solidarité internationale ?

3.1 Institutionnalisation des solidarités pour les pérenniser à l'international : des tentatives échouées ?

De l'échelle étatique à individuelle, les systèmes solidaires sont confrontés à une remise en question du lien social et à une transformation de la notion de cohésion. La métamorphose des relations impacte-t-elle également le réseau de solidarité internationale reposant sur les principes de réciprocité ?

Malgré la création d'instances internationales à la sortie de la Seconde Guerre mondiale, la pérennisation de ce modèle fondé sur les solidarités se heurte aux stratégies de puissance unilatérale de chaque État. L'ouvrage *Intégration et déviance au sein du système international* (2014) souligne les procédés de déviance du solidarisme international. **Soraya Sidani** identifie trois axes majeurs participant à l'entretien de cette désolidarisation des États à l'échelle internationale. Tout d'abord, les défauts d'intégration de certains États à l'échelle régionale entraînent une exclusion partielle de ceux-ci avec une absence d'homogénéité des institutions et, par conséquent, une faible production de normes communes. Le caractère anomique au niveau institutionnel et social s'observe comme défaut principal dans la coordination des dispositifs de cohésion, tant à l'échelle locale qu'internationale : « *les institutions étatiques, inaptes à contrôler et à contraindre l'ensemble des groupes sociaux sur le territoire, se retrouvent alors prisonnières des préoccupations et des engagements pris par certains groupes* ». Ensuite, la docteure en relations internationales dépeint le multilatéralisme comme un réseau de solidarités dont les États hégémoniques cherchent à se détacher. En effet, par un enchaînement de choix rationnels, la coopération internationale est soumise à une vision utilitariste par les États, qui cherchent également à privilégier leurs intérêts souverains. À titre d'exemple, « *les USA voient désormais les traités multilatéraux comme un instrument de limitation de la puissance américaine dont il convient de s'émanciper* ». Enfin, le principe solidaire s'avère parcellaire puisque les institutions sont perçues comme une tribune de contestation par certains États émergents. Ne pouvant concurrencer les grandes et moyennes puissances, ces États adoptent des comportements transgressifs en utilisant le « *droit international comme un instrument de critique des puissances* ». Les stratégies de stigmatisation avec le qualificatif d'« *État voyou* », alimentent les dynamiques de contestation des solidarités internationales au nom d'un « *monde actuel fondé sur l'injustice* ». Ainsi, l'institutionnalisation des solidarités fait face à des dynamiques unilatérales qui remettent en cause ses fondements, tant par les puissances hégémoniques qu'émergentes.

En temps de crise notamment, les formes de cohésion sociale et les élans solidaires se remodèlent, souvent à leurs dépens. Dans l'article « Covid-19 et solidarités : repenser l'identité organisationnelle » (2020), **Guillaume Plaisance** observe avec étonnement un « *ravivement de la solidarité* » en dressant le bilan de la réorganisation des activités sociales et économiques lors de la crise sanitaire. La pandémie a mis en évidence la dépendance élevée des solidarités à leur environnement. L'auteur rappelle à cet effet la théorie « *triple bottom line* » d'Elkington, selon laquelle « l*a soutenabilité des organisations ne peut être atteinte qu'en recherchant une équité sociale (people), protectrice du capital humain, le respect de l'environnement et des ressources (planet) et bien entendu la rentabilité économique afin de garantir la survie de l'organisation (profit)* ». Dès lors, cette dépendance aux ressources et à la nature a tenté d'être compensée par des mécanismes solidaires. À titre d'exemple, les entreprises convertissaient leur production vers des produits devenus indispensables pendant la crise (masques, gels hydroalcooliques), tandis que d'autres offraient leurs stocks ou soutenaient les soignants avec des repas. Pourtant, l'auteur assure que la solidarité a ses limites. Selon lui : « *Il s'agit très exactement ici du basculement que nous connaissons : les solidarités de circonstance et sociale deviennent vitales. Elles reviennent à la solidarité (au singulier donc) parce que la nature nous menace.* » En d'autres termes, il énonce le paradoxe selon lequel les solidarités sont nécessaires à la bonne conduite de la société, mais l'impératif sanitaire impose de les contenir pour protéger les individus au sens large. Ainsi, les solidarités se révèlent aussi néfastes que bénéfiques en temps de crise et leur institutionnalisation peut s'avérer archaïque, ce qui nécessite de les repenser.

3.2 Concurrence entre solidarités nationales et transnationales ?

La configuration des solidarités est intrinsèquement liée aux relations que les États entretiennent. Par conséquent, les instances internationales concentrent tant les intérêts propres à chaque État, que les perspectives d'évolution communes, avec l'espoir de les faire correspondre. Lors du colloque « Revisiter les solidarités en Europe » (2018) organisé au Collège de France sous la direction d'**Alain Supiot**, **Fernando Vasquez**, en sa qualité d'ancien membre de la Commission européenne, promeut la convergence des politiques publiques des États membres de l'Union européenne (UE) sous la perspective d'une union solidaire et sociale. Pour cela, il confronte les deux visions en tensions au sein de l'UE : d'une part les intérêts économiques guidés par les préoccupations particulières des États membres ; d'autre part les principes fondateurs relatifs à la démocratie, au bien-être et à la solidarité des peuples. Disposant que l'unité entre États est périodique, il convient que « *pour survivre [...], l'Europe a un besoin vital d'une vraie dimension sociale, dans le cadre d'une démocratie vivante et authentique et d'une solidarité croissante autant entre les pays qui la composent* ». Néanmoins, bien que l'article 151 du Traité sur le fonctionnement de l'Union européenne (TFUE) précise l'étendue des politiques sociales, celles-ci ont été délaissées dans les années 2000. À cet effet, « *la distance entre l'UE et ses citoyens s'est creusée, une partie croissante de ceux-ci n'y voyant plus aucun intérêt spécifique pour leur niveau de vie* ». En d'autres termes, une rupture a été entérinée tant sur le plan économique qu'idéologique, avec une désolidarisation des citoyens au projet européen supposé améliorer leur vie. En outre, l'intervenant allègue qu'il est « *indispensable de dépasser l'étroitesse qui domine inévitablement les débats nationaux par des échanges transnationaux* ». Ainsi, bien que les intérêts nationaux et transnationaux rivalisent, la dimension solidaire par des politiques sociales reste l'un des points cardinaux de l'avenir des organisations plurinationales telles que l'UE.

Les arbitrages des systèmes de solidarité, entre compétences propres aux États et compétences partagées, s'établissent à la carte. L'article « L'Europe de l'énergie : de la concurrence à la solidarité ? » (2016) de **Marty Frédéric** développe l'idée d'une tentative de retour à une politique communautaire de l'énergie au niveau européen, fondée sur le principe de solidarité. En effet, le traité de Lisbonne vise à relancer le principe de solidarité dans le domaine énergétique avec notamment l'article 194 du TFUE, qui redéfinit la politique énergétique dans sa perspective communautaire. Cependant, cette dynamique solidaire intègre également le principe de subsidiarité qui permet aux États membres de déterminer leur mix énergétique et leur politique d'approvisionnement extérieur selon les principes de la politique de concurrence. Néanmoins, dans une perspective historique, l'auteur précise que le domaine de l'énergie est l'un des seuls champs de compétences européens dont la supranationalité des mesures a été considérablement réduite au cours de la construction de l'union. Si aux origines, l'énergie était parmi les compétences « fédérales », à partir de la fin des années 1950 et sous couvert de politique de concurrence, le marché de l'énergie au niveau national s'est substitué à cette politique supranationale. De ce fait, tant la recherche de l'indépendance énergétique que les accords d'approvisionnements internationaux et l'organisation des secteurs étaient arbitrés à l'échelle nationale. L'article 194 du TFUE aspire alors à ce que la Commission européenne équilibre le triptyque de politique de concurrence, autonomie énergétique des États membres et marché de l'énergie. Les mesures de solidarité sont considérées à l'aune de la sécurisation de l'approvisionnement de l'énergie. Autrement dit, le retour à une logique de solidarité répond à des objectifs communs au sein de l'UE tels que la gestion de la transition énergétique eu égard au changement climatique. Ainsi, le choix entre solidarité nationale ou transnationale dépend de la gouvernance et de la conjoncture rencontrée par les instances internationales, de sorte à faire stratégiquement évoluer la répartition des compétences.

3.3 Solidarités et gouvernance mondiale : un maillage complexe, confus et instable ?

L'organisation des relations dans l'espace mondial complexifie la binarité entre les solidarités nationales et transnationales. Une pluralité d'acteurs prend part à la notion de gouvernance mondiale, dont le maillage est bien souvent plus confus et instable que limpide et efficace dans la réalisation des missions. Le chapitre « Quel pouvoir à l'ère de la mondialisation ? » de **Dominique Plihon**, issu de l'ouvrage *Qui gouverne le monde ?* (2018) sous la direction de **Bertrand Badie** et **Dominique Vidal**, dépeint la complexification de la gouvernance solidaire dans un ordre international mondialisé. D'après l'économiste, la mondialisation intègre progressivement une quantité d'acteurs dont « *la gouvernance n'est pas seulement déterminée par le jeu des relations entre États et marché. D'autres, ayant acquis un rôle croissant dans le contexte de mondialisation contemporaine, influencent l'élaboration de ces règles.* » Par conséquent, l'auteur dresse une typologie renouvelée des acteurs de la gouvernance mondiale qui tend à remodeler les dynamiques solidaires, désormais tournées vers une « *privatisation des règles de la mondialisation* ». Tout d'abord, il constate que le rôle des « *acteurs traditionnels* » étatiques a été déprécié : les États voient leur pouvoir de régulation réduit, d'autant plus que leur puissance est hiérarchisée selon leur poids économique et politique. Ensuite, la légitimité des institutions internationales est contestée car « *en réalité, ces institutions reproduisent et amplifient les inégalités de puissance des États qui les composent* ». En ce qui concerne les entreprises, les structures transnationales bénéficient d'une influence croissante : « *on est passé d'une mondialisation fondée sur un processus d'internationalisation, c'est-à-dire le développement des échanges entre pays, à une mondialisation centrée sur un processus de globalisation, avec une interpénétration* *des économies nationales* ». Dès lors, leurs revendications priment et influencent l'édiction de normes. Enfin, la société civile croît et se considère comme un « *troisième pouvoir* », à la jonction des lobbies d'entreprises et des institutions internationales. Toutefois, ce nouveau maillage international régi par la logique de marché s'avère inefficace face à la résolution d'enjeux globaux d'ordre financier, sanitaire ou encore environnemental : « *en l'absence d'un gouvernement planétaire institué et légitime, la mondialisation requiert pour être pérenne une gouvernance fondée sur de nouveaux principes, tels que la coopération et la hiérarchisation des normes internationales donnant la priorité aux normes sociales, démocratiques et environnementales sur les normes économiques et commerciales* ». C'est pourquoi l'auteur nuance le bénéfice du retrait des dynamiques sociales et solidaires à l'échelle internationale au profit d'un « *système juridique sans État se met en place, où le droit public est subordonné au droit des affaires* ». Ainsi, l'ordre international, aussi hétérogène soit-il, impose des mécanismes de solidarité et de coopération dans la gestion de problèmes globaux tels que le dérèglement climatique.

À l'inverse, les réseaux de solidarités s'adaptent eux aussi à la gouvernance mondiale, dont la composition est alambiquée. L'ouvrage *Sociologie de la coopération internationale* (2021) de **Gautier Pirotte** illustre ce processus à travers la professionnalisation de l'aide internationale. Face aux critiques relatives à l'efficacité et à l'orientation de ce dispositif de solidarité, l'aide au développement s'est progressivement tournée vers une nouvelle organisation se traduisant notamment par une bureaucratisation et une régulation accrues. Le secteur de la coopération internationale tourné vers l'aide au développement se heurte en outre aux « *risques globalisés* ». Fondés non pas sur les aléas naturels, mais sur les comportements humains, « *ils sont donc imputables à des citoyens, des entreprises, des groupes financiers ou terroristes, des hommes politiques, des institutions internationales* ». Si les risques engagés par le comportement des individus sont globaux, leurs effets sont différenciés d'un bout à l'autre du monde. Le sociologue aspire alors à une gestion fondée sur l'interdépendance et la solidarité, au-delà de l'échelle nationale. Pourtant, les principes de solidarité internationale restent guidés par les intérêts propres à chaque État, si bien que « *la coopération internationale semble ainsi coincée entre risques globalisés qui justifient son existence et agendas nationaux qui continuent à l'alimenter* ». Ainsi, les systèmes solidaires internationaux tendent à être de plus en plus pensés à l'aune de l'interdépendance des acteurs : « *il s'agit d'affronter ensemble les risques globalisés au nom d'une communauté humaine* ».

3.4 Solidarités internationales, symbole d'un ordre mondial divisé voire contesté ?

L'élan solidaire aux prémices des crises globales est imbriqué dans un ordre mondial socialement et politiquement situé. Cependant, cet ordre n'est pas un absolu et les solidarités peuvent alors autant diviser que fédérer. À ce titre, l'article « Le Pacte européen sur la migration et l'asile : entre le marteau et l'enclume » (2023) d'**Yves Pascouau** détaille l'enlisement des discussions relatives aux politiques d'asile et d'immigration de l'UE. En effet, entre les années 1990 et 2000, les États et institutions européennes affirmaient leur volonté de « *faire de l'espace européen un espace de protection* ». Or, à partir des années 2010, divers événements tels que la crise migratoire de 2015 ont modifié la composition politique et géopolitique de l'union, rabrouant alors les ambitions de solidarité initiales au profit de discours de repli identitaire. De plus, les États membres divergeaient sur les positions à adopter, incluant des clivages notoires entre les pays « *de première entrée (Grèce, Italie, Espagne)* » et ceux d'Europe centrale et orientale. Les dissensions politiques se sont étendues au spectre institutionnel avec un accord conditionné par la règle du consensus, ce qui entraîne un blocage institutionnel. Afin de dépasser la désolidarisation des États dans les discussions au sujet des politiques d'asile et d'immigration, la Commission européenne a proposé en 2020 un « Pacte européen sur l'immigration et l'asile ». Toutefois, l'auteur soutient que cette proposition de pacte législatif, en suivant la logique des États favorables à une politique plus restrictive, a renforcé les réticences à son égard. *In fine*, **Yves Pascouau** déplore que l'échec de consensus pour instituer un système de solidarités entre États européens renforce les détracteurs de l'UE : « *les formations d'extrême droite souligneront alors qu'il est impossible de s'entendre sur une politique européenne, et revendiqueront la renationalisation des politiques migratoires* ». Ainsi, les discussions relatives aux dispositifs de solidarité fragmentent politiquement les instances de discussions et alimentent un environnement de défiance aux antipodes de leurs revendications initiales.

Le délitement de la confiance alimente la méfiance des actions solidaires telles que les aides humanitaires. L'essence même de leurs missions est alors remise en cause et instrumentalisée, tant par les territoires bénéficiaires que par les puissances pourvoyeuses. L'ouvrage *L'action humanitaire* (2017) de **Marie-Laure Le Coconnier** et **Bruno Pommier** développe l'idée de la réticence croissante envers les missions humanitaires, autrement dit, le rejet des recours solidaires suite à une recomposition de l'ordre mondial. Surnommée « *fille de l'Occident* », la légitimité de l'aide humanitaire est dépendante du degré d'acceptation de l'Occident dans les zones d'intervention. Le caractère culturellement situé des solidarités rend alors « *très difficile la définition d'un agenda humanitaire distinct de celui de la politique internationale* ». Par conséquent, l'action humanitaire rencontre des difficultés à conserver une identité politique neutre, d'autant plus lorsqu'il s'agit de missions intégrées aux interventions engagées par le Conseil de sécurité de l'ONU. Outre la contestation de « *l'interventionnisme occidental* », les activités solidaires peuvent être instrumentalisées, en particulier à partir du tournant de l'année 2001. En effet, les auteurs soulignent que le terme « *humanitaire* » a été détourné par le gouvernement américain à des fins de propagande. À cet effet, l'armée bombardait autant les espaces considérés comme terroristes, qu'assurait la distribution alimentaire en Afghanistan la même année. Dans la même optique, les ONG étaient considérées comme des « *agents de la politique étrangère américaine* ». De plus, les actions solidaires étaient à la frontière de l'incrimination criminelle par des États dotés de lois antiterroristes entre 2009 et 2011 (États-Unis, Royaume-Uni, Australie, Canada). En effet, toute organisation portant assistance à des groupes reconnus terroristes pouvait être poursuivie. Ainsi, les dynamiques de solidarité sont soumises à un périlleux équilibre pour tenter de conserver leur neutralité, au risque d'être rejetées par les États bénéficiaires. Elles font donc davantage l'objet de divisions que de consensus, à l'image de l'ordre mondial institué.

3.5 Solidarités internationales comme facteur de domination ?

Si les élans de solidarité reflètent un ordre international supposé, ceux-ci catalysent également les facteurs de déstabilisation d'un prétendu équilibre des puissances. Les mobilisations solidaires transposent alors les dissymétries de l'espace mondial. Le chapitre « Une société internationale fortement hiérarchisée » rédigé par **Frédéric Charillon** dans l'ouvrage *Un monde d'inégalités* (2017) sous la direction de **Bertrand Badie** et **Dominique Vidal**, témoigne du continuum des inégalités entre États au cours des décennies, tout en reconnaissant leur intensification malgré les discours fondateurs aux échos solidaires. Selon l'auteur, « l'*égalité souveraine entre États, principe avancé comme fondateur du monde contemporain depuis la fin de la Seconde Guerre mondiale, n'a jamais fait illusion* ». En effet, les organisations créées à partir de 1945 institutionnalisent la prédominance de certaines puissances, notamment au sein du Conseil de sécurité, désormais révolu. Or, le modèle reposant sur « *l'inégalité comme principe de fonctionnement* » aspire à être réformé, aussi cornélien le contenu de ces modifications soit-il. En conséquence, « *l'impossible réforme onusienne est l'un des principaux signes de résilience du principe d'inégalité hérité de l'après-Seconde Guerre mondiale* ». La perspective de réforme réitère aussi le débat de la représentativité régionale quant au choix des « *nouveaux permanents* », notamment pour les pays d'Afrique ou du monde arabe. Néanmoins, le politologue dépeint les clubs tels que le G8 ou le G20, créés pour pallier l'absence de réforme, comme des vecteurs du principe hiérarchique. Par ailleurs, les systèmes de solidarités marqués par une asymétrie entre États, sont portés par le mythe de « *hiérarchie utile* », dans le sens où « *il n'y a d'ordre stable que sous la férule d'un leader* ». **Frédéric Charillon** illustre ses propos par la composition « *à géométrie variable* » de ces groupes prétendument plus légitimes que les instances onusiennes. Ces ambivalences font jour par exemple lors de l'exclusion de la Russie en 2014 par les autres membres du G8, alors que ce même pays siège encore au G20. Ainsi, sous couvert de générer un réseau de solidarités internationales, les instances créées reproduisent voire renforcent les inégalités qu'elles donnent l'illusion de vouloir dépasser.

Le report d'un modèle asymétrique entre États se répercute sur la perception d'autrui. Le rapport aux solidarités s'avère alors biaisé par ce que l'on pourrait appeler les « *discours de la bien-pensance* ». Dans son article « Pourquoi (re)penser la communication de solidarité internationale ? » (2020), **Florine Garlot** déplore la confusion entre solidarités internationales et pratiques philanthropiques, alimentant la conception d'un monde sous le prisme hérité du colonialisme. Si la solidarité internationale fait état d'une relation réciproque cherchant à agir dans un intérêt commun, la philanthropie limite les solidarités à un aspect unidirectionnel, où la prise de décision est verticale. De ce fait, l'emploi de la rhétorique propre aux approches philanthropiques cède les actions de solidarité internationale à une approche simpliste fondée sur des clichés. L'auteur cite par exemple l'extrait d'un entretien collectif affirmant que « *le fait de parler de l'Afrique subsaharienne renforce l'idée que ce sont encore les petits noirs qui crèvent de faim* ». La persistance de ce rapport de domination s'oppose aux valeurs portées par les associations de solidarité cherchant à se détacher de l'opposition traditionnelle entre les pays du « *nord* » et du « *sud* ». Dans le prolongement, la réduction des solidarités aux actions philanthropiques pourvoit du rôle de « *donateur-héros* ». Ainsi, les solidarités internationales tendent à être présentées sous le prisme de la misérabilité, soit aux antipodes des valeurs de réciprocité et des espoirs d'égalité, s'imposant alors comme un vecteur de domination des États.

Les solidarités sont fragilisées par un ensemble de crises, et ce, à diverses échelles. De l'individu, à l'État social en passant par l'archipel des relations internationales, la tendance à la désolidarisation profonde du maillage organisationnel mondial aspire à être remodelé voire entièrement repensé.

CHAPITRE 12

Vers de nouvelles solidarités ?

SOMMAIRE

1 Une recomposition des politiques publiques de solidarité

1.1 Réformer le financement des solidarités ?

L'ouvrage collectif *Gouverner (par) les finances publiques* (2011) dirigé par **Philippe Bezes** et **Alexandre Siné** permet au sociologue **Frédéric Pierru** d'y proposer un chapitre intitulé « Budgétiser l'assurance maladie ». Il y souligne que la gestion financière de la solidarité est un enjeu politique. Dès la moitié des années 1970, « *la direction de la Sécurité sociale du ministère des Affaires sociales se convertit à la rationalité budgétaire* ». Les contraintes budgétaires croissantes que subit la France incitent à mener des politiques de réduction des dépenses, y compris en matière de politiques de solidarité. Cependant, cette volonté politique de restriction se heurte, selon **Frédéric Pierru**, à la complexité du système social, notamment en matière d'assurance maladie : « *en dépit de son emprise administrative et politique, l'instrument budgétaire se heurte à l'inertie des institutions du système de santé français : importante composante privée de l'offre de soins (médecine libérale en particulier) ; financement à guichet ouvert par une assurance maladie bismarckienne* ». Le sociologue observe un affrontement institutionnel entre des acteurs « *sociaux* » défendant les politiques de solidarité contre des acteurs « *budgétaires* » favorables à davantage de restrictions.

Frédéric Pierru souligne enfin que « *l'impossibilité d'appliquer une contrainte budgétaire sur les compartiments les plus privés de l'offre de soins* » a amené les gouvernements à faire le choix d'une privatisation à petits pas des soins courants, donnant lieu à « *un enfouissement de l'État-providence* ».

Avec *Une autre voie est possible* (2018), **Éric Heyer**, **Dominique Méda** et **Pascal Lokiec** pensent une alternative au modèle social français. Ils soulignent qu'après la crise de 2008, le modèle de solidarité français constitue un bouclier pour permettre la survie de l'économie puis sa reprise. La France est moins touchée socialement que la plupart de ses voisins tandis que « *son économie résiste plutôt bien* ». Cependant, c'est « *sous l'effet du basculement des politiques budgétaires européennes vers l'austérité, l'économie française entre dans une phase de stagnation dont aujourd'hui encore elle peine à sortir.* » Le contexte économique comme cette pratique austéritaire conduisent les inégalités à augmenter et les mécanismes de solidarité à agir de façon moins efficace : « *Le taux de pauvreté français reste élevé, de même que les inégalités – de revenus comme de patrimoine. La fracture spatiale et scolaire alimente encore cette spirale dangereuse que les politiques n'ont pas réussi à arrêter.* » C'est la raison pour laquelle les auteurs de l'ouvrage appellent à une refonte des politiques de solidarité en légitimant l'intervention de l'État dans la vie économique et la limitation des marchés autorégulateurs, notamment lorsque ceux-ci contribuent aux inégalités. Une politique publique de solidarité investissant dans l'humain, la cohésion sociale, la formation et l'emploi peut notamment à l'économie française de jouer sur une compétitivité-qualité plutôt que sur les prix et serait économiquement vertueuse, y compris pour les finances publiques du pays.

1.2 Une approche globale des politiques de solidarité ?

L'évolution des politiques sociales publiques tend à une approche davantage globale comme l'écrivent les auteurs de l'article collectif « Penser global, agir local ? Désectorisation des politiques sociales et échelles d'action publique » (2019). **Elisabetta Bucolo**, **Anne Eydoux**, **Laurent Fraisse**, **Alexandra Garabige**, **Léa Lima**, **Jules Simha**, **Loïc Trabut** et **Claire Vivés** écrivent en effet que « *certaines questions sociales (retour à l'emploi des demandeurs d'emploi et des allocataires de minima sociaux, prise en charge de la dépendance, etc.) au cœur des préoccupations politiques actuelles débordent des frontières sectorielles de l'intervention publique. On assiste à l'émergence de nouvelles catégories cibles de l'action publique, dont les difficultés appelleraient une prise en charge globale, passant par un décloisonnement des interventions et par la coopération d'acteurs de différents secteurs à l'échelle locale* ». Ainsi, des « *dispositifs multiniveau* » et pluriels apparaissent nécessaires pour s'adapter aux enjeux réels des personnes concernées. Cela implique une gouvernance à la fois géographique, comprenant différents acteurs, souple et efficace pour permettre une réelle efficacité des politiques de solidarité.

Au-delà du réagencement des politiques sociales vers une démarche plus globale, de nouveaux enjeux peuvent concerner au premier chef les politiques de solidarité. La transition écologique elle-même peut devenir un outil de solidarité sociale. C'est ce qu'indique le conseil national des politiques de lutte contre la pauvreté et l'exclusion sociale (CNLE) dans son rapport « Faire de la transition écologique un levier de l'inclusion sociale – l'impact social de l'écologie » (2024). Ses auteurs soulignent que la solidarité sociale passe aussi par la protection des plus pauvres et précaires des conséquences de la crise écologique et de les aider à s'y adapter : « *ce rapport entend montrer que si elle est bénéfique pour les plus modestes, particulièrement exposés aux conséquences du dérèglement climatique, la transition écologique est également porteuse de risques sociaux qu'il convient d'anticiper et de prévenir* ». Un « *pacte social et environnemental* » apparaît nécessaire pour construire une solidarité effective alors que 9 % du budget des ménages pauvres est consacré aux dépenses d'énergie à domicile contre 5 % du budget des ménages aisés, que 17 % du budget des ménages pauvres est consacré à la consommation alimentaire contre 12 % du budget des ménages aisés et que 42 % des individus expérimentant des situations de pauvreté installée se déclaraient très préoccupés par le changement climatique contre 32 % des individus interrogés en moyenne en France.

C'est pourquoi le rapport porte de nombreuses recommandations pour faire de la transition écologique un outil de solidarité. Ses auteurs proposent notamment « *une action publique équitable et séquencée, afin de rendre la transition plus accessible aux ménages pauvres et aux ressources modestes* » *via* des tarifications énergétiques adaptées et des mécanismes de compensation, une plus grande équité de l'accès à la nature, l'investissement dans les transports publics collectifs, l'accompagnement du développement de l'emploi dans l'économie verte par un effort massif de formation s'adressant à chacun…

1.3 Reconstruire la mobilité sociale par la solidarité

L'universitaire **Agathe Cagé** souligne avec *Classes figées – Comprendre la France empêchée* (2024) que la diminution des mécanismes de solidarité rend les individus fragiles. La société française se structure ainsi désormais autour d'une nouvelle ligne de fracture : celle de faire face à l'imprévu et aux crises. Le déterminisme scolaire et social est renforcé par la disparition de la mobilité au long de la vie et de la mobilité intergénérationnelle : « *Notre société se structure aujourd'hui autour de deux groupes : ceux qui ont une grande capacité de résistance aux crises, géopolitiques, financières, environnementales, sanitaires, économiques et sociales qui se succèdent, et l'immense majorité des Français qui n'ont d'autre possibilité que de les subir.* »

Pour la docteure en science politique, cette crise de la mobilité sociale doit se construire par des politiques publiques de solidarité et d'égalité, notamment centrées sur l'école, le logement, le travail et la jeunesse.

Le rapport de France Stratégie de septembre 2023 pour l'Assemblée nationale « Les politiques publiques en faveur de la mobilité sociale des jeunes » souligne de même les pesanteurs du déterminisme social. Ses rapporteurs, **Bénédicte Galtier** et **Mohamed Hardi**, soulignent notamment que l'origine sociale joue sur la position sociale, et pas uniquement par le diplôme mais aussi par les habitus, le capital culturel hérité, le capital économique des parents, les ambitions scolaires et professionnelles…

Le rapport pointe pourtant que des politiques publiques en faveur de la jeunesse existent. Elles se structurent notamment autour de cinq axes : « *1. Participer au développement personnel des jeunes, favoriser leur engagement et leur mobilité ; 2. Donner la priorité à l'éducation, à l'orientation et à la formation ; 3. Favoriser l'emploi et l'insertion professionnelle ; 4. Lutter contre les inégalités dans le parcours vers l'autonomie ; 5. Améliorer les conditions de vie.* »

Face aux inégalités, le rapport souligne que la mixité sociale et scolaire est un levier important de mobilité sociale avec des effets visibles jusqu'aux études universitaires et sur le long terme des trajectoires professionnelles. Alors que celle-ci n'est encore qu'un « *objectif de politique publique émergent* », la mixité peut sociale et scolaire peut être renforcée par des dispositifs concrets comme la mise en place d'un conseil national de la mixité sociale à l'École, le développement de l'attractivité de l'offre éducative dans les établissements les plus défavorisés (sections sportives, bi-langues…), allocation des moyens en fonction de la composition sociale des établissements, la modification de la sectorisation, plus forte contribution du secteur privé… De même, l'adaptation de l'offre de formation professionnelle, une meilleure information sur les parcours d'apprentissage et la formation continue semblent nécessaires afin de construire une politique publique s'adressant à tous les publics. Il apparaît possible de reconstruire la mobilité sociale et scolaire par une politique de solidarité s'adressant à l'ensemble des jeunes

1.4 La participation citoyenne et démocratique, outil de réinvention de la solidarité ?

L'ouvrage de **Osmany Porto de Oliveira** *Le transfert d'un modèle de démocratie participative* (2010) pointe les réussites concrètes des modèles participatifs dans les politiques de solidarité. Ainsi, le budget participatif de Porto Alegre, modèle reproduit dans plusieurs villes du Brésil et du monde, permet de donner la parole à la population défavorisée de la commune afin de cibler ses problèmes concrets : « *Le budget participatif permet aux habitants de réclamer de l'assistance auprès de leurs quartiers sans passer par l'intermédiaire du politique. Ainsi, depuis les années 1990, les habitants de Porto Alegre choisissent leurs priorités en matière d'investissement micro-local, c'est-à-dire dans leur propre quartier, et de façon plus ou moins libre et indépendante.* » D'après **Osmany Porto de Oliveira** ce mécanisme permet une redistribution efficace et un renforcement de la solidarité en permettant d'inclure l'ensemble de la population dans la conception de la politique publique. L'auteur souligne que ce modèle a fait l'objet de transferts et d'adaptations, par exemple dans la ville française de Saint-Denis. La méthode Port Alegre peut être reproduite à trois conditions : « *l'affinité idéologique, l'excellence du modèle du budget participatif et une forte volonté de coopération internationale* ». En effet, la municipalité de Saint-Denis ne réussit que partiellement à adopter le modèle du budget participatif, notamment par la faible mobilisation populaire en faveur du budget, celui-ci restant d'abord un processus de consultation municipale plutôt que de démocratie directe. La participation citoyenne peut donc contribuer à réinventer les processus de solidarité à condition d'en permettre et respecter l'expression.

Le rapport de l'Inspection générale des affaires sociales intitulé « La participation citoyenne directe dans les politiques de solidarité : état des lieux et perspectives » par **Anne Burstin**, **Lucile Olier** et **Carine Seiler** de 2024 dresse un état des lieux de la situation française.

Il souligne la pertinence de lier les démarches de démocratie citoyenne et de solidarité pour une meilleure efficacité des politiques publiques. Les auteurs du rapport pointent le « *foisonnement de démarches de participation citoyenne* », que cela soit par l'ouverture d'instances consultatives nationales à la participation directe des personnes concernées comme le Conseil de l'âge, le Conseil de l'enfance et de l'adolescence ou encore le Conseil économique social et environnemental. Il critique néanmoins « *une capitalisation insuffisante* » du fait d'une grande variabilité dans l'inclusion des personnes concernées, d'un manque de coordination entre celles-ci, et d'une faible place pour des démarches dans les cadres et organismes créés par le législateur, ce qui en diminue la portée.

En s'appuyant sur ce constat, les auteurs du rapport posent plusieurs recommandations. Ils suggèrent notamment de généraliser les fonctionnements administratifs associant les citoyens avec des garanties de temps et de moyens, de « *créer les conditions d'une participation effective des publics les plus vulnérables* », de systématiser le recours aux formes de participation citoyenne directe au sein des instances consultatives nationales et locales. Ces mesures doivent être pensées de concert afin de « *donner un signal politique clair afin de promouvoir un continuum de participation sur les politiques de solidarité* ».

1.5 Le numérique, composante indispensable des politiques publiques de solidarité ?

Avec son article « Quelles politiques publiques pour résorber les inégalités numériques » (2012), **Philippe Cazeneuve** souligne l'enjeu que représente pour l'État français la lutte contre la fracture numérique. En effet, dès 1997 le Programme d'action gouvernemental pour la société de l'information vise à « *faciliter l'accessibilité aux technologies de l'information et de la communication (TIC) par le plus grand nombre. Il faut rappeler qu'à l'époque, seuls 4 % des Français disposent d'une connexion Internet à domicile* ». Cette stratégie se développe notamment par la création de lieux d'accès public à Internet et d'espaces publics numériques accessibles. Au niveau local, cette politique se traduit également par des investissements pour le déploiement du haut débit dans les zones non rentables pour les opérateurs.

Philippe Cazeneuve souligne que cette politique a au final d'abord visé la compétitivité des territoires plutôt que l'égalité des citoyens, et notamment des plus pauvres, face à ses nouveaux usages : « *L'essentiel des sommes consacrées au développement numérique par l'État (grand emprunt, fonds national pour la société numérique…) et les collectivités est investi dans les infrastructures de pointe (déploiement de la fibre optique, stockage à distance, sécurité des réseaux.) et très peu dans la création de services adaptés aux publics éloignés, dans le développement des compétences numériques et la médiation des usages.* »

L'auteur de l'article recommande donc de poursuivre les investissements publics en matière de « *médiation numérique de proximité, assurée par des travailleurs sociaux, des médiateurs culturels, des assistants de vie auprès des personnes âgées. et financée de façon pérenne dans les politiques de droit commun (lecture publique, action sociale, formation professionnelle…) ; mais également la présence d'agents de développement numérique sur un territoire, chargés de contribuer à la diffusion des usages et des bonnes pratiques* », une orientation dont l'efficacité peut être accrue notamment par la mise en place d'indicateurs d'utilité sociale.

Le tout-numérique peut également freiner les politiques de solidarité et d'accès au droit. Le Défenseur des droits dans son rapport de juin 2024 intitulé « Droits des usagers des services publics » souligne les limites du tout-numérique en matière de politique publique. Les causes de non accès au droit pour les usagers du service public sont nombreuses : « Retards, absence de réponse, erreurs, difficultés dans l'accès à certaines démarches ou dans le calcul et le versement de certaines prestations sociales, suppression du guichet dans les préfectures pour délivrer le permis de conduire, difficultés pour obtenir des renouvellements de documents d'identité ou de titres de séjour »... Le choix fait par l'État français d'une « transformation numérique excessive » conduit à une rupture d'égalité. L'illettrisme numérique, particulièrement présent chez les plus âgés mais aussi une part non négligeable des plus jeunes, joue une part importante dans cette inégalité d'accès, tout comme le manque de couverture réseau de certaines zones géographiques. Mais même pour des personnes correctement équipées et sachant utiliser les outils numériques, le Défenseur des droits souligne que la « jungle informationnelle » peut rendre peu lisible l'accès aux droits, et donc aux dispositifs de solidarité.

Face à ces écueils, le rapport propose une multitude de mesures se structurant autour de quelques axes afin d'améliorer la relation de l'usager du service public à l'administration : « améliorer l'information des usagers », clarifier les démarches administratives, davantage d'accès physique pour effectuer les démarches dans les territoires le nécessitant (outre-mer, ruralité...), réduction des délais de traitement des démarches et recours...

2 Renforcer la solidarité dans toutes ses dimensions

2.1 Une solidarité associative parallèle à celle des pouvoirs publics

La solidarité ne se limite pas au champ de l'État. Celle-ci se développe au sein du tissu associatif et citoyen, parfois malgré le manque d'implication des pouvoirs publics. Cette thèse est explorée par **Simon Cottin-Marx**, **Matthieu Hély**, **Gilles Jeannot** et **Maud Simonet** dans l'article « La recomposition des relations entre l'État et les associations : désengagements et réengagements » (2017) issu de la *Revue française d'administration publique*. Les auteurs soulignent qu'après l'enjeu des privatisations des années 1980, « *la réflexion sur l'État se pose en plus en plus en terme de recomposition* » où celui-ci demeure un acteur central mais parmi d'autres de l'action pour l'intérêt général du fait de la décentralisation, de la création d'agences, des délégations au secteur privé... Dans ce contexte, les associations tendent à voir leur rôle accru. Les auteurs de l'article évoquent ainsi une fonction de remplacement où les associations effectuent purement l'action de l'État : « *cette forme de délégation a été particulièrement développée au niveau local : les municipalités délégant de plus en plus fréquemment la gestion de certains services à la population à des* *associations para-publiques* ». Au-delà de ce phénomène, existant depuis les années 1970, « *ce sont de grands pans de la vie collective et des services médicaux, éducatifs, sportifs et sociaux qui sont co-définis et co-produits par les associations et les pouvoirs publics* », par exemple dans le secteur du handicap où l'action des pouvoirs publics est secondaire par rapport à l'offre fournie par le secteur associatif. Les conséquences de cette évolution sont multiples. La principale est que les associations financent de plus en plus elles-mêmes, notamment par le financement par l'usage, que l'État « *incite même fortement, directement ou indirectement* ». Ainsi, davantage de missions publiques sont prises en charge par le secteur associatif et l'État cherche à ce que ce phénomène soit le moins coûteux possible pour lui, notamment par « *une politique accommodante en matière de dons* » et de mécénat. Cela amène l'État à gouverner « *à distance* » du terrain et peut brouiller la frontière entre associatif et privé lucratif, notamment aux États-Unis mais pas uniquement.

L'action des organismes non étatiques peut donc pallier aux défaillances de l'État. Elle se fait de plus en plus sans même son financement. C'est ce que souligne **Arnaud Poissonnier** dans son article *Le financement participatif est-il le futur de la solidarité* ? en 2014. Le financement participatif, notamment permis par l'outil numérique, explose à partir des années 2010 (+160 % en France en 2013). Celui-ci est utilisé par les ONG et les acteurs de la solidarité comme outil de collecte pour mener des projets. Cet outil permet un lien direct entre donneur et projet réalisé concrètement. La logique du *crowdfunding* par projet contribue à « *la réassurance nécessaire quant à l'affectation des contributions à l'impact sur le terrain et au projet effectivement mis en avant lors des campagnes de collecte* ».

Cet outil s'est massivement diffusé dans la société comme l'illustre l'impact de l'événement caritatif qu'est le « *Z Event* », collectant jusqu'à 10 millions d'euros par an grâce à la réunion de streamers pour des ONG de nature diverse.

2.2 La Responsabilité Sociale des Entreprises (RSE), nouveau nom de la solidarité et du paternalisme d'entreprise ?

Le secteur privé peut jouer un rôle notable en matière de solidarité. C'est ce que soulignent **Jean-Pascal Gond** et **Jacques Igalens** dans *La responsabilité sociale de l'entreprise* (2010). Ils rappellent que « *dans de nombreux pays européens tels que la France, sa résurgence contemporaine capitalise sur une tradition de paternalisme économique* ». Elle mêle des considérations morales et pratiques (attirer et fidéliser une force de travail qualifiée, construire une réputation…). Cependant la notion de RSE s'est rapidement imposée dans le secteur privé. Si son aspect technique et ses critères peuvent varier, elle demeure une notion globale pouvant s'appliquer à l'ensemble du secteur privé.

Jean-Pascal Gonde et **Jacques Igalens** soulignent néanmoins les difficultés que continue à rencontrer le concept même de la RSE : « *la RSE renferme encore des paradoxes théoriques et empiriques, bien qu'issue de la mondialisation elle a du mal à s'inscrire dans un contexte globalisé, elle souffre de difficultés d'apprentissage. En définitive, elle est politiquement suspecte,* *car elle est susceptible de s'appuyer sur des mouvements sociaux bien différents en fonction des thèmes et des lieux dans lesquels elle opère* ».

L'essor de la RSE en France est démontré par le rapport d'information du Sénat du 27 octobre 2022 par **Martine Berthet**, **Florence Blatrix Contat** et **Jacques Le Nay**. Le rapport souligne que la « *responsabilité sociétale de l'entreprise est la matrice de sa transformation profonde* », à la fois facteur de résilience, d'attractivité pour les recrutements et pour l'accès à des financements. La RSE dépasse donc le simple enjeu de solidarité morale ou sociale pour devenir un outil stratégique : « *c'est un vecteur de durabilité de l'entreprise, qui garantit sa résilience. La fourniture d'une information financière et extra-financière qui indique comment l'entreprise conjugue performance économique et performance sociale, sociétale et écologique, conditionne désormais son accès au financement. La RSE est de façon croissante un facteur de différenciation et de compétitivité. Elle transforme profondément la stratégie comme l'organisation des entreprises, en rapprochant la direction de la compliance et la direction financière qui auparavant ne se parlaient pas* ». La RSE apparaît donc comme un outil possible de solidarité quoique limité par sa transformation en enjeu stratégique, susceptible de faire passer la rentabilité avant l'enjeu social.

2.3 Solidarité locale, le retour ?

Le rapport public annuel 2023 de la Cour des comptes intitulé « La décentralisation 40 ans après » souligne la volonté de l'État sur le temps long de confier une part notable des politiques de solidarité aux collectivités locales : « *la décentralisation des politiques d'aide et d'action sociale, en confiant leur gestion aux collectivités territoriales, vise à mettre en œuvre les dispositifs destinés aux publics vulnérables au plus près de leurs bénéficiaires* ».

D'après ses auteurs, cette décentralisation de la solidarité, engendre une tension : « *l'État entend conserver un rôle non seulement dans la définition de leurs grandes caractéristiques, mais aussi en matière de mise en œuvre opérationnelle vis-à-vis de certains publics ou de certaines priorités ; d'autre part, dans un paysage local caractérisé par un grand nombre d'intervenants, les outils de coordination dont dispose le département, chef de file de l'action sociale, n'ont qu'une autorité et une portée pratique limitées* ».

C'est la raison pour laquelle le rapport appelle à conforter la coordination et réformer les financements de ces politiques sociales décentralisées. Ses auteurs appellent à la définition d'un nouveau point d'équilibre « *autour de la notion de socle commun de services, adossé à des barèmes minimaux pour les prestations monétaires d'aide sociale* ». Concrètement, cela peut être accompli par l'instauration d'une dotation d'action sociale personnalisée pour chaque département selon ses dépenses et objectifs ainsi qu'une simplification des outils de programmation et de l'amélioration de l'interopérabilité des outils entre les acteurs locaux et nationaux.

Ainsi, l'État peut chercher à renforcer les solidarités locales par un transfert de compétence aux collectivités. Si ces dernières peuvent avoir des difficultés financières à en assurer la mise en œuvre, ce transfert de compétence demeure une augmentation de leur pouvoir. En outre, les collectivités peuvent agir sur des pans supplémentaires des politiques de solidarité. C'est le cas de l'économie sociale et solidaire (ESS). L'ouvrage collectif *Les politiques locales de l'économie sociale et solidaire* (2024), dirigé par **Laurent Fraisse**, **Marie-Catherine Henry** et **Jean-Louis Laville**, souligne le rôle croissant de l'ESS dans les solidarités locales. L'économie sociale et solidaire est définie comme l'ensemble des entreprises organisées sous forme d'associations, de mutuelles, de coopératives ou de fondations dont le fonctionnement interne et les activités sont fondés sur un principe de solidarité et d'utilité sociale. Les politiques publiques liées à l'ESS émergent à partir des années 1980. **Laurent Fraisse** et **Jean-Louis Laville** soulignent que les besoins de services de proximité ont participé au développement de l'ESS et à son appui par les pouvoirs publics locaux. L'ouvrage démontre que le territoire constitue un « *espace d'interaction* » entre les entreprises sociales et solidaires et l'action publique locale, notamment par la progression du nombre d'élus locaux en charge de ces sujets et de la mise en place de réseaux d'entraide. Pour les trois chercheurs ayant dirigé cet ouvrage collectif, l'ESS est devenue depuis une vingtaine d'années « *un domaine de l'action publique locale ayant fait preuve d'une certaine résilience face aux changements politiques, réformes territoriales et autres controverses sur le périmètre pertinent d'une autre économie* » et soulignent dans un exercice prospectif que l'imbrication entre ESS et action des pouvoirs publics locaux semble devoir encore s'approfondir à l'avenir.

2.4 Mobilisations politiques et communautés, outils de réinvention des solidarités ?

Les nouvelles formes de mobilisation politiques peuvent réinterpréter la notion de solidarité. Avec l'article « Les Gilets jaunes, entre solidarité mécanique et revendications organiques » (2023), **Bruno Frère** et **Daniel Jaster** synthétisent une partie importante de la littérature scientifique consacrée aux gilets jaunes.

Les auteurs soulignent que dès les premiers jours de mobilisation : « *des scènes de solidarités naissantes, ou plus précisément de solidarité performative, se créant progressivement du fait de partager un même espace d'occupation* ». Les Gilets jaunes sont un mouvement partant de territoires dont la sociologie est diversifiée et dont l'action amène mécaniquement à une solidarité pragmatique : alimenter des feux pour se chauffer, se réunir pour des actions concrètes comme les « *péages gratuits* » ou des cagnottes de solidarité. Cette solidarité mécanique constitue pour les auteurs « *un refuge* » qui permet « *l'affirmation d'une communauté soudée et d'une identité populaire* » par des liens de forte proximité. Ces solidarités concrètes et locales incarnent les revendications politiques globales des Gilets jaunes : le retour d'une véritable solidarité organique publique : « *les Gilets jaunes ont rapidement orienté leurs revendications contre les inégalités sociales, et pour conserver au centre du jeu politique l'exigence d'une meilleure redistribution des richesses* ». Cette population « *se trouve heurté[e] de plein fouet par les restructurations d'entreprises, l'avènement du multi-emplois, l'allongement du temps de travail et le retrait de l'État socia*l ». Le rond-point est un outil concret pour reconstruire une solidarité locale, mécanique, et revendiquer un retour de l'État social par une solidarité organique.

Ainsi pour **Bruno Frère** et **Daniel Jaster** : « *le mouvement des Gilets jaunes, dans son espoir de voir se redéployer une solidarité politique au-delà de cette solidarité communautaire, incarnerait un élan romantique de résistance à la dépersonnalisation hypermoderne de la vie ordinaire, toujours plus déshumanisée et délestée de toutes formes de solidarité seulement possibles* ».

La littérature donne aussi à voir l'apport de nouvelles formes de mobilisations politiques pour transformer les solidarités. Le recueil collectif de nouvelles de science-fiction *Nos futurs solidaires* imagine une multitude de possibles futurs pour l'humanité. Ainsi, la nouvelle de **Li-cam** *La map d'Iris* présente l'histoire de Yeyo, réfugié environnemental vivant dans un lieu d'accueil conçu pour permettre le vivre-ensemvle entre des profils très différents, depuis Millie la mère célibataire jusqu'à l'ouvrier agricole Gus. Les vulnérabilités de ces personnes et la pluralité de leurs parcours constituent le symbole d'une solidarité future et d'une coexistence harmonieuse autour d'un projet politique d'accueil.

2.5 Des solidarités culturelles renouvelées

La chercheuse en littérature et en science de l'information **Celia Sadaï** écrit dans son article « Diasporas africaines : vers une solidarité renforcée » (2021) la force des solidarités culturelles.

La solidarité des diasporas africaines « *s'inscrit dans un réseau économique, social et culturel qui dépasse largement la notion démographique d'immigration africaine* ». Les diasporas sont unies par une culture commune mais également un territoire commun, comme le continent Africain par exemple. La diaspora dispose d'une solidarité entre ses membres. Mais elle constitue aussi un lien entre pays de départ et d'arrivée : « *Entre relationnalité et expertise, la diaspora se définit avant tout par le rôle médiateur qu'elle joue entre territoire de vie et territoire d'origine, à la manière d'une double identité d'utilité publique, qui sert à l'un comme à l'autre. Du côté de l'apport au pays d'origine, la diaspora africaine est aussi l'agent stratégique d'une mission économique à double vocation d'investissement et de co-développement.* » **Celia Sadaï** souligne que l'épidémie de Covid-19 a renforcé plutôt qu'affaibli les solidarités permises par les diasporas : distribution de nourritures, investissements dans les métiers « *de première ligne* », production artisanale de masques mais aussi solidarité avec les territoires d'origine.

Ces mécanismes de solidarité par les migrations et les diasporas ne se limitent pas aux populations liées à l'Afrique. Avec leur article « Migrations chinoises, de génération en génération » (2016), **Simeng Wang** et **Hélène Le Bail** écrivent que « *depuis un quart de siècle, la Chine expérimente un renouveau des mobilités internes et internationales. Le nombre de Chinois émigrés a atteint 9,34 millions en 2013, et la Chine est devenue le quatrième pays en termes de population à l'étranger* ». Les deux sociologues soulignent que la solidarité familiale intergénérationnelle est très forte : les personnes âgées notamment jouent un rôle notable dans la prise en charge des petits-enfants, et habitent fréquemment à proximité de leurs enfants, voire sous le même toit. Certaines spécificités des familles chinoises sont soulignées, notamment des mécanismes de redevabilité entre enfants et parents lorsque les parents doivent leur venue sur le territoire ou leur survie matérielle au statut professionnel et juridique de leur enfant. Les parents assurent ainsi des tâches et des services bénéficiant à la famille dans sa globalité pendant que les enfants travaillent pour garantir la survie économique du foyer.

3 Construire de nouvelles formes de solidarités

3.1 Construire la solidarité intergénérationnelle

Le vieillissement d'une partie de la population mondiale, notamment européenne et française, pose de nouveaux enjeux de solidarité intergénérationnelle.

L'ouvrage *Les Fossoyeurs : Révélations sur le système qui maltraite nos aînés* (2023) de **Victor Castanet** démontre les dérives du business du grand âge, en étudiant le cas d'Orpea, leader mondial des Ehpad et cliniques. Le journaliste démontre que la prise en charge de personnes âgées et vulnérables par le secteur privé et la recherche d'une forte rentabilité peut conduire à des systèmes structurels de maltraitance impliquant rationnement des repas, non respect des règles d'hygiènes, et absence de prise en compte de l'état de santé des résidents. Cette enquête documentée entraîne l'annonce par le gouvernement d'une enquête administrative et vaut à son auteur le prix Albert-Londres du livre.

Sans généraliser à l'ensemble des établissements similaires, **Victor Castanet** pointe des enjeux structurels liés à l'optimisation de la rentabilité du système privé comme d'une insuffisance de l'État en matière de contrôle et de financement. Il pose le problème politique de la prise en charge d'une part de plus en plus importante de la population française.

Le dirigeant associatif **Dominique Thierry** propose avec son ouvrage *La solidarité intergénérationelle sur le terrain* la mise en place d'un « écosystème de solidarité » pour construire une véritable solidarité intergénérationnelle. Il recense en effet de nombreuses associations françaises pratiquant la solidarité intergénérationnelle, que cela soit par de l'accompagnement d'anciens, d'activités de découverte de la nature pour les enfants…

Dominique Thierry pointe la nécessité du travail entre les associations sur un même territoire bien délimité pour permettre leur complémentarité. La désignation d'un « chef de file » chargé de coordonner l'action des associations apparaît également utile pour garantir leur efficacité. Cette méthode semble une voie pertinente pour revitaliser l'action du secteur associatif, notamment après la crise sanitaire, et permettre une solidarité locale et directe.

3.2 Les enjeux de la solidarité environnementale

Les enjeux environnementaux impliquent une solidarité de fait. Ainsi, l'ampleur et la fréquence croissante des feux de forêt crée un besoin fort de coopération entre États.

Gérard Feldzer, président de l'association Aviation sans frontières, défend dans une tribune intitulée *Incendies : « Nous sommes dans une véritable guerre du feu qui nécessite d'amplifier la coopération internationale »* publiée dans le journal *Le Monde* (12 août 2022) l'urgence de développer la solidarité mondiale face aux incendies forestiers. L'ancien pilote suggère à la fois des investissements capacitaires mutualisés à l'échelle mondiale pour des avions et drones adaptés et la mise en places d'unités d'interventions « *Dans la situation d'urgence que nous connaissons aujourd'hui, des « casques bleus du feu », dotés de moyens importants, sur terre et dans les airs, bénéficieraient à l'ensemble de l'humanité.* » Le péril environnemental et ses dangers impliquent donc une solidarité concrète entre États.

Cette solidarité environnementale prend corps dans le domaine du droit comme **Anny Rousso** le démontre dans son article « Le principe de solidarité écologique ou l'irruption de la science dans le droit » (2019). La maître de conférences en droit public développe l'idée que le constat du péril écologique a amené à un renforcement du droit de l'environnement. Au départ cantonné à la protection de la nature, « *il a évolué sous l'influence du droit international et de sa force symbolique ainsi que d'un droit européen plus technicien et régulateur, il s'est enrichi de principes désormais constitutionnalisés* ». Le concept de solidarité écologique est notamment mobilisé comme « *fondement d'une politique de gestion intégrée de la biodiversité* ». Il pose le principe d'une responsabilité de l'être humain envers la préservation de la biodiversité : « *c'est le sens du principe de solidarité écologique qui nous montre une troisième voie entre anthropocentrisme et écocentrisme : préserver les humains de la tentation de l'hybris, privilégier la voie de la responsabilité, de la prudence et de la mesure* ».

3.3 Vers un droit des générations futures ?

Les enjeux environnementaux suscitent des questionnements sur le très long terme. Les conséquences écologiques ont en effet un impact sur plusieurs générations d'êtres humains. C'est pourquoi la notion de droit des générations futures émerge.

Kerry H. Whiteside souligne avec son article « Retour à Jonas : Le défi éthico-politique des générations futures dans la pensée environnementale » (2020) que dès 1987, le rapport Brundtland des Nations Unies pose une définition du développement durable comme « u*n mode de développement qui répond aux besoins des générations présentes sans compromettre la capacité des générations futures de répondre aux leurs* ». **Kerry Whiteside** pointe le lien entre cette notion de générations futures et la philosophie du penseur Jonas. Celui-ci, notamment avec *Le Principe responsabilité (1979)*, défend l'idée que la technologie rend la capacité d'agir de l'être humain si importante qu'elle doit être contrôlée et utilisée de façon mesurée. Pour Jonas, l'être humain doit développer une éthique de « *responsabilité* » pour prendre garde à ne pas abîmer irrémédiablement l'environnement, notamment afin de ne pas compromettre la vie et l'existence des générations futures : « *jamais l'existence ou l'essence de l'homme dans son intégralité ne doivent être mises en jeu dans les paris de l'agir* ».

Pour **Kerry Whiteside**, les idées de Jonas sont confirmées par l'évolution technologique actuelle et pose « *un défi éthique inédit* » qui peut éclairer des politiques publiques concrètes laissant à la fois une place importance aux experts et la création de règles fortes : « *Jonas* *croyait que la libre discussion finirait par réduire au néant la protection de l'environnement* ». Cependant, il souligne que la pensée de Jonas peut contribuer à légitimer des mesures liberticides, plus par incomplétude que par réelle volonté. **Kerry Whitesite** souligne donc que les idées de Jonas peuvent être complétées par un rapprochement avec les principes de la démocratie délibérative afin de « *répondre simultanément aux deux facteurs qui ont limité l'influence du principe responsabilité dans la littérature sur nos obligations envers les générations futures* ».

Cette logique de règles inscrites sur le long terme pour protéger l'environnement et la possibilité de vivre des générations futures est reprise par l'émergence du droit des générations futures. L'universitaire **Émilie Gaillard** souligne dans sa thèse « Générations futures et droit privé – Vers un droit des générations futures » (2011) que le concept de générations futures est importé progressivement du droit international de l'environnement vers le droit privé. Ainsi, la prise en compte de la solidarité intergénérationnelle sur le long terme est de plus en plus marquée dans le droit français comme européen et international. **Émilie Gaillard** souligne que ce mouvement pourrait se poursuivre jusqu'à la constitutionnalisation de deux principes fondateurs du droit des générations futures : « *la dignité des générations futures et leur non-discrimination temporelle* ». Celle-ci permettrait de protéger les conditions de vie et l'environnement des futures générations par le droit. Ainsi, la génération actuelle ne serait pas juridiquement autorisée à compromettre les ressources naturelles au détriment des suivantes.

3.4 Vers un véritable système de solidarité internationale ?

L'émergence d'un droit des générations futures et d'une solidarité environnementale ne se limitant pas à l'échelle nationale pose l'enjeu plus large de la construction d'un système de solidarité international dépassant la coopération bilatérale entre États.

Cette notion de système de solidarité est déjà une réalité à l'échelon européen comme le souligne **Marc Blanquet** avec l'ouvrage collectif *Solidarité(s) : Perspectives juridiques* (2009) dirigé par Maryvonne Hecquard-Théron. Dans le chapitre « L'Union européenne en tant que système de solidarité : la notion de solidarité européenne », le professeur de droit Marc Blanquet rappelle que la devise de l'Union européenne « Paix, Liberté, Solidarité » évoque la solidarité et que celle-ci fait partie de la logique de ses institutions. Les « *Pères fondateurs* » de l'Union, notamment Schuman et Jean Monnet, évoquent ainsi les projets concrets de solidarité devant en appeler d'autres. Pour **Marc Blanquet**, les institutions européennes font se superposer différents niveaux de solidarité : « *On peut relever la solidarité entre les peuples des États membres, la solidarité entre les États membres, la solidarité entre l'Europe et les pays d'outre-mer, la solidarité entre les générations, la solidarité et le respect mutuel entre les peuples du monde, ou encore la solidarité entre l'Union et ses États membres.* » La solidarité sociale est ainsi mentionnée dans le Préambule de la Charte communautaire des droits sociaux fondamentaux des travailleurs de 1989 : « *dans un esprit de solidarité, il importe de lutter contre l'exclusion sociale* », *via* notamment le droit à l'information, à la négociation, la protection contre les licenciements injustifiés, l'interdiction du travail des enfants…

Cette solidarité européenne se manifeste donc directement envers ses citoyens. Elle s'applique aussi aux États composant l'Union. C'est ce qu'illustre la politique étrangère de société commune caractérisée par « *un esprit de loyauté et de solidarité mutuelle* ». Ainsi, les Opérations militaires extérieures (OPEX), sont financées et construites de façon collective.

Cette solidarité n'est pas seulement permise par les traités. La coopération, notamment en matière d'application du droit communautaire est une obligation : « *c'est, en réalité, un devoir pour chaque État membre, d'assister tout autre État membre auquel incombe une obligation en vertu du droit communautaire* ». Il y a donc bien là, au-delà de la médiatisation d'un autre État membre à aider, un devoir envers la réalisation d'une obligation communautaire. De même, quand la Cour a déduit de l'article 5 une « *obligation de coopération loyale* » entre les institutions de plusieurs États membres chargées d'une mission d'application du droit communautaire, le but étant encore, sous l'apparence d'une assistance mutuelle entre administrations nationales, l'efficacité de la mise en œuvre du droit communautaire.

L'exemple européen peut servir de modèle à la construction d'un système de solidarité international. Les organisations non gouvernementales peuvent en constituer un pilier. Jean-Bernard Véron développe dans son article « Les humanitaires face aux enjeux du XXIe siècle » (2015) l'idée que la multiplication des crises, naturelles ou d'origine humaine, amène les ONG à décupler leur action. Le dérèglement climatique et ses conséquences comme la persistance des conflits armés dans un monde éclaté et multipolaire maintiennent ces acteurs sous pression et les forcent à adapter leur modèle d'intervention : « la notion d'intervention humanitaire d'urgence, rapidement déployée pour apporter aux populations la couverture des besoins de base (alimentation, eau, santé et hygiène), puis tout aussi promptement arrêtée une fois passé le pic de la crise, n'est plus que partiellement en adéquation avec l'air du temps. De fait, que la crise soit longue ou non, le temps de l'humanitaire pur chevauche désormais celui des interventions de sortie de crise et noue avec elles des relations qui ne sont pas toujours heureuses, comme en témoigne l'épuisement des nappes phréatiques dans l'Est du Tchad en raison de la concentration des réfugiés et des déplacés dans des camps trop importants ».

Jean-Bernard Véron souligne la nécessité pour les ONG de s'insérer dans un système de solidarité plus global, à la fois en coopération avec les associations internationales, locales et les acteurs publics et privés dans leur diversité. En effet, « la montée en gamme d'acteurs locaux issus de la société civile et de plus en plus capables de venir en aide aux populations sans recourir à des partenaires étrangers » comme « la présence, sur le terrain, d'autres catégories d'intervenants, en l'occurrence les politiques et les militaires » dans le cadre d'une approche globalisante a eu « pour finalité d'enrôler les différents acteurs en présence dans une même stratégie, qui dépasse la simple couverture des besoins des populations, que ce soit dans la phase de secours d'urgence ou dans celle de reconstruction et de développement. » L'inclusion des acteurs non étatiques dans un système de solidarité mis en place par les États apparaît donc nécessaire pour en garantir l'efficacité.

PARTIE 4
POUR ALLER PLUS LOIN

SOMMAIRE

CITATIONS

« Le corps et les solidarités »

1 10 citations sur le corps

- « Corps ne peut plus en effet s'écrire aujourd'hui qu'au pluriel », David Le Breton.
- « Je me suis résignée à mon corps », Simone de Beauvoir.
- « On gère le corps, on l'aménage comme un patrimoine, on le manipule comme un des multiples signifiants de statut social », Jean Baudrillard.
- « Mens sana in corpore sano », proverbe latin.
- « Toute l'histoire repose, en dernière instance, sur le corps humain », Roland Barthès.
- « Déjà mon corps n'est plus mon corps », Primo Levi.
- « Celui qui ne pouvait payer, donnait son corps et son temps, taillable et corvéable à merci », Émile Zola.
- « Le corps est un miroir », Michel Serres.
- « Rien n'est plus matériel, rien n'est plus physique, plus corporel que l'exercice du pouvoir », Michel Foucault.
- « Le corps est le tombeau de l'âme. On est âme, le corps n'est qu'apparence. Le mot est le corps du temps. L'homme n'est pas qu'un corps », Albert Camus.

2 10 citations sur les solidarités

- « La solidarité n'existe pas : n'existe qu'une coalition d'égoïsmes. Chacun reste avec les autres pour se sauver soi-même », Francesco Alberoni.
- « Le discours politique est destiné à donner aux mensonges l'accent de la vérité, à rendre le meurtre respectable et à donner l'apparence de la solidarité à un simple courant d'air », Georges Orwell, *1984*, 1949.
- « L'Europe ne se fera pas d'un coup, ni dans une construction d'ensemble : elle se fera par des réalisations concrètes créant d'abord une solidarité de fait », Robert Schuman, mai 1950.
- « Si l'on veut de la solidarité sociale, il faut qu'on ait, soit un ennemi extérieur, soit une minorité opprimée », Aldous Huxley, *Temps Futurs*, 1948.
- « Partout, de nos jours, l'esprit humain commence ridiculement à perdre de vue que la véritable garantie de l'individu consiste, non dans son effort personnel isolé, mais dans la solidarité », Fedor Dostoïevski, *Les Frères Karamazov*, 1879.

- « Célébrons cet esprit olympique de solidarité en vivant en paix, comme une seule humanité, unis dans toute notre diversité. », Thomas Bach, président du Comité international olympique, discours de cérémonie d'ouverture des Jeux olympiques de Paris 2024.
- « La source la plus vivante et la plus religieuse du progrès de l'esprit humain, c'est, pour parler la langue de mon temps, la notion de solidarité », George Sand, *Histoire de ma vie*, 1855.
- « Cette crise [de la Covid-19] nous montre que la mondialisation est une interdépendance sans solidarité », Edgar Morin, *Réveillons-nous !*, 2022.
- « La solidarité entre tous les citoyens d'un peuple reste assez mal établie, du moins en France, et peu sentie ; elle demeure chose abstraite ; et du reste, pour un grand nombre, existe réellement fort peu », André Gide, *Journal*, 1939.
- « L'homme n'admet guère la solidarité qu'à son profit, il ne la pratique que rarement pour les autres », Maxime du Camp, *Les Convulsions de Paris*, 1878.

SUJETS POTENTIELS

« L'alimentation et les solidarités »

1 10 sujets sur le corps

- Corps et technologies.
- Le corps, les corps.
- Les métamorphoses du corps.
- Peut-on dépasser le corps ?
- Le corps au XXIe siècle.
- L'alimentation : allié ou ennemi du corps ?
- Corps et pouvoir.
- Existent-ils des droits du corps ?
- Corps et violence.
- Corps et maladie.

2 10 sujets sur les solidarités

- Peut-on faire corps en société ?
- Corps social, corps politique : concurrences des solidarités ?
- Solidarités et identité : un double visage ?
- Solidarités et individualismes.
- Solidarités et politique.
- Réinventer les solidarités.
- Être solidaire : est-ce suffisant ?
- Les solidarités dans les crises : resserrement ou délitement ?
- De quoi sommes-nous solidaires ?
- Liberté, Égalité, Solidarités ?

SUJET INTÉGRALEMENT RÉDIGÉ

« Existe-t-il un corps parfait ? »

« Le corps métaphorise le social et le social métaphorise le corps. » Par ces mots, David **Le Breton** dans son ouvrage *La sociologie du corps* (2018), suggère que le corps est le produit de son environnement. Le corps et la notion de perfection seraient alors à la fois la matrice et le reflet de la société. Enveloppe biologique d'un être vivant, le corps est la façade extérieure de l'individu. Un corps se différenciant par ses qualités exceptionnelles ou du moins par des aspects socialement valorisés, pourrait prétendre à la perfection. Notion socialement construite, le terme « parfait » s'inscrit dans une volonté de dépassement, à la recherche d'un absolu de beauté. Par opposition, un corps imparfait serait jugé indésirable, n'étant pas conforme à l'idéal de perfection. Notion subjective, la perfection se confronte à l'objectivité physique d'un corps et à sa redéfinition au cours des périodes historiques. Le corps en tant que représentation de l'être et la perfection en tant que caractéristique propre, sont soumis aux évolutions des normes et valeurs de la société. Le sujet invite à se questionner sur l'existence d'un idéal du corps et d'une image corporelle valorisée.

Dans le prolongement, le corps est-il soumis à une tyrannie de la perfection ? Peut-on dire que le corps est spontanément parfait ? Dans quelle mesure le corps parfait est-il une illusion ?

Si le corps parfait s'exprime socialement par des caractéristiques propres (I), il semblerait néanmoins que le corps demeure perfectible (II).

Le corps parfait est un modèle socialement construit aux nombreuses dérives esthétiques.

Tout d'abord, le corps parfait est une construction sociale valorisée.

Le corps existe sous le prisme de la perfection par le regard extérieur. Le corps est au cœur des interactions sociales, et des qualités exceptionnelles telles que la perfection sont particulièrement valorisées. Dans l'ouvrage *Les Techniques du corps* (1934), Marcel **Mauss** analyse la place du corps dans le monde social en tant que reflet de l'identité individuelle et collective. L'auteur définit le corps comme un instrument de communication s'exprimant à travers des marqueurs sociaux tels que la perfection. Intériorisés dès l'enfance au moment du « dressage », ces derniers déterminent les relations et définissent une hiérarchie sociale des corps. Dans le prolongement, Guillaume **Vallet** dans *La Fabrique du muscle* (2022), évoque la valeur sociale décernée à la musculation. Cette pratique sportive trouve résonance avec l'actualité sociétale dans la mesure où dans un contexte post-pandémique, l'entretien et la musculation du corps rassurent, jusqu'à devenir une « pratique de masse ». Les aspects socialement valorisés du corps, menant à une certaine forme de perfection, sont investis par les individus.

Par conséquent, la perfection du corps est soumise à un véritable culte. Dans la mesure où la perfection est le caractère de ce qui est achevé, cette première est un absolu souvent associé au divin. Dans l'ouvrage *Éthique* (1677), **Spinoza** théorise le *conatus* en soulignant que corps et âme sont indissociables. Signifiant littéralement « effort », cette notion met en exergue la persévérance voire d'amélioration de l'être. « On en sait ce que peut le corps », c'est pourquoi le philosophe encourage à rechercher la perfection du corps en tant que véritable puissance. La perfection du corps est une quête soumise à diverses sollicitations. À titre d'exemple, Aphrodite est la déesse de l'amour dans la mythologie grecque. Son corps, incarnant l'allégorie de la beauté féminine et de la pureté, est si séduisant qu'il déclenche indirectement la guerre de Troie. En effet, la déesse se voit décerner par le prince troyen la pomme de discorde avec l'inscription « à la plus belle », aux dépens d'Aphrodite et d'Héra.

Si le corps existe par le regard extérieur avec des aspects socialement valorisés qui font écho à la perfection, il semblerait néanmoins que cette quête de l'apparence puisse porter préjudice.

La quête de perfection des corps entraîne des menaces sérieuses pour les individus.

La recherche de perfection corporelle est sujette à divers complexes obsessionnels. En effet, les injonctions plus ou moins explicites peuvent devenir de véritables souffrances pour les individus vulnérables face à leur apparence physique. Dans *Les nourritures* (2015), Corine **Pelluchon** met en exergue les troubles alimentaires en écho à une obsession corporelle. Les relations entre corps et l'alimentation sont perturbées et deviennent de réelles souffrances par l'intermédiaire de l'aliment. L'idéal de perfection se transforme en maladie telles que les troubles du comportement alimentaire. Le livre *Jours sans faim* (2001) de Delphine **de Vigan** mentionne l'anorexie mentale d'une jeune femme. Son angoisse de la balance et du corps qui se transforme l'amène à éprouver les limites de son corps. L'hospitalisation symbolise son dernier espoir et initie des questionnements sur les causes de la maladie. La recherche de perfection et les pressions extérieures peuvent ainsi déséquilibrer les individus.

Par ailleurs, la volonté de perfection des corps peut se transformer en tyrannie. La recherche d'un corps parfait serait vecteur d'exclusion, aux dépens de la diversité corporelle. Dans son ouvrage *L'avenir de la nature humaine* (2001), Jürgen **Habermas** explore la dualité entre la liberté et la responsabilité au regard des progrès de la biotechnologie. L'intervention humaine dans la manipulation génétique pourrait transformer les corps en objets. Selon l'auteur, au-delà de l'eugénisme thérapeutique pour prévenir des maladies graves, l'eugénisme libéral ferait écho aux perspectives d'améliorations infinies de l'homme, en d'autres termes, aux perspectives de perfection. Dans le prolongement, le film *Tomorrow's Children* (1934) de Crane **Wilbur** dénonce les pratiques de sélection génétique aux

États-Unis. Le synopsis présente une jeune femme souhaitant fonder une famille bien que ses proches soient jugés « défectueux » pour cause d'alcoolisme. Contrainte au choix entre une stérilisation ou bien une suspension d'aides médicales, la jeune-femme est victime de la quête de perfection pour les générations à venir.

Si la quête de perfection domine l'interface sociale des corps, il semblerait néanmoins que cette perfection corporelle soit relative.

Le corps parfait est temporaire et améliorable par divers artifices.

Le corps parfait est éphémère en étant soumis à l'épreuve du temps.

Les représentations du corps et la perfection ne cessent d'être redéfinis. Les pratiques autour du corps se substituent et s'adaptent aux tournants des époques. Dans l'ouvrage *Histoire de la beauté* (2004), Georges **Vigarello** attire l'attention sur les « indices de perfection physique [qui] changent » à l'image du monde. Au-delà des modes, ce sont les mutations sociales, culturelles voire générationnelles qui modèlent les représentations corporelles. L'auteur ajoute que de nos jours, les aspects esthétiques féminins valorisés faisant référence à une beauté liée à l'inactivité, ont été renversés par des caractéristiques faisant écho à un statut plus actif. Les idéaux de perfection des corps varient au cours des époques avec par exemple l'apparition du maquillage en vecteur d'embellissement ou encore de l'évolution de la codification liée aux corps telle que la pudeur. À titre d'exemple, au Moyen Âge, l'idéal corporel féminin était incarné par l'extrême pâleur, symbole de pureté et la rondeur du ventre suggérant la fécondité. De plus, le front haut – souvent épilé – traduisait l'absolu de jeunesse.

Cependant, le corps se détériore progressivement et sa perfection disparaît. La jeunesse demeure pourtant un idéal de beauté face au vieillissement du corps, d'autant plus présent que l'espérance de vie des humains s'accroît. Dans l'article « Le vieillissement dans tous ses états », Laurence et Alain **Taieb** développent l'idée selon laquelle le vieillissement serait associé au sentiment de culpabilité voire de honte. Le déclin inexorable du corps se confronte à l'injonction d'une apparence jeune et dynamique. Le corps se dépréciant est jugé imparfait avec notamment la perte d'audition ou encore la peau flétrie. Le roman *Le portrait de Dorian Gray* (1891) d'Oscar **Wilde** investit cet idéal de perfection de jeunesse du corps. Le personnage au nom éponyme est reconnu pour sa beauté physique, si bien que son image corporelle devient une obsession. D'une jeunesse éternelle, les années éprouvent néanmoins un tableau le représentant. Refusant une représentation vieillie de sa personne, le portrait est conservé à l'abri des regards. Un corps s'écartant de la beauté parfaite est ainsi méprisé.

Si les représentations autour du corps parfait sont soumises à diverses épreuves, il semblerait néanmoins que le corps puisse user de divers moyens pour pallier ces imperfections.

Le corps peut s'améliorer pour atteindre les objectifs de perfection physique.

Les artifices chirurgicaux permettent de tendre vers un corps parfait. Des aspects spécifiques du corps sont modifiés un à un afin de les porter vers les idéaux de beauté. Dans l'ouvrage *Les fabriques du corps* (2007), Anastasia **Meidani** étudie le « remaniement de la surface de la peau ». L'auteur mentionne les soins tels que le maquillage, souvent adressés à la population féminine, en particulier entre 25 et 50 ans. À cet effet, le maquillage est utilisé de manière occasionnelle ou quotidienne dans une quête d'excellence physique. L'article du *Monde* intitulé « En Corée du Sud, le bistouri est à la fête » d'octobre 2017 met en exergue l'importance de la chirurgie esthétique en Corée du Sud. Le pays aurait réalisé 1,2 million d'opérations en 2015, le classant à la troisième position après les États-Unis et le Brésil. L'apparence physique et les opérations telles que la rhinoplastie ou la blépharoplastie sont encouragées, notamment pour acquérir un emploi ou bien se marier. L'embellissement du corps est ainsi permis par divers moyens esthétiques.

Le corps augmenté serait une nouvelle forme de perfection. En effet, la technologie redéfinit les frontières du corps humain. Dans l'ouvrage *Le corps augmenté, nouveau lieu d'expression de soi* (2019), Salomé **Bour** insiste sur la concurrence technologique pour la modification physique vis-à-vis des pratiques traditionnelles. Avec l'ambition de repousser les limites de la condition humaine jusqu'à défier la mort, le mouvement du transhumanisme fait référence au corps artificiel comme nouvel idéal de perfection. L'homme s'incarnerait à travers l'*homo faber*, c'est-à-dire celui qui fabrique de quoi dépasser ses capacités initiales. Par exemple, dans le *Manifeste cyborg* (1984), Donna **Haraway** révoque le féminisme traditionnel et appelle à dépasser les représentations du genre par l'intermédiaire du cyborg. En effet, le cyborg permettrait de rendre perméable la frontière entre l'homme et l'animal, si bien que l'auteur conclut son ouvrage par : « Je préfère être cyborg que déesse. » La technologie permet ainsi l'expression d'une nouvelle forme d'identité de l'individu et de défier les conditions physiques spontanées.

En définitive, le corps parfait semble exister dans les considérations et injonctions sociales, bien que cette notion soit remise en question par les limites biologiques du corps. Le corps est effectivement le reflet de la société qui tend à maximiser le caractère exceptionnel des hommes, si bien qu'une certaine tyrannie est exercée à leur égard. Le culte de la perfection se confronte néanmoins aux réalités physiques du corps à travers les époques. Cependant, des artifices existent pour dépasser les réalités corporelles et tendre vers de nouvelles formes de perfection.

SUJET INTÉGRALEMENT RÉDIGÉ

« Corps et inégalités sociales »

« Celui qui ne pouvait payer, donnait son corps et son temps, taillable et corvéable à merci » écrit l'écrivain réaliste Émile **Zola** dans son roman *La terre* où il donne à voir la violence physique contenue dans le monde paysan du XIXe siècle.

Le corps, défini par Elaine N. **Marieb** et Katja **Hoehn** dans *Anatomy and Physiology of the Human Body* est une machine biologique complexe composée de cellules, tissus, organes et systèmes. Celui-ci a une dimension sociale : son effort comme sa consommation s'inscrivent dans un contexte global. Chaque individu, avec son corps, est assigné à un métier et une position sociale. Or, comme le souligne Karl **Marx** dans *Le Capital*, les sociétés humaines sont inégalitaires, notamment par les différences de capital économique, bien que le capital social et culturel entre aussi en compte, ainsi que les différences de genre. La société façonnant les corps étant structurellement inégalitaire, il est légitime de s'interroger sur les liens entre corps et inégalités sociales.

Dans quelle mesure les inégalités sociales construisent-elles des corps différents ?

Les inégalités sociales ont un impact certain sur les corps (I). Elles peuvent être néanmoins combattues (II).

Les inégalités sociales peuvent contribuer à l'existence de corps très différents au sein d'une même société.

Tout d'abord, certaines formes de travail peuvent constituer une aliénation des corps.

L'esclavage, forme de réduction d'un être humain à son seul effort productif, est ainsi particulièrement marquant pour les corps de ceux qui le subissent. Avec *Le corps esclave : histoire et anthropologie des structures de domination*, Catherine **Coquery-Vidrovitch** et Ousmane **Sarr** étudient les différentes périodes et formes d'esclavage à travers l'histoire. Ils y démontrent le mépris du corps, la fréquence des châtiments physiques et l'anéantissement au travail des esclaves. Mais, le travail salarié peut aussi être particulièrement violent pour le corps. Avec son *Journal d'usine*, la philosophe Simone **Weil** produit une analyse de son expérience du travail en usine. Elle observe ainsi une organisation du travail aliénante pour le corps, celui-ci étant réduit à une place définie dans le système productif. Elle évoque un épuisement causé par la répétition des gestes qui a autant un impact sur son état psychologique que son état physique.

Ainsi, l'exploitation économique par le travail peut avoir un effet négatif. Mais les inégalités de genre peuvent également affecter les corps. L'ouvrage collectif *Le corps en lambeaux* dirigé par Frédéric **Chauvaud**, Lydie **Bodiou**, Myriam **Soria**, Ludovic **Gaussot** et Marie-José **Grihom** décrit la réalité des violences sexuelles et sexuées. Celles-ci sont protéiformes mais demeurent une constance dans l'histoire dont le point commun est d'être : « Une prise de corps, une appropriation physique du corps de l'autre comme d'un lieu convoité et mis à sac par le vainqueur qui ne se contente pas toujours d'agir en conquérant mais bien en ennemi dont le but est de détruire, de salir, d'anéantir. » Les inégalités de genre peuvent ainsi engendrer des formes de violence sur les corps, ainsi que le proclame en 2012 le manifeste de 343 femmes assumant avoir été violées lancé par Clémentine **Autain** : « Chaque année en France, plus de 75 000 femmes, et presque autant d'enfants sont victimes de viol. Soit un viol toutes les huit minutes. Des drames banals, noyés dans la honte, que subit ou subira pourtant 1 femme sur 10 au cours de sa vie. Il faut se rendre à l'évidence : loin du fait divers, c'est un fait de société sourd, qui frappe tous les milieux sociaux. »

Les corps subissent le poids des inégalités qu'elles soient sociales, économiques ou genrées. De même, les normes corporelles valorisées évoluent en fonction des milieux sociaux.

La représentation des corps populaires valorise les attributs de force alors que les représentations des gouvernants sont marquées par le pouvoir politique qu'ils incarnent.

C'est ce que souligne l'ouvrage *Se faire respecter* d'Akim **Oualhaci** qui étudie la socialisation sportive des quartiers populaires aux États-Unis et en France. La pratique sportive y est incitée par la recherche d'une forme de « capital guerrier » viril qui façonne un corps affûté et des compétences « qui mobilisent un rapport au corps et des investissements corporels spécifiques (puissance, force, courage, santé, etc.) ». À l'inverse, les corps des élites sociales valorisent des valeurs et des attributs différents, dont le but peut d'ailleurs être de se démarquer des classes populaires. L'historien Yann **Lignereux** dans l'article « Henri IV dévoilé. Le corps dé-voué du souverain ou la royauté sans sacrifice » souligne comment l'art appuie l'affirmation de la volonté d'absolutisme royale. En effet, le roi de France est représenté nu avec l'aigle et la foudre, attributs de pouvoir mais sa nudité peut aussi marquer une forme d'humiliation de la chair chrétienne. Il demeure que le corps du souverain représente une forme de pouvoir politique absolue : « Une autre figure occupe désormais la scène : celle du Phénix, sacrifié et sacrificateur, suffisant à lui-même et immuable, absolu. La petite statue de bronze reflète la lumière et le roi marche dans l'éternité vers lui-même. Henri IV, ou une fois encore, le corps unique de l'absolutisme. »

Ce que le corps peut exprimer ou ne doit pas exprimer dépend également de la condition sociale ainsi que l'illustre le rapport aux émotions. Dans son ouvrage *Les émotions au pouvoir* le politiste Christian **Le Bart** montre comment l'État incite les gouvernés à ressentir des émotions tandis que les gouvernants sont astreints à une exemplarité et une discipline émotionnelle : « L'État fonctionne à la fois comme censeur et comme prescripteur d'émotions. Il incite les individus à développer des formes de sociabilité qui reposent sur l'autocontrôle et la mise à distance de l'émotion. » Christian **Le Bart** pointe les inégalités dans le rapport aux émotions entre les milieux bourgeois et les gouvernants, valorisant l'auto-contrôle, et les normes populaires qui laissent plus de place à l'expression des ressentis personnels. C'est ce qu'illustre la pièce *Antigone* d'**Anouilh** où la différence est marquée entre Créon, le représentant du pouvoir politique, qui demeure impassible et agit froidement alors que la jeune *Antigone*, scandalisée par la sanction politique de non-enterrement infligée à son frère s'emporte et agit impulsivement.

Les inégalités sociales créent des rapports au corps différent. Celles-ci peuvent néanmoins être corrigées par des politiques publiques ambitieuses.

Les politiques publiques peuvent autant façonner le corps qu'influer sur les inégalités sociales.

La puissance publique est capable de construire des politiques publiques du corps.

Dès le Moyen Âge, les pouvoirs publics mettent en place des politiques qui ont un impact sur les corps des gouvernés. Ainsi, durant les épidémies du Moyen Âge, les autorités mirent en place des méthodes d'encadrement sanitaire des populations. C'est ce que rappelle l'historien Françoise **Hildesheimer** avec l'ouvrage collectif *Les parlements de province*. Ces tribunaux de l'Ancien Régime sont contraints par l'État monarchique à mettre en place des mesures de contrainte sanitaire malgré leur opposition au nom des autonomies locales : « C'est le caractère de temps d'exception provisoire du temps de peste qui impose et justifie des mesures d'exception. On se souvient de la vision de Foucault du temps de peste comme "épreuve au cours de laquelle on peut définir idéalement l'exercice du pouvoir disciplinaire". » Cette action étatique peut aller jusqu'à la destruction des corps.

Cette capacité d'intervention étatique peut se concrétiser par de véritables politiques publiques du corps. C'est ce que souligne l'article « L'hygiène à l'école aux XVIIIe et XIXe siècles : vers la création d'une éducation à la santé » de Séverine **Parayre**. Il démontre la mobilisation par l'État d'un nombre important d'acteurs publics, des instituteurs aux inspecteurs pour éduquer la population aux normes d'hygiène en utilisant l'outil que constitue l'école : « L'instituteur entre désormais dans le débat hygiénique, pour devenir un personnage central de l'hygiène scolaire durant la Troisième République, un modèle et un transmetteur de nouvelles pratiques de précautions à l'égard de la santé et de nouvelles attentions faites au corps. » Cette intervention de l'État peut avoir une visée sociale et notamment de lutte contre les inégalités. Avec l'ouvrage collectif *Reconstructions physique et sportive en France sous la IVe République*, Doriane **Gomet** étudie comment le sport est utilisé comme un outil éducatif visant à fournir à toute la jeunesse, et pas seulement à une élite sportive, un savoir-faire sportif permettant le bon fonctionnement du corps. Cette politique publique « prenant en considération les besoins des élèves, la valeur éducative du jeu et la liberté d'action » porte une vision de santé publique des corps qui contribue à réduire les inégalités y étant associées.

L'État peut combattre les inégalités sociales liées au corps. Il est possible de mener une politique publique du corps au XXIe siècle.

Il est possible de mener une politique publique du corps adaptée aux enjeux contemporains.

L'inégalité des corps contemporains est notamment le fait de la sédentarité et d'une alimentation fortement déséquilibrée. Comme l'écrivent Steven H. **Woolf** et Steven **Jonas** dans *Health Promotion and Disease Prevention in Clinical Practice*, la promotion d'un corps sain par le biais de politiques publiques est devenue un enjeu essentiel pour la santé et le bien-être de la population. Prenant en compte le corps comme une entité physique, émotionnelle et sociale, l'État peut encourager les comportements sains parmi les individus, en leur fournissant les ressources, l'éducation et le soutien nécessaires pour adopter des modes de vie équilibrés. Cela peut concerner autant le fait de pratiquer une activité physique régulière, que la lutte contre le tabagisme et l'alcool, la nutrition saine ou encore la gestion du stress. La pertinence de la mise en place de cette politique publique est soulignée par Robert L. **Dean Jr.** et Richard G. **Gomer** dans le rapport *Fit for Duty: An 8-Week Guide to Optimal Weight and Fitness for the Military*. Le pourcentage de jeunes adultes américains obèses est devenu si élevé (40,4 %) qu'il est un frein important au recrutement de l'armée et, donc, à la réalisation de ses missions. S'il en vient jusqu'à menacer les fonctions régaliennes de l'État, c'est que l'état des corps est une dimension importante qui doit être adressée par des politiques publiques adaptées. Or, l'obésité étant favorisée par les inégalités, notamment économiques, cet enjeu doit être spécifiquement pris en compte.

L'autre grand sujet d'inégalités liées au corps est le vieillissement de la population. Brigitte **Baccaïni**, Jacques **Freyssinet** et Martine **Pernod-Lemattre** dans leur ouvrage commun P*olitiques du vieillir : vieillissement actif, santé et retraite* démontrent les effets du vieillissement des « baby-boomers » sur la structure des sociétés. Afin de permettre l'inclusion et le bien-être des personnes âgées, les auteurs proposent plusieurs pistes, notamment le développement des programmes de prévention, des soins médicaux et du soutien psycho-social. L'inclusion des personnes âgées, le respect de leurs droits et de leur corps, notamment lorsque celles-ci sont en situation de dépendance, est également rappelée. Cet enjeu du XXIe siècle est déjà un axe de politiques publiques ainsi que le prouve l'existence du programme national français de prévention et de gestion de la perte d'autonomie (2019-2022). Celui-ci met justement l'accent sur les soins à proximité, le maintien à domicile et les préventions des accidents.

Ainsi, les inégalités, qu'elles soient sociales, économiques ou de genre, ont des impacts différents sur les corps, diminuant notamment ceux des personnes les plus pauvres et vulnérables. L'État ayant fait la démonstration de sa capacité à mener des politiques publiques du corps efficaces, il apparaît pertinent que, tout en poursuivant celles qui existent déjà comme la politique sportive, celui-ci s'investisse dans les grands défis du XXIe siècle que sont l'enjeu du poids et celui du vieillissement. Cela à la fois pour réduire les inégalités sociales liées au corps et garantir des conditions de vie décentes et respectueuses pour l'ensemble de la population.

SUJET INTÉGRALEMENT RÉDIGÉ

« De quoi sommes-nous solidaires ? »

Depuis le début de la guerre en Palestine, les diplomaties occidentales sont accusées d'être à l'initiative d'une « *solidarité à géométrie variable* ». Leur solidarité irait davantage aux civils ukrainiens frappés par la guerre qu'aux civils palestiniens placés dans la même situation. En filigrane, c'est la question du choix des solidarités qui est posée.

En effet, de quoi sommes-nous solidaires ? Il faut, pour aborder cette question, commencer par développer ce qui est entendu par « *nous* ». Cela peut être l'individu, inscrit dans des solidarités restreintes – sa famille, sa nation… – comme cela peut être l'humanité tout entière, inscrite dans une solidarité globale. Le terme « *quoi* » renvoie quant à lui une pluralité d'options – qui ne sont pas qu'humaines : il ne s'agit pas de savoir de qui nous sommes solidaires. Nous le devinons, l'être humain n'est pas uniquement lié à semblables ; il est aussi solidaire d'un environnement, d'un biotope. Le terme de « *solidarité* », que nous pouvons définir comme une relation de dépendance très étroite qui unit des êtres vivants, donne ainsi à voir deux facettes. La première est une solidarité choisie : la relation d'interdépendance qu'un individu décide de bâtir avec autrui. La seconde est une solidarité subie : la situation de dépendance dans laquelle il est placé pour survivre. Dès lors, l'enjeu est de tracer les contours de ces solidarités. D'une part, de comprendre les solidarités qui sont souhaitables, d'autre part, de s'émanciper de celles qui ne le sont pas.

Il conviendra ainsi de se demander : dans quelle mesure l'individu doit-il s'inscrire dans des solidarités ?

Nous verrons que l'émancipation des individus s'est faite au prix d'une rétractation des solidarités (I), mais que cette situation étant intenable, il importe aujourd'hui de réinventer les solidarités (II).

*

L'émancipation des individus s'est faite au prix d'une rétractation des solidarités (I).

Il convient d'abord de souligner qu'avec la fin des cosmologies, les êtres humains ont cessé de se sentir solidaires du monde (I, A). En effet, les êtres humains ont longtemps adopté une conception de l'univers fondée sur la notion de cosmos : le monde forme un tout cohérent, où chaque chose est équilibrée par une autre. Il y avait ainsi une véritable interdépendance de tous les êtres vivants : chaque être participait de l'existence du monde, qui formait un tout solidaire. Selon l'éthique stoïcienne, développée par Marc-Aurèle dans ses *Pensées pour moi-même*, les êtres humains ont le devoir de ne pas oublier qu'ils sont solidaires du monde. Ils ne doivent pas tomber dans l'illusion d'une autonomie absolue, ou bien réserver leur solidarité à un groupe restreint. Il écrit ainsi qu'il faut « *se représenter continuellement le monde comme un seul être animé, qui ne renferme qu'une seule substance et qu'une seule âme [...] tout s'enchaîne et tout est solidaire dans l'ensemble de l'univers* ».

Cette conception solidaire du monde est entrée en crise avec la fin des grandes cosmologies. Selon Alexandre Koyré dans *Du monde clos à l'univers infini*, les grandes découvertes scientifiques ont détruit cette vision cosmologique de l'univers, et les êtres humains ont, à compter de cette période, commencé à considérer qu'ils n'étaient plus solidaires du monde. Au XVIe siècle, les grandes découvertes de Copernic et Galilée révolutionnent la conception que les êtres humains ont de l'univers. C'est la découverte de l'héliocentrisme : la Terre n'est qu'une planète, parmi d'autres, qui gravite autour d'un astre plus important. Et c'est aussi la prise de conscience de l'infinité de l'univers : celui-ci n'a aucune limite, et les êtres humains n'en représentent qu'un infime morceau. Dans ce contexte, l'idée d'une solidarité du monde se dissipe : il n'y a pas un parfait équilibre entre tous les êtres vivants, mais juste du hasard. Dès lors, les êtres humains n'ont plus le devoir, comme avec les Stoïciens, de se sentir solidaires de tous les autres êtres vivants.

Moins que de respecter le monde et de chercher à en maintenir l'équilibre inchangé, les êtres humains cherchent à en comprendre les fondements scientifiques. Le rapport à la nature en est bouleversé : il s'agit, comme l'écrit Descartes dans sa célèbre formule issue du *Discours de la méthode*, de devenir « *comme maître et possesseurs de la nature* ». À un rapport de solidarité avec le monde et la nature a succédé un rapport de domination.

Ainsi, on voit que l'être humain a progressivement cessé de concevoir le monde comme un tout solidaire. Si cette évolution a des aspects positifs – elle a permis des avancées scientifiques majeures – elle a aussi ses limites. En effet, l'être humain risque de croire qu'il peut être complètement autonome de la nature. Or, il y a bien une solidarité inaliénable entre l'humanité et la nature.

À l'époque moderne, l'individu s'est émancipé de solidarités humaines qui pouvaient paraître étouffantes (I, B). Comme le relatent Dominique Giorgi et Valérie Saintoyant dans *La solidarité en quête de sens*, les solidarités traditionnelles se sont structurées, en Europe, autour de trois axes : l'Église, la famille et le métier. Un individu était solidaire de sa famille, institution qui jouait un rôle prégnant dans la mesure où l'organisation du travail (exploitation d'une ferme par exemple) s'organisait souvent autour d'une famille. La moindre mobilité géographique, par rapport à l'époque contemporaine, faisait que beaucoup d'individus continuaient à vivre non loin de leur lieu de naissance. Ainsi, la famille était l'un des trois piliers des solidarités humaines. Ensuite, l'individu pouvait compter sur l'Église, qui jouait un rôle central grâce à un maillage très fin des territoires *via* des paroisses et des établissements de charité (hôtels-Dieu, léproseries...). Enfin, l'individu pouvait compter sur une solidarité professionnelle : un réseau de compagnonnages, d'associations, de confréries... organisait les solidarités. Comme Dominique Giorgi et Valérie

Saintoyant le soulignent, ces trois piliers des solidarités se sont écroulés au XIXe siècle. Le recul du christianisme, les exodes ruraux, les nouvelles organisations du travail ont révolutionné l'organisation des solidarités.

Cette évolution a permis une plus grande liberté individuelle. Avec ces transformations, les individus s'émancipent d'une assignation géographique, d'une surveillance religieuse, et de l'exercice d'un unique métier. Le champ des possibles s'ouvre ; de nombreux romans du XIXe siècle se font l'écho de cette situation. Par exemple, Balzac, dans son cycle romanesque *La Comédie humaine,* montre avec le personnage d'Eugène de Rastignac la diversité des ascensions sociales désormais possibles.

Dans ce nouveau contexte social, les individus sont désormais libres de choisir leurs solidarités. Comme l'écrit Alexis de Tocqueville dans *De la démocratie en Amérique*, maintenant que les solidarités traditionnelles ont disparu, les êtres humains sont tentés de préférer une « *petite société* » à la grande. Ainsi écrit-il qu'« *un sentiment réfléchi et paisible qui dispose chaque citoyen à s'isoler de la masse de ses semblables et à se retirer à l'écart avec sa famille et ses amis ; de telle sorte que, après s'être ainsi créé une petite société à son usage, il abandonne volontiers la grande société à elle-même* ». Ce phénomène est en effet assez visible dans les États-Unis qu'il a explorés, car beaucoup de groupements humains ont fait le choix de vivre dans une certaine autarcie vis-à-vis du reste du pays – citons à cet égard les nouvelles communautés religieuses telles que les Mormons ou encore les Amishs. Toutefois, cette évolution est dangereuse selon Tocqueville : elle présente un risque pour la cohésion humaine dans son ensemble. Une forme d'égoïsme généralisé peut se mettre en place, et cette rétractation des solidarités présente un risque d'exclusion importante.

La dureté des conditions de vie dans ce contexte de disparition des solidarités traditionnelles a été mise en lumière par le romancier Charles Dickens. Dans *Oliver Twist*, il s'efforce de décrire les conditions de vie des personnes marginalisées par la société victorienne : orphelins, vieillards et ouvriers y connaissent un sort difficile. Ainsi, cette émancipation des solidarités traditionnelles paraît vertueuse à bien des égards – elle permet une plus grande liberté, une mobilité sociale… Toutefois, elle n'est pas entièrement satisfaisante parce qu'elle se caractérise par un morcellement de la société et l'enracinement de fortes inégalités sociales.

Ainsi, nous avons vu que les individus ont, au cours du temps, su se défaire de nombreuses solidarités : solidarité avec le monde, solidarité religieuse, professionnelle, religieuse… Ils ont gagné une autonomie nouvelle – toutefois, cette évolution ne paraît pas complètement tenable. Dès lors, la question de l'invention des nouvelles solidarités se pose.

*

Une autonomie absolue étant intenable, il s'agit aujourd'hui de réinventer les solidarités (II).

La mondialisation et le libéralisme sont à l'origine d'un dangereux affaiblissement des solidarités, que l'État peut limiter (II, A).

L'idéologie libérale, poussée à son extrême, permet aux individus de ne plus être solidaire de rien. Le rôle de l'État dans la structuration des solidarités devient presque nul – c'est la « *main invisible* » du marché qui organise la société. La philosophe Hannah Ardent a toutefois mis en exergue les limites de ce mode de gouvernance. Dans *Les Origines du totalitarisme*, cette dernière pointe du doigt la responsabilité des régimes libéraux dans l'avènement des régimes totalitaires. C'est parce que les sociétés européennes libérales étaient extrêmement désolidarisées que ces régimes ont pu voir le jour. En effet, une quantité croissante d'individus s'est retrouvée marginalisée de la société. Ayant atteint un stade d'isolement sans retour – un sentiment de « *désolation* » qui leur faisait croire qu'ils resteraient pour toujours marginalisés, ils ont cédé aux sirènes des partis totalitaires.

Selon l'économiste Karl Polanyi, il est possible de mettre en œuvre des solutions économiques pour prévenir de telles dérives. Dans *La grande transformation*, il souligne que ce sont les faillites de l'économie libérale, qui, de crise financière en crise financière, ont conduit aux régimes fascistes du xxe siècle. L'enjeu est donc de repenser le libéralisme et de mettre sur pied un système économique et étatique plus protecteur. L'État a ainsi un rôle à jouer dans la réinvention des solidarités, en rappelant les citoyens à leur interdépendance collective.

La mondialisation peut aussi être lue comme un phénomène qui influence les solidarités : dans le « *village planétaire* », selon l'expression de McLuhan, les individus ne sont plus ancrés dans une communauté locale en particulier. Il peut s'ensuivre un certain malaise, et une inquiétude de disparition des solidarités. Selon Christophe Guilluy dans *Fractures françaises* (2010), il faut ainsi distinguer la « *mondialisation heureuse* », celle des grandes métropoles, de celle que connaissent les espaces périurbains et ruraux – nettement moins salutaire.

En ce sens, les manifestations des *Gilets Jaunes* (2019) peuvent être lues comme une protestation pour remettre en place une solidarité nationale et endiguer les fractures territoriales causées par la mondialisation. Selon les sociologues Bruno Frère et Daniel Jaster (« Les Gilets jaunes, entre solidarité mécanique et revendications organiques », 2023), on retrouve dans ce mouvement une double aspiration à la solidarité. D'abord, une réapparition de solidarités locales (dont les occupations de ronds-points et la sociabilité qu'elles impliquent sont devenues le symbole). D'autre part, le renforcement de la solidarité nationale (ainsi défendaient-ils toutes une série de mesures fiscales et électorales). Dès lors, le renforcement des politiques publiques en faveur de la cohésion des territoires paraît nécessaire pour permettre de résorber ces désolidarisations.

Ainsi, nous voyons qu'une autonomie totale des individus n'est pas souhaitable : une société désolidarisée est dangereuse et l'individu a besoin de s'inscrire dans des solidarités humaines. Dès lors, l'État a un rôle à jouer dans la protection de ces solidarités.

Face à la crise écologique, l'humanité doit à nouveau se penser solidaire du vivant (II, B).

Nous l'avions vu, avec la fin des approches cosmologiques du monde, les êtres humains ont progressivement cessé de se penser solidaires du monde et de la nature. À un rapport de préservation a succédé un rapport de domination. Cette conception-là vacille aujourd'hui du fait de la crise écologique, qui a rappelé à l'humanité qu'elle ne pouvait faire l'économie de son biotope. Dans ce contexte, certains universitaires appellent à une réhabilitation de la pensée stoïcienne pour parvenir à repenser une solidarité de l'ensemble du vivant. C'est par exemple le cas de Simon Shogry dans son article « *Stoic Cosmopolitanism and Environmental Ethics* », publié en 2020. De façon plus directe, la dépendance de l'homme à son environnement a été rappelée par Jacques Chirac : « *notre maison brûle et nous regardons ailleurs* » (2002, Johannesburg).

Selon la juriste Anny Rousso (« Le principe de solidarité écologique ou l'irruption de la science dans le droit », 2019), le droit peut permettre reconstituer une solidarité entre l'être humain et le vivant. En effet, le concept juridique de « *solidarité écologique* » est apparu dans le droit français à compter de 2006, avant d'être consolidé en 2016 (date de son inscription dans le Code de l'environnement). Selon le Code de l'environnement (art. 110), elle se définit comme une règle qui « *appelle à prendre en compte, dans toute prise de décision publique ayant une incidence notable sur l'environnement des territoires concernés, les interactions des écosystèmes, des êtres vivants et des milieux naturels ou aménagés* ». Ainsi, nous assistons à une nouvelle prise en compte de la solidarité du vivant.

La crise écologique concerne toutefois l'ensemble de l'humanité, à ce titre elle implique que les États affrontent ce problème de façon solidaire. C'est ce que défend Gérard Feldzer, président de l'association *Aviation sans frontières*, dans une tribune intitulée « *Incendies* » (*Le Monde*, 2022). Face au risque croissant de mégafeux, il y affirme que « *nous sommes dans une véritable guerre du feu qui nécessite d'amplifier la coopération internationale.* » Il appelle à des investissements capacitaires mutualisés, pour constituer une force de « *casques bleus du feu* » qui bénéficierait à l'ensemble de l'humanité.

La crise écologique implique aussi de repenser les rapports entre le Nord et le Sud. Comme l'affirme l'économiste Kenneth Rogoff (tribune pour *Les Échos*, 2023), les pays du Nord ne peuvent pas se contenter d'appeler les pays du Sud à abandonner les hydrocarbures. Pour que ce discours ait des chances d'aboutir, il faut d'une part faciliter le financement des transitions vertes des pays du sud (avec, par exemple, la création d'une Banque mondiale du carbone). D'autre part, il faut que les politiques écologiques mondiales soient plus inclusives des pays du Sud : « *pour persuader les économies en développement de se joindre à la lutte contre le changement climatique, il faut leur accorder un rôle plus important dans la formulation de politiques mondiales.* »

Ainsi, la solidarité entre l'humanité et le vivant ne peut pas se faire sans une solidarité interétatique.

*

Dans quelle mesure l'individu doit-il s'inscrire dans des solidarités ? Nous avons vu que les solidarités avaient un versant aliénant, dont l'individu était tenté de se défaire. Toutefois, aspirer à une autonomie totale est illusoire. Pour l'épanouissement de chacun, nous devons nous inscrire dans des solidarités humaines. Pour la survie de tous, nous devons prendre en compte la solidarité de l'humanité et de la nature – nous ne pourrons pas nous affranchir de notre biotope.

Albert Camus l'avait deviné lorsqu'il avait écrit *La Peste* (1957) ; c'est dans l'adversité que les solidarités se recréent le mieux : « *La seule façon de mettre les gens ensemble, c'est encore de leur envoyer la peste.* » Dès lors, il nous est encore permis d'espérer une issue positive à cette crise.

SUJET INTÉGRALEMENT RÉDIGÉ

« Les solidarités sont-elles en crise ? »

En décembre 2023, un important collectif d'associations publie dans *La Tribune* un texte intitulé « Face à la fragilisation du lien social : l'urgence du "NOUS". » Cette tribune pose l'enjeu d'une crise de la solidarité ne faisant pour l'heure pas l'objet de solutions durables.

La solidarité est d'après le dictionnaire Larousse « Rapport existant entre des personnes qui, ayant une communauté d'intérêts, sont liées les unes aux autres ». Provenant du latin « *solidus* », la solidarité désigne un tout cohérent. De fait, Aristote distingue l'être humain comme naturellement collectif, enclin à vivre en société au sein d'une cité : la *polis*. Or, les solidarités au sein des sociétés contemporaines peuvent sembler en profonde mutation. La crise, du grec *krisis,* est une séquence de rupture importante, « une situation marquée par un trouble profond » d'après le Larousse. Les solidarités font face à une crise budgétaire concernant leur financement sur la durée, à une crise sociale et politique concernant leur sens même ainsi que le développe Pierre Rosanvallon avec *La crise de l'État-providence*. Elles demeurent pourtant nécessaires au fonctionnement des sociétés.

Nous pouvons ainsi nous interroger : les solidarités sont-elles en péril ou en cours de renouvellement ?

Nous verrons que les sociétés humaines se construisent sur les solidarités (I), et que l'évolution de ces sociétés implique également une évolution des modes de solidarités (II).

*

L'organisation des sociétés humaines détermine les solidarités (I).

Dès leur naissance, les sociétés humaines se fondent sur des principes de solidarité (I, A).

Le philosophe Henri Bergson développe l'idée que le besoin de protection amène à la constitution de groupes sociaux avec *Deux sources de la morale et de la religion.* La cohésion sociale serait ainsi construite autour de « *la nécessité pour la société de se protéger contre d'autres* ». Le sentiment d'universalité serait construit par un effort d'empathie sur soi et envers les autres tandis que l'amour des siens serait inné et naturel. Cette thèse rejoint l'approche de Pierre Clastres. Avec *Archéologie de la violence : la guerre dans les sociétés primitives,* l'anthropologue propose l'idée que les sociétés primitives se structurent par la guerre comme moteur d'identité et de cohésion des groupes les composant. Ainsi, faire la guerre à l'autre parce qu'il fait partie d'un groupe social différent permet de renforcer les logiques d'appartenances et de solidarité de son propre groupe.

Au-delà des sociétés primitives, les premiers systèmes politiques se fondent également sur des principes de solidarité. Les premiers penseurs contractualistes pensent en effet la construction de sociétés humaines où la force du collectif bénéficie à chacun. Thomas Hobbes propose ainsi une explication de la naissance des sociétés en réaction à un état de nature où la violence règne. L'apparition du pouvoir politique est dans son ouvrage *Le Léviathan* la réponse nécessaire au chaos de l'état de nature en permettant la sécurité des êtres humains par la puissance répressive du pouvoir. L'existence du système politique est justifiée par sa capacité à mettre en cohérence et assurer la concorde de la société qu'il dirige. Le rôle d'harmonisation de la société par l'État est également pensé par John Stuart Mill. Ce dernier théorise la capacité de l'État à organiser les solidarités avec ses *Considérations sur le gouvernement représentatif.* Il y propose une organisation politique fondée sur la démocratie représentative assurant la solidarité et le respect des libertés individuelles autour du principe de « non-nuisance » et d'une forme de répartition des richesses.

La solidarité apparaît ainsi intrinsèquement liée à la naissance des sociétés. Aujourd'hui, celles-ci s'appuient toujours sur la solidarité et de cohésion (I, B).

Les sociétés modernes s'appuient sur des formes d'imbrications sociales élaborées. Avec *Gemeinschaft und Gesellschaft,* **Ferdinant Tönnies** écrit que la modernisation des sociétés se fait par une solidarité liée à la spécialisation complémentaire des individus, par opposition aux sociétés traditionnelles dont la solidarité est fondée sur la similitude. L'industrialisation et l'essor du phénomène urbain fondent ainsi une cohésion sociale où la perte d'autonomie des communautés locales, l'uniformisation des règles juridiques, l'impersonnalisation des relations sociales et l'individualisation des comportements dominent. La solidarité devient anonyme et fondée sur des règles sociales générales où la communauté politique tient une place prédominante. Le sociologue allemand Max Weber s'inscrit dans cette analyse avec *Économie et société.* Il y souligne l'interdépendance fonctionnelle des individus au sein des sociétés modernes. Ces dernières organisent les activités de façon rationalisée et systématisée. Cette rationalité se matérialise dans l'avènement de la puissance publique hiérarchisée et procédurale, régie par le droit et des règles formelles sous la forme d'administrations.

La solidarité dans les sociétés modernes ne se limite pas à l'action de l'État. Karl Marx et Friedrich Engels proposent ainsi avec leur *Manifeste du Parti Communiste* une forme de solidarité ouvrière ancrée dans la modernité mais dépassant l'État. Face à l'oppression de ce que ces auteurs communistes désignent comme la « bourgeoisie », les prolétaires aliénés par le travail industriel sont supposés construire une conscience collective permettant une solidarité concrète et émancipatrice. Cet idéal est illustré par le romancier réaliste Émile Zola. Son *Germinal* donne à voir la solidarité de mineurs patiemment construite par un syndicaliste. Celui-ci met en place une caisse de grève permettant aux ouvriers de résister ensemble lors de l'épreuve de force avec leur employeur. Si leur grève est un échec, la conclusion du roman souligne la persistance de leur solidarité : « *Des hommes poussaient, une armée noire, vengeresse, qui germait lentement dans les sillons, grandissant pour les récoltes du siècle futur, et dont la germination allait faire bientôt éclater la terre.* »

Les solidarités sont donc liées aux sociétés humaines et la modernité implique des formes de solidarités spécifiques. Les sociétés contemporaines font pourtant face à une déconnexion entre formes de solidarité et organisation sociale.

*

Face à l'évolution des sociétés et aux limites des solidarités actuelles, il apparaît nécessaire de repenser les formes de solidarité contemporaines (II).

Les inégalités et les déficiences empêchent les solidarités d'accomplir pleinement leur mission de cohésion (II, A).

Les solidarités actuelles ne parviennent pas à freiner l'explosion des inégalités. François Dubet le souligne avec *La préférence pour l'inégalité* : si l'économie de marché et les crises économiques peuvent affecter les inégalités, la faiblesse des « liens de solidarité » peut aussi expliquer « le creusement des inégalités ». La multiplication des « ghettos de riches » d'une part et de territoires en difficulté d'autre part amènent à une aggravation des inégalités : « *Plus les inégalités sociales se creusent, plus les interactions se resserrent entre ceux qui se ressemblent du point de vue économique, culturel et parfois "ethnique"* ». Cette crise des inégalités touche donc plus profondément à la question de la cohésion des sociétés. Ulrich Beck illustre cet enjeu avec son article « Le conflit des deux modernités et la question de la disparition des solidarités ». Il défend l'idée que « l'abandon des modes de vie de la société industrielle » et l'individualisation font que « *les crises sociétales apparaissent comme des crises individuelles et sont de moins en moins considérées dans leur dimension sociale* ». Les solidarités sont donc moins prégnantes et les individus davantage renvoyés à eux-mêmes.

Le déclin de la solidarité affecte également l'État. Dans l'ouvrage *Refonder les solidarités*, Dominique Balmary et Robert Lafore étudient la complexité de la solidarité sociale. Celle-ci subit un processus « d'étatisation » qui la réduit à un système de régulation aux « dispositifs procéduraux » dont le but est de maîtriser la dépense publique plutôt que de faire face à la crise de la solidarité. La dépendance des citoyens envers des services publics moins protecteurs qu'auparavant est étudiée sous un angle différent par Laetitia Strauch-Bonart avec *De la France*. L'autrice développe le concept de « société de créance » où l'individu est aliéné par les solidarités étatiques qui écrasent plus qu'elles ne libèrent et favorisent, d'après elle, « *privation de nos libertés et le rabougrissement d'une société civile digne de ce nom* ».

Si les solidarités apparaissent aujourd'hui en crise, il apparaît possible que celles-ci s'adaptent à l'évolution des sociétés pour redevenir vertueuses. (II, B).

Les pouvoirs publics peuvent moderniser leurs politiques de solidarité. Ainsi, Agathe Cagé souligne l'importance de la mobilité sociale pour combattre les inégalités avec *Classes figées*

– *Comprendre la France empêchée.* Face au déterminisme scolaire et social, l'universitaire propose de renouveler avec des politiques de cohésion sociale ambitieuse en permettant la mobilité sociale par des politiques publiques d'égalité centrée notamment autour du logement, de la jeunesse et du travail. Cet enjeu de la jeunesse est souligné par le rapport de France Stratégie rendu public en septembre 2023. Ses rapporteurs, Bénédicte Galtier et Mohamed Hardi, insistent sur la nécessité pour la puissance publique de réduire au maximum les déterminismes de naissance, que cela soit en termes de diplôme mais aussi de capital économique, culturel, d'habitus, d'ambition professionnelle… Ils suggèrent notamment un investissement important en matière d'éducation, d'orientation de formation et d'insertion professionnelle couplé à des politiques permettant une autonomie réelle des jeunes.

La modernisation de la solidarité concerne l'ensemble de la société. L'ouvrage collectif *Les politiques locales de l'économie sociale et solidaire* dirigé par Laurent Fraisse, Marie-Catherine Henry et Jean-Louis Laville décrit le rôle grandissant de l'ESS dans les sociétés contemporaines et son intérêt en matière de solidarité. Ils soulignent qu'un plus grand soutien de l'ESS par les pouvoirs publics et une meilleure coopération avec l'État peut permettre une plus grande efficacité dans l'ensemble des territoires. Le constat est similaire en matière associative. Le dirigeant associatif Dominique Thierry en écrivant *La solidarité intergénérationnelle sur le terrain* propose une véritable méthode de revitalisation de l'action citoyenne et associative. En effectuant un travail coordonné par un chef de file sur un territoire collectivement délimité et en s'appuyant sur la complémentarité des acteurs, les associations peuvent obtenir des résultats intéressants pour construire une solidarité, intergénérationnelle mais pas seulement, au niveau local.

*

Ainsi, les solidarités sont consubstantielles aux sociétés humaines et aux pouvoirs publics. Cependant, les solidarités connaissent aujourd'hui une crise. Les inégalités, la panne de l'ascenseur social, l'individualisation freinent les solidarités. Il apparaît toutefois possible de revitaliser la solidarité, que cela soit par l'action de l'État ciblant la jeunesse et la mobilité sociale ou l'impulsion d'une nouvelle dynamique aux secteurs de l'économie sociale et solidaire et des associations.

Les solidarités semblent liées à l'État. Or, celui-ci ne subit-il pas également une crise profonde ? C'est ce débat que prolonge Jean-François Daguzan avec *La fin de l'État-nation ?* Il y souligne que l'État-nation apparaît susceptible de se renouveler, vers une forme de pouvoir davantage hybride.

PLAN DÉTAILLÉ

« Corps et État »

Problématique : Comment l'État peut-il protéger les corps en les contrôlant ?

I La violence de l'État : une arme à double tranchant

A L'État vise à protéger les corps

Idée 1 : La sécurité des corps est le but originel de l'État.

Développement : Thomas Hobbes, *Le Léviathan*.

Illustration : Nicolas Machiavel, *Le prince*.

Idée 2 : L'État moderne poursuit cette mission.

Développement : Cyrille Bret, *Dix attentats qui ont changé le monde*.

Illustration : Thomas Périlleux et John Cultiaux, *Destins politiques de la souffrance*.

B L'État peut échouer à remplir sa mission

Idée 1 : L'État utilise la violence physique pour maintenir sa domination.

Développement : Céline Cheirézy, *Crainte et dépendance : le pouvoir sur les corps en Toulousain au XIIIe siècle*.

Illustration : Georges Orwell, *1984*.

Idée 2 : L'État ne parvient pas à éliminer certaines formes de violences.

Développement : Frédéric Chauvaud, Lydie Bodiou, Myriam Soria, Ludovic Gaussot et Marie-José Grihom, *Le corps en lambeaux*.

Illustration : Philippe Lançon, *Le lambeau*.

II Vers un contrôle au plus près de l'individu ?

A L'État évolue vers une domination des corps moins directe

Idée 1 : La discipline.

Développement : Christian Le Bart, *Les émotions au pouvoir.*

Illustration : Séverine Parayre, *L'hygiène à l'école aux XVIIIe et XIXe siècles : vers la création d'une éducation à la santé.*

Idée 2 : Le bio-pouvoir.

Développement : Michel Foucault, *La volonté de savoir.*

Illustration : Doriane Gomet, *Reconstructions physique et sportive en France sous la IVe République.*

B Vers un État qui prend activement soin des corps ?

Idée 1 : Face au vieillissement de la population.

Développement : Brigitte Baccaïni, Jacques Freyssinet et Martine Pernod-Lemattre, *Politiques du vieillir : vieillissement actif, santé et retraite.*

Illustration : Programme national de prévention et de gestion de la perte d'autonomie (2019-2022) en France.

Idée 2 : Face au péril environnemental.

Développement : François Charbonnier, *Culture écologique.*

Illustration : Rachel Carson, *Printemps silencieux.*

PLAN DÉTAILLÉ
« Solidarités et État »

Problématique : L'État : ciment des solidarités ou ferment des divisions ?

I Les solidarités, pilier de l'État

A Sans solidarités, pas d'État

Idée 1 : Les solidarités édifient l'État.

Développement : Charles Tilly, *Coercition, capital et États européens, 990-1992 après J.-C.*

Illustration : Benedict Anderson, *L'imaginaire national – réflexions sur l'origine et l'essor du nationalisme.*

Idée 2 : L'État consolide son pouvoir autour des solidarités.

Développement : Tite-Live, *Ab Urbe Condita.*

Illustration : Norbert Elias, *Sur le processus de civilisation.*

Transition : Si les solidarités sont intrinsèquement liées à l'avènement et à la pérennisation des États, ils monopolisent la matérialisation de ces dernières.

B La mainmise étatique sur les solidarités

Idée 1 : L'État pérennise les solidarités en les institutionnalisant.

Développement : John Stuart Mill, *Considérations sur le gouvernement représentatif.*

Illustration : John Locke, *Deux traités du gouvernement civil.*

Idée 2 : Jusqu'à imposer des formes de solidarités : L'État-providence.

Développement : Gøsta Esping-Andersen, *Les trois mondes de l'État-providence.*

Illustration : Didier Blanchet, « Individualisme et solidarisme dans le système de retraite : que reste-t-il du débat répartition-capitalisation ? »

Transition : Cependant, la mainmise de l'État sur les solidarités peut se révéler à double tranchant.

II Dérives, échecs et renouveaux du contrôle de l'État sur les solidarités

A L'État, d'un extrême à l'autre : vecteur de désolidarisation ?

Idée 1 : L'État comme danger : instrumentalisation des solidarités.

Développement : Friedrich Hayek, *La route de la servitude.*

Illustration : Hannah Arendt, *Les origines du totalitarisme.*

Idée 2 : L'État inefficace ?

Développement : Alexis de Tocqueville, *De la démocratie en Amérique.*

Illustration : Dominique Balmary et Robert Lafore, *Refonder les solidarités.*

Transition : L'État peut ainsi manipuler, dénaturer voire déliter les solidarités. Toutefois, à l'ère moderne, se profilent de nouvelles formes solidaires qui rebattent les cartes.

B L'ambivalence des nouvelles solidarités : entre expansion et contraction

Idée 1 : Des solidarités qui s'émancipent voire dépassent l'État.

Développement : Bruno Frère et Daniel Jaster, « Les Gilets jaunes, entre solidarité mécanique et revendications organiques ».

Illustration : Didier Houssin, *La coopération sanitaire internationale à l'épreuve du Covid-19.*

Idée 2 : Un repli des solidarités dans l'État ?

Développement : Éric Heyer, Dominique Méda et Pascal Lokiec, *Une autre voie est possible.*

Illustration : Osmany Porto de Oliveira, *Le transfert d'un modèle de démocratie participative.*

263877 - (I) - CBB 90° - BPE - DNN
DUPLIPRINT
733, rue Saint-Léonard, 53100 MAYENNE
N° 2992869K
Dépôt légal : septembre 2024
Imprimé en France